广西艺术学院 2021 年度高层次人才科研启动经费项目
“列斐伏尔的异化理论研究”（项目编号：GCRC202103）

列斐伏尔异化理论研究

潘禹非 著

中国社会科学出版社

图书在版编目(CIP)数据

列斐伏尔异化理论研究/潘禹非著.—北京：中国社会科学出版社，2024.4
ISBN 978－7－5227－3308－1

Ⅰ.①列… Ⅱ.①潘… Ⅲ.①列斐伏尔(Lefebvre,Henri 1901－1991)—哲学思想—研究 Ⅳ.①B565.59

中国国家版本馆 CIP 数据核字(2024)第 057673 号

出 版 人 赵剑英
责任编辑 刘 艳
责任校对 陈 晨
责任印制 戴 宽

出 版 中国社会科学出版社
社 址 北京鼓楼西大街甲 158 号
邮 编 100720
网 址 http://www.csspw.cn
发 行 部 010－84083685
门 市 部 010－84029450
经 销 新华书店及其他书店

印刷装订 北京明恒达印务有限公司
版 次 2024 年 4 月第 1 版
印 次 2024 年 4 月第 1 次印刷

开 本 710×1000 1/16
印 张 18
字 数 298 千字
定 价 99.00 元

目　　录

导　论

重拾异化：理解列斐伏尔的关键所在

20 世纪是一个关于人的世纪，相较于 18 世纪和 19 世纪的地理发现与自然科学的迅猛发展，20 世纪的科学理论研究将目光转向了人的本身。特别是在人文科学领域内，一种有别于传统形而上学与认识论的人的形象在逐渐形成，该形象努力摆脱着由古典时期所设定的那种机械的、过分理性化的、融于历史的、无主体性的定性和边界，它代表着人的新形象，这种新形象是鲜活的、感性的、融于个体性存在中的、主体性获得充分发展的。这种人文科学研究转向的原因是多方面的，我们可以追溯到文艺复兴和启蒙运动这两个重要的历史阶段，其准备时间也足够漫长。古典哲学的瓦解意味着对人的一种普遍观点也随之消失了：黑格尔的哲学体系和历史框架将人预设成为逻辑和必然性的产物，是历史的附庸，是政治的陪衬，不可抗拒的自律性和自在性被深深地刻在人的本质结构当中。与此同时，以新康德主义为代表的哲学家们则致力于重塑人文科学的合法性与内在基础，他们呼吁要明确历史科学和自然科学之间的差异，恢复精神科学的独立地位，拒绝挪用自然科学的刚性逻辑去取代人文科学的可能性逻辑。如此便克服了黑格尔主义历史主义的最大弊端，即历史符合逻辑而非逻辑源于历史。在这样的人文科学视域之下，对人的理解必然需要重新定义。

在 20 世纪众多的哲学流派中，马克思主义别具一格：一方面，马克思主义批判了黑格尔主义中的绝对唯心主义色彩，同时也辩证地吸收了其历史主义的多重规定性，在保留人类历史发展的总规律的同时也为其寻找到稳固的根基——人类劳动和私有制，进而扬弃了思辨形而上学的抽象性；另一方面，马克思主义形成一种独特的人道主义，它同现象学、存在主义哲学、人本主义哲学一起共同构建后黑格尔主义时代的“人的理论”，深度挖掘以实践为基础的人的本质之规范，剖析人的存在之困境，以及寻找人的解放之途径。就其本质而言，马克思主义与其他流派相比更加积极地参与到“改变世界”的实践中来，赋予自身充足的能动性和革命性。尤其以西方马克思主义的一众思想家为典型，卢卡奇、葛兰西、柯尔施、布洛赫、马尔库塞、哈贝马斯、列斐伏尔等均在理论建树和革命领导上占据显著的地位，他们在不同的历史时期里或反抗法西斯主义，或与苏联的正统马克思主义、斯大林主义进行抗衡，或警惕战后资本主义对工人阶级和无产阶级的糖衣渗透，他们不仅要做到客观地解释世界，还要切实地改变世界。正是这份行动力使得马克思主义对人的理解始终处于动态之中，可能没有哪个流派的哲学家会像马克思主义哲学家那样如此紧密地和现实世界结合在一起，也不会像他们那样乐于构建未来世界。尽管对马克思主义流露出的空想主义倾向时有批评，但不可否认的是如果没有马克思主义的不懈坚持与努力，人们似乎就不会获得一种对资本主义的透彻认识，也不会清晰地勾勒出动态中的人之本质，更不会对当下时代所遭受的种种困境展开细致解读。

马克思主义人道主义源于以下理论前设：人是历史的产物，因此人的本质必然在具体的历史条件中不断地被重塑，呈现出不同的样态，所以人是历史的人，历史也是人的历史。马克思主义反对基督教哲学的原罪本质论，也不认同思辨形而上学的抽象本质论，人既不需要某位弥赛亚的拯救，也不会陷入原地打转的泥潭。人的解放力量始终蕴藏在人的自身之中，纵观人类历史，人的每一次进步都是通过与自身和他者之间的矛盾对立去实现的，利用一种辩证的克服方式或解决矛盾，或重复矛盾，在这个过程中，人的本质不断被锻造。所以马克思主义人道主义并不回避矛盾，甚至认为矛盾乃是人之本质得以推进的根本动力。揭露矛盾和描述困境便成为马克思主义人道主义的基本工作之一。马克思主义者清晰地认识到，资本主义统治下的历史和社会具有远比其他时代更加复杂而多变的现象，理论任务和实践任务之艰难恐怕是前所未有，如若不能够较为准确地指认出当下时代的困境，那么人的本质之锻造就有可能会出现偏离。这既是马克思主义人道主义的起点，也是贯穿于其全部议题的基础。

在马克思所留下的众多哲学遗产中，异化理论最能够体现这种人道主义的内涵，它标志着辩证法在纯粹思辨和真实的社会历史现象之间觅得一个恰如其分的结合点，通过这个结合点，社会历史现象不再表现得像无序的杂多，而是以实践问题的样态与人的存在发生本质性联系："异化概念为马克思提供了一个批判的工具，它能够详细说明具体的社会结构，这一结构使人们丧失了支配他们自己存在的力量。"① 异化概念使马克思主义在历史唯物主义和政治经济学之外确立了另一个理论研究领域，和后两者不同的是，这个理论研究领域更加具有开放性和包容性，体现出非排他性的批判态度，尤其是和存在主义的某些主要观点不谋而合。异化概念让马克思主义人道主义成为可能，是其最初的原点，不过这个概念的再发现和马克思主义者对它的态度却经历了一段非比寻常的历史。首先，苏联的正统马克思主义和斯大林主义否定了马克思的异化概念，认为异化概念是青年马克思时期不成熟的理论产物，和《资本论》《共产党宣言》等经典文献中的观点相冲突，应当被抛弃。而彼时西方的马克思主义者和知识分子的首要任务则是保卫苏联，捍卫苏联解释马克思主义理论的正统地位，因此对异化概念也表现得相当冷漠。马克思主义者普遍认为马克思的哲学已经发展得相当完备，"在苏联哲学王的庇护之下，马克思主义成为一个封闭的观念体系"②，无须再对其添砖加瓦，任何理论上的发展或改动都有可能威胁到苏联"拉比"的地位。其次，很多攻击并诘难马克思主义思想的其他流派的学者和知识分子开始把马克思主义简化成为一种所谓的异化哲学，其目的一方面是消解马克思主义稳固的独立性，另一方面是强行将其消融在与其他哲学流派的比较当中。特别是在法国，法国的马克思主义者并不希望异化概念和马克思的名字之间有什么关联：他们在很长的时间里认为异化概念是一种经济还原论，经济异化的阐述并不能充分解释其他的异化方式；此外，它还和一种历史终结论有所牵涉，如此抽象的议题似乎更容易导向形而上学的答案；另外，异化概念呈现出较为明显的对人的本质进行抽象简化的倾向，"针对《1844 年手稿》中异化观念的第三个异议仍然是一个从一开始就困扰马克思主义的问题……即他（马克思）的人类

① ［美］马克·波斯特：《战后法国的存在主义马克思主义：从萨特到阿尔都塞》，张金鹏、陈硕译，南京大学出版社 2015 年版，第 59 页。

② ［美］马克·波斯特：《战后法国的存在主义马克思主义：从萨特到阿尔都塞》，张金鹏、陈硕译，南京大学出版社 2015 年版，第 36 页。

学、他的人的观念把人类价值还原为经济价值、把人类互相作用还原为工具主义或技术的相互作用，把人类经验还原为劳动经验”①。这种看法当然是对马克思的异化观念的严重误解和矮化，但是直到20世纪60年代，法国的马克思主义思想界才逐渐地正视这个由青年马克思所提出的、经由西方马克思主义学者坚持不懈地丰富和发展的并在同时期的其他思想流派中有迹可循的概念。时至今日，异化早已不是一个经济学上的概念，或许从一开始马克思本人也从未将其限制在经济学范畴之内，异化作为一个文化向度的批判工具在更广阔的人文科研领域里发挥出更大的效用与价值，这是我们不能否认的。在一众的西方马克思主义学者中，卢卡奇对异化概念的贡献自是不必赘言，他的《历史与阶级意识》是“自马克思以来第一本把异化作为核心批判范畴来看待的书”；卢卡奇的学生戈德曼将卢卡奇的“物化”概念引入法国，以此将马克思的异化概念与社会学批判联系在一起，戈德曼利用物化概念证明所谓的异化并非青年马克思所遗留下来的形而上学残余，它实际上是对上层建筑和下层基础之间关系的真实反映，它描述了在资产阶级统治下的西方社会是如何扭曲了人的存在的本真状态的，只是在彼时这个重要的概念遭到了冷遇。戈德曼的努力没有白费，尽管法国的马克思主义者普遍采取对异化概念冷处理的态度，但是对于一些法国的知识分子来说，异化概念却成为一个契机，一个能够帮助他们摆脱苏联的话语集权并重新认识马克思的契机。“对于一些法国马克思主义者来说，异化观念并不产生唯心主义的绝对知识或实证主义的可能知识；而是通过人们创造世界和使自己更加人性化来揭示世界的本质。”② 列斐伏尔便是其中一位。

列斐伏尔是20世纪法国举足轻重的马克思主义者，马克·波斯特认为列斐伏尔是法国最好的马克思解释者，他本人最重要的贡献之一便是在未经任何理论先见过滤的情况下将马克思的重要著作或部分地或完整地引入法国，尽可能地呈现马克思本人的思想原状。列斐伏尔可谓是一名生平曲折的法国共产党员，也是一位最典型的西方马克思主义知识分子：说他

① ［美］马克·波斯特：《战后法国的存在主义马克思主义：从萨特到阿尔都塞》，张金鹏、陈硕译，南京大学出版社2015年版，第59—60页。

② ［美］马克·波斯特：《战后法国的存在主义马克思主义：从萨特到阿尔都塞》，张金鹏、陈硕译，南京大学出版社2015年版，第59页。

生平曲折是因为列斐伏尔在法共时期一边受到苏联政令的干扰，一边与法共的关系逐步恶化，直至与法共决裂，一度被排挤出法国马克思主义学术研究和社会实践的中心地带；说他典型是因为他与同时期的西方马克思主义者和知识分子一样，都致力于把马克思从苏联的单边语境中解放出来，要求回到马克思的本文中去阐释马克思而不是在苏联构建的封闭体系中被迫接受。作为法国乃至整个西方马克思主义流派中最早的代表人物，列斐伏尔充分地接受了马克思的异化概念，同时不遗余力地向法国介绍着一个不同于苏联的马克思：

> 在日丹诺夫主义的禁令开始之前，列斐伏尔尽力解释和传播马克思主义建基于异化概念的观点。早在 1934 年他就与诺伯特·古特曼一道，在一个文本（该文本很有生命力，直到 20 世纪 60 年代还在重印）中介绍了《1844 年手稿》的选节；他为马克思的思想写了三篇导言，拥护一种马克思主义的人道主义；他还写了两篇关于在斯大林的影响下被遗忘在黑暗中的马克思主义思想的那些方面——异化和辩证法。为了重思马克思主义他做了这么多，可以想见从 20 世纪 40 年代直到 1957 年间列斐伏尔所承受的束缚是多么沉重。①

可以说正是异化概念给予了列斐伏尔一种能动性和反思性的动力，面对来自苏联和法共的内外压力，列斐伏尔坚持马克思的另一种面相，这个马克思并没有建立一个封闭的理论体系，而是始终保持开放和与时俱进的态度来审视人类社会的动向和变化，从而获得了自身的活力与效力。因此，这也使得列斐伏尔在近 70 年的学术生涯里不断谋求突破和创新，建立起一套较为完整的哲学社会学批判理论体系。

近年来，国内外对列斐伏尔思想的研究表现得日益火热，从马克思主义元理论到日常生活批判，或从空间生产的知识到面向后现代主义城市迈进，对列斐伏尔的讨论随处可见。时至今日，列斐伏尔早已不单单是马克思主义的代表，他的哲学社会学批判理论所表现出的包容性和生命力使其

① ［美］马克·波斯特：《战后法国的存在主义马克思主义：从萨特到阿尔都塞》，张金鹏、陈硕译，南京大学出版社 2015 年版，第 217—218 页。

在人文科学的多领域中占据一席之地。但是当下对列斐伏尔的诸多研究更加集中在空间生产和日常生活批判的相关问题域之上，并且由此将他延展至后现代主义的理论框架中，关于列斐伏尔异化理论的讨论却似乎已经显得有些过时。然而不可否认的是，异化理论是理解列斐伏尔整体的哲学社会学批判思想的关键所在，他基于异化概念形成了自己独特的人道主义思想和现代资本主义社会的批判理论，“异化”是其全部理论思想的基石。他以异化概念和异化理论为基础，发展出针对发达资本主义社会全面的政治经济学批判和文化批判，这种对资本主义社会普遍异化和现代人生存的普遍困境的关注贯穿于他全部学术生涯的始终，因此列斐伏尔的异化理论是通向他异常丰富的思想理论体系的必经之路。列斐伏尔认为，异化在发达资本主义社会里迎来了新的发展局面，它不再像商品拜物教那样主要在经济领域内部活动，而是伴随着发达资本主义社会向日常生活展开“殖民化”的过程而变得更加微观和广泛，异化的触手延展到社会和个体生活的方方面面，所以此时的异化更具有威胁性。与此同时，列斐伏尔的异化理论不仅为批判发达资本主义社会提供了有力的理论武器，也在整体性的层面上推动并发展了西方马克思主义。

随着对异化问题的思考不断深入，以及西方社会在二战后经历了重塑和再发展之后，列斐伏尔于 20 世纪 60 年代开始不再认为马克思的异化理论是一个完备的理论，马克思对异化的理解受到彼时社会历史条件的种种限制，这导致异化理论需要在发达资本主义的社会历史条件下重新构建。① 列斐伏尔的异化理论继承和发展了马克思的异化理论，与此同时，他结合现代性批判和微观权力转向的理论视野开辟了新的异化批判领域。他试图将异化和日常生活概念结合在一起，将对异化的批判推进至全社会的范围。一方面，从历史的角度来说，马克思并没有规定异化从产生到消亡的准确时间，异化在资本主义社会制度下达到了前所未有的严重程度，但是它并不会因为资本主义社会制度的终结而随之消失。这便提醒人们，不能把资本主义社会制度的消亡等同于异化消失的时间点，而应当认识到异化存在的持久性和顽固性。另一方面，从空间的角

① ［美］马克·波斯特：《战后法国的存在主义马克思主义：从萨特到阿尔都塞》，张金鹏、陈硕译，南京大学出版社 2015 年版，第 220 页。

度来说，异化在人类社会进入新世纪之后扩张了它的活动领域，从经济领域向其他领域蔓延。列斐伏尔认识到，经济领域内的异化只是众多异化形式之一，“人类异化的现实比马克思所理解的要复杂得多，因为社会生活的每一个领域都在自身中包含着异化的整个网络”①。除此之外，日常生活的异化、消费的异化、政治的异化、空间生产的异化、节奏的异化、文化的异化等多重异化问题逐渐凸显，这些都构成了当下时代的社会性议题，也是列斐伏尔异化理论所关注的焦点。因此，列斐伏尔呼吁人们重新拾起对异化问题的重视，并且要求用一种新的异化理论来阐释那些隐藏在日常生活、社会空间、时间节奏和人的本质结构中的异化现象。列斐伏尔的异化理论是对人的异化和工具化的遭遇的一种反抗，在这种意义上，该异化理论具有自我批判和自我反思的致思趋势，同时也揭露了现代人的生存困境。此外，列斐伏尔的异化理论揭示了发达资本主义社会隐秘的社会运作机制，这种运作机制以宰制现代人的社会生活和生命经验为目的，从而实现对现代人进行管制的目的。列斐伏尔的异化理论在理解这些现象和困境的时候展现了独特的理论视角和有效的借鉴价值，具有重要的理论意义和现实意义。

一　研究缘起和研究目的

如前文所述，我们得知，相较于日常生活批判理论和空间生产、城市社会学理论而言，对列斐伏尔异化理论的研究未得到应有的重视。笔者认为原因有以下两点：首先，在许多研究者的眼中，异化问题是一个西方哲学和社会学的“老问题”，经过众多的优秀学者的分析和阐释之后，异化的内涵与外延以及相关的问题看上去似乎没有什么研究的新意；其次，列斐伏尔并非像日常生活批判和空间生产理论那样专门著书去讨论异化，他对异化的分析是散落在不同阶段的不同专著里面的，呈现出分散性的特点，需要研究者整理和总结。所以，基于以上两个原因，对列斐伏尔异化理论的系统性研究迟迟处在“未完成”的状态，这严重影响了人们更好地

① ［美］马克·波斯特：《战后法国的存在主义马克思主义：从萨特到阿尔都塞》，张金鹏、陈硕译，南京大学出版社 2015 年版，第 220 页。

理解和走近列斐伏尔。基于以上原因，本书特别以列斐伏尔的异化理论为研究对象，展开专门研究。

本书的研究目的包括以下几点：

第一，对列斐伏尔异化理论展开系统阐发。相较于列斐伏尔其他的哲学社会学批判理论，列斐伏尔的异化理论仍然处于“有待开发”的研究状态，因此，本书将会从列斐伏尔异化理论的理论溯源、具体的异化批判内容、异化理论旨归和异化理论评价等多个大方面展开全面的和系统性的论述。与此同时，通过对列斐伏尔异化理论的研究强化并且深化了列斐伏尔哲学社会学批判理论的深度和广度。尽管列斐伏尔的哲学社会学批判理论在很大程度上体现出非常丰富的理论内涵和现实效力，但是如果缺乏对异化问题的充分阐发的话，那么列斐伏尔的哲学社会学批判将会失去一个重要的维度。因此能否对列斐伏尔的异化理论展开充分而详细的研究关系到列斐伏尔整体的思想理论的解读与再发展。

第二，定位异化理论在列斐伏尔哲学社会学批判理论中的核心地位。列斐伏尔的异化理论既不是其日常生活批判的一部分，也不是向其成熟的理论阶段进行过渡的理论准备，而是独特的且具有创造性的独立理论，拥有完整的问题意识、问题域和研究方法。此外，异化理论在列斐伏尔整体的思想理论体系中还处于核心的位置，从异化批判的角度重新梳理列斐伏尔的理论体系脉络，指认异化是列斐伏尔全部思想理论的基线。关于日常生活、空间生产、城市地理学、消费、时间、节奏、国家等理论内容的探索都与异化保持着密不可分的内在联系，是列斐伏尔对异化问题的思考使他不同阶段的研究内容和研究领域成为一个整体。在异化批判的视域下重新审视列斐伏尔为人称道的日常生活批判、空间生产、节奏分析、都市革命等理论。本书力求从异化批判的视角对列斐伏尔其他的哲学社会学批判理论进行再解读和再阐释，凸显这些理论中异化批判的维度和要素，展现列斐伏尔利用异化批判的思想内涵而实现的马克思主义的人道主义精神。

第三，本书通过对列斐伏尔异化理论的研究希冀为现代人所遭遇到的普遍的生存困境积极地寻找理论出路与方法。发达资本主义社会制度之下的现代人经历着更加普遍化的异化生活，列斐伏尔观察到，异化是这个时代最具有代表性的社会标志，也是资本主义社会在20世纪所经历的各种苦难和悲剧的集中体现。这种苦难和悲剧并非像战争或者饥饿那样容易被人察觉到，而是一种被异化了的、无法摆脱与扬弃的生活。在列斐伏尔看来，为现代人的这种被异化了的生活寻找出路是一个思想家的时代使命与任务，这也是异化理论最大的现实意义。

第四，本书通过对列斐伏尔异化理论的研究体现了马克思主义的人道主义，这种人道主义是独立的、彻底的、真实的和实践的人道主义。列斐伏尔的异化理论无论是在理论目的的层面上还是在理论意义的层面上都希冀能够为现代人在解答如何更好地生活和如何追求生活的幸福等人生问题时提供具有指导性价值的帮助，同时努力探寻从理论到实践的任何可能性。这种精神和马克思主义的人道主义高度契合。马克思主义的人道主义不是人格主义的人道主义，也不是存在主义的人道主义，它始终坚持以“人”为核心，努力构建一个关于“人”的思想理论体系，并且付诸实践，付诸行动。

二　列斐伏尔生平及思想回顾

（一）列斐伏尔的生平与著作

昂立·列斐伏尔（1901—1991）经历了非常不平凡的一生，他的生命旅程几乎覆盖了整个 20 世纪，这也就注定在论及法国现代哲学乃至欧洲现代哲学这一庞大问题域的时候，列斐伏尔的哲学思想举足轻重。因为他见证了人类命运最为颠沛流离和跌宕起伏的一百年。列斐伏尔在他 16 岁的时候俄国革命爆发，处于而立之年的时候第二次世界大战打响，60 岁的时候遭遇古巴导弹危机，在柏林墙倒塌的时候他依然坚持写作。列斐伏尔经历了在 20 世纪西方所发生的、影响人类社会历史走向的各种大事件，从革命到战争，从日常生活到政治，从思想到艺术，从空间到时间，都留下了他的身影。他的一生充满了传奇性色彩，正是因为这样传奇的人生，才让列斐伏尔的思想格外重要。罗伯·谢尔兹对列斐伏尔做出了较为精准的概括：“他像一个导线一样发挥着作用，为一个团体到另一个团体输送着持续不断的思想流……”；而列斐伏尔之所以能够积极地参与到各个团体的社会实践与活动之中，是因为“……在西欧将近一个世纪的社会的、经济的和学术的变化当中都有他的身影，并且处于中心地带”。[①]

列斐伏尔曾经向一名法国读者在介绍自己的工作时，采用了传记的笔法写道：“列斐伏尔生于1901年，生长在一个中产阶级的家庭中，接受了浓厚的宗教（天主教）教育。年轻时痛苦彷徨、无比叛逆，并且坚持无政府主义。在他30岁的时候，通过马克思主义的思想，也是在马克思主义的思想里，找到了平衡。列斐伏尔的事业并不固定，要么在大学里工作，要么做其他的工作。目前负责法国国家科学研究院社会学部门的研究工作。列斐伏尔把哲学视为对真实生活的批判意识，他也把戏剧的地位放在哲学之上（这是他认为的，并非就是如此）。列斐伏尔只完成了他的生命计划和他所安排的工作的一小部分，但是他并不期望把它们都完成。”[②]

列斐伏尔是哲学家、思想家、文学批评家、社会活动家、政治革命党人，同时他也从事过中学教师、大学教授、出租车司机等工作。他于20岁左右来到巴黎大学攻读哲学，在这期间发表过生平早期论文。于1928年加入法国共产党，并在此前后深入接触和了解马克思及马克思主义的思想，成为坚定的马克思主义者。列斐伏尔直到学术生涯的最后阶段（也是马克思本人及其流派的哲学思想受到深刻排挤和打压的阶段）都对外坚称自己是马克思主义无条件的捍卫者。列斐伏尔是法国最早接触马克思主义思想并将其引入法国的那一批人，因此他是法国共产党内部知识分子圈的骨干之一。二战期间，列斐伏尔积极参与到对抗希特勒的法西斯主义行动的活动当中，并在这个期间被解除大学教授的职务。二战结束后，冷战开始。因为列斐伏尔指出苏联模式下的正统马克思主义的种种理论问题和社会问题，并且他本人又对以斯大林主义为首的马克思主义的教条主义展开激烈的批判，此时的列斐伏尔处在风口浪尖之上。法国共产党内部要求他自我检讨批评，同时他还丢掉了法国科研中心的职位。虽然列斐伏尔曾经采用过“中间路线”以确保他在党内的地位，但是1956年他还是和法国共产党决裂，被开除党籍。从此列斐伏尔变成了一名自由独立的马克思主义理论研究者，也是源于这样的一个契机让列斐伏尔结识了更多活跃在正

---

① Rob Shields, *Lefebvre, Love and Struggle: Spatial Dialectics*, London and New York: Routledge, 1999, p. 1.

② Stuart Elden, *Understanding Henri Lefebvre: Theory and the Possible*, London and New York: Continuum, 2004, p. 1.

统马克思主义之外的各个领域内的知识分子。这些知识分子不囿于正统的马克思主义思想框架，他们利用社会学、符号学、文艺学、生物学以及其他自然科学的研究成果，形成了一套跨学科的理论范式，对马克思主义进行前卫而又深刻的批判和反思。不过，他们的理论旨趣并不局限于此：二战之后的西方资本主义发生了翻天覆地的变化，其中包括消费主义的滋长和蔓延、世界政治新格局的内在不稳定因素的日益加剧和暴露、资本主义世界所经历的新变革与新挑战、城市（都市）问题的演化与显现、大众文化的强势崛起和精英文化的日渐式微、因为技术主义所带来的威胁和控制而形成的过分压抑的科层制社会、空间的碎片化和时间的线性化，等等。面对这些不可回避的问题，列斐伏尔与这一派的知识分子转向了一个更加宏大的理论目的，即试图研究二战之后法国及其他西方资本主义社会所遭遇的社会结构转型。这些都为列斐伏尔在之后形成具有个人鲜明特色的理论提供了源源不断的灵感和条件。

1968 年法国发生的"五月风暴"是列斐伏尔的一个转折点，因为学生运动的失败，作为领袖的列斐伏尔成为了众矢之的，67 岁的他遭遇到人生的滑铁卢。很多追随者逐渐离开了列斐伏尔，在他的影响范围内出现了真空期。不过在整个 60 年代，列斐伏尔进入到自己的理论成熟期：他是西方日常生活批判第一人，在 1947 年出版的《日常生活批判》第一卷为列斐伏尔奠定了"日常生活批判之父"的地位。列斐伏尔呼吁人们对这片尚未得到足够关注的知识宝地给予应有的尊重，这也照应了从 19 世纪末 20 世纪初开始的、以胡塞尔的生活世界理论为代表的、对已确立起来的知识和技术理性进行较为系统而深刻的理论反思的思想潮流。关于日常生活批判的理论构建绵延了 34 年，从 1947 年出版的《日常生活批判》第一卷到 1981 年出版的《日常生活批判》第三卷，列斐伏尔围绕这个问题域撰写的专著共有四部，除了三部《日常生活批判》之外，还有一部就是 1968 年出版的《现代世界的日常生活》。学术界普遍认为，《现代世界的日常生活》最能够代表列斐伏尔关于日常生活批判问题理论研究的成熟成果，而《日常生活批判》第三卷更像是他的补遗之作。《现代世界的日常生活》所展开的是一个更为全面的时代画卷。1962 年出版的《现代性导论》证明列斐伏尔已经察觉到现代社会不得不解决的两大冲突和裂痕：传统与现代之间的决裂，确定性与不确定性所带来的困扰。而无论是这两大冲突和裂痕所发生的场所还是最终它们要回归的落脚点都是日常生活。有了这般的理论基础，列斐伏尔在《现代世界的日常生活》里所展现出的日常生活批判更具有明确的指向性，即被异化了的现代人的存在状态以及被融入到科层制当中的无可避免的社会压抑。

进入到70年代，列斐伏尔的理论兴趣发生了比较明显的转向，虽然还是和日常生活密不可分，但是具体的研究对象及其方法大为不同。这个时期列斐伏尔主要关照的领域是后来让他在英语世界里名声大振的领域：空间与都市。从1968年开始，列斐伏尔陆续出版了六部关于空间和都市的著作，其中包括《进入都市的权利》《从乡村到城市》《都市革命》《马克思主义思想与城市》《空间与政治》。1974年，列斐伏尔迎来了他人生中最重要的著作之一——《空间的生产》，作为这一论题的压轴之作。[①] 这部著作在哲学、社会学、建筑学、都市学、城市规划学和知识谱系学等领域都产生了深远的影响。与此同时，列斐伏尔哲学的立体性和系统性也在“空间与都市”这个论题的完善之下呼之欲出。在阐述其独特的方法论的过程中，列斐伏尔时刻强调辩证思想的“三元性”（triad）。在这里，我们借用这种辩证思想三元性的特点，概括总结列斐伏尔哲学的整体特征及其内容所囊括的研究领域：日常生活—空间—时间。这三个维度互为表里，彼此映衬，构成了列斐伏尔在思考处于新的历史时期里的资本主义社会所面临的种种艰难考验和试探的根基，在其一生漫长的学术生涯里，以呈螺旋上升的思想运动方式，栽培起属于列斐伏尔独特的思想之树。

1991年，90岁高龄的列斐伏尔在过完他的第九十个生日之后过世，长眠于法国南部。即便如此，在他过世之后，《节奏分析》编撰出版。关于时间的思考，列斐伏尔在生前并没有单独作著，但是他对这个论题的探索痕迹却散布在其他的著作里。例如在《日常生活批判》第二卷第一章第十一节中，列斐伏尔利用大篇幅论述了属于宇宙的循环时间制和属于工业社会的线性时间制对日常生活的作用，并且提出了关键性的概念：节奏（rhythms）。在《空间的生产》第三章第十节，作者指出身体是节奏的本源，而身体伴随着节奏在人塑造空间的过程中与空间相互渗透，最终实现

① ［法］雷米·埃斯：《序言：亨利·列斐伏尔与都市》，载［法］亨利·列斐伏尔《空间与政治》（第二版），李春译，上海人民出版社2015年版，第2页。

以“空间—身体—时间”共同构筑精神空间、有形空间、抽象空间和绝对空间，时间成为空间赖以存在的不可或缺的一个要素。不得不承认的是，和日常生活与空间这两个论题相比，时间（节奏）无论是从列斐伏尔著述的篇幅量上来看，还是从其全部理论侧重点上来看，都排在这二者之后。《节奏分析》更像是列斐伏尔概述总结他之前对时间问题所做的碎片化论述的小册子，其分量从表面上来看远不如三部《日常生活批判》和《空间的生产》。可是这只是片面之见。列斐伏尔对时间的探究是向人道主义哲学和实践哲学回归的伟大尝试，是他用以对抗物理化的和机械化的抽象时间（用钟表计量的工业时间）与形而上学及先验哲学中蕴含的绝对时间（康德哲学中作为先验范畴的时间和伯格森的“绵延”）的理论反驳，更是为了扬弃现代社会人们异化了的存在状态而做出的理论假设。同时，列斐伏尔的时间探索只是打开了一角而已。他在《节奏分析》中指出，现在还尚未存在关于节奏的科学，他的野心在于“建立一门科学，知识的一片新领域，即节奏分析”[①]。他希冀能为后人开拓出一条新的道路，以一种新的视野探究人类社会历史的发展规律。从这个角度来看，列斐伏尔具备了一个理论家应该具备的理论创新的精神和能力。

列斐伏尔一生的专著多达70余部，论文300多篇，是一位典型的法国现代高产哲学家。不过，著述颇丰的思想家也给研究者们带来了困扰。列斐伏尔体现出博物学家式的深厚知识储备和哲学家应该具备的理论创新能力与敏感度，所以他的思想在很大程度上不容易被整体性地把握，很难利用严密性和连贯性将不同阶段的理论进行串联与整合。罗伯·谢尔兹曾对研究列斐伏尔思想时所遇到的难点进行过准确的描述：“理解他的研究工作的最大问题在于，对他的某些特定问题的理论研究经常与他的其他研究毫不相干。特别是在英语世界里，有许多不同的‘列斐伏尔’；每一个列斐伏尔都是对他的局部性理解。”[②] 斯图尔特·埃尔登和伊丽莎白·勒巴也有类似的评价：“列斐伏尔仍然是这样一位思想家，即在英语读者的世界里人们依然用很狭隘的方式去理解他，列斐伏尔是等待人们挖掘的思想

---

① Henri Lefebvre, *Rhythmanalysis*: *Space*, *Time and Everyday Life*, trans. Stuart Elden and Gerald Moore, London and New York: Bloomsbury Academic, 2013, p. 13.

② Rob Shields, *Lefebvre*, *Love and Struggle*: *Spatial Dialectics*, London and New York: Routledge, 1999, p. 1.

家，还没有到需要‘重新挖掘’的程度。”① 列斐伏尔终生都站在坚决反对把知识碎片化和分割化的理论立场上，从他不同时期的作品中读者都能感受到他的这种强烈的意愿。可是很多读者同样会面对这样的困惑，即列斐伏尔的思想是散漫的，理论的阶段性特征比较强，而且彼此之间的关联性不紧凑，具有反体系等特点。因此，如何对列斐伏尔做出较为客观的评价和定位是研究者们首先遇到的棘手问题。这并不意味着列斐伏尔的哲学思想如同水银一般难以捕捉，不过人们对他的理解依然充满了各种矛盾。一种对列斐伏尔的哲学思想比较具有普遍性的评价是“列斐伏尔在理论上以马克思主义为依托，与存在主义进行呼应和对话，批判资本主义国家的社会危机和文化状况”②。列斐伏尔是西方马克思主义的著名代表人物，因此“在列非伏尔哲学中，马克思主义的立场始终是其整体构架的主导性的成分”③。不过，列斐伏尔和其他的西方马克思主义者有着很大的区别，他一直游离在正统的马克思主义的边缘地带，他的这种“非正统性”是他拒绝经济还原论和教条主义的结果。列斐伏尔拒绝把马克思和其他思想家的作品当成毫无生命力和能动性的刻板书籍，坚持与它们展开对话，在这个过程中不断地打开通往各种可能性的大门。如果我们说列斐伏尔和马克思之间存在着长久而生动的互动的话，那么我们也会发现他和其他思想家之间也保持着这种积极的关系：黑格尔和 19 世纪末其他的德国古典哲学家，如谢林和尼采；同时也包括 19 世纪和 20 世纪的其他文化理论家，如巴赫金与拉康。以上的概述表明，列斐伏尔的思想在极大程度上不能用单一的标准来划分和归类。他以马克思和马克思主义思想为根基，着眼于西方资本主义社会发生在社会层面、国家层面、上层建筑层面和文化层面上的将近一个世纪的苦难与悲剧，即现代性里异化了的、非人道主义的特质。

（二）列斐伏尔的思想概况

对列斐伏尔总体性思想的概括比较困难，原因在于他所涉猎的领域比较广泛，很难用一个固定的标准来定义他的全部理论思想成果。所以，研

---

① Stuart Elden, Elizabeth Lebas, “Introduction: Coming to Terms with Lefebvre”, in Henri Lefebvre, *Key Writings*, New York and London: Continuum, 2003, p. xi.

② 吴宁：《日常生活批判——列斐伏尔哲学思想研究》，人民出版社 2007 年版，第 11 页。

③ 衣俊卿等：《20 世纪新马克思主义》（修订版），中央编译出版社 2012 年版，第 406 页。

究者们从不同的侧面来有所侧重并加以区别地对列斐伏尔的思想进行概括，国内外学术界对列斐伏尔思想的总体性评价大致存在以下几种观点：

第一，列斐伏尔是西方马克思主义的著名代表人物，特别是存在主义的马克思主义的代表人物。这是目前为止在国内外学术界里关于列斐伏尔的定位和评价最具有普遍性和最令人广为接受的一种观点。研究者们不难看出列斐伏尔思想中极为明显的存在主义和人道主义的痕迹，这些痕迹让他成为这个时代最敏感的观察者，也让他拥有一颗悲悯的心要为这个时代的人指出他们的痛处并努力去医治这些痛处。列斐伏尔论证道，人道主义是马克思思想的关键机制，在任何地区的社会变化里这个机制都起到了关键性的作用。至于什么是人道主义，列斐伏尔认为，人道主义不是没有战争，不是生活的物质程度极大地提高，也不是科学技术的进步，而是一种完完全全生活着的生活机会。任何一种社会形态的品质就存在于能否给予社会全体成员一种非异化的、真实的生活体验的机会。这是文明社会的测量器。

不过，只以一个标准来概括列斐伏尔70年左右的学术成果显然是不够公正的。虽然在很长的一段时间内，这种评价观点在国内外学界的学者们中间十分流行，不过“仅以此来评价列斐伏尔，显然不够全面”①。有的学者认为，存在主义的马克思主义适用于列斐伏尔的早期思想，因为在这段时期里他的目光主要集中在异化理论和工人阶级意识神秘化理论上，这在很大程度上体现了列斐伏尔的存在主义倾向。但是如果按照萨特的“存在主义是一种人道主义”的观点来看，列斐伏尔的存在主义倾向（或者说人道主义倾向）就不能只局限于早期阶段。和其他同时代的西方马克思主义者一样，列斐伏尔无比关注20世纪西方社会所忍受的阵痛与苦难，这种人道主义关怀贯穿其学术生涯始终。

第二，列斐伏尔推进了20世纪人文科学研究中的“社会学转向”，特别是“日常生活转向”，他积极发展日常生活批判的理论道路，丰富了从19世纪末20世纪初开始的对理性主义进行反思并向生活世界回归的思想潮流，为其添砖加瓦。在很多研究者眼中，列斐伏尔最大的贡献

① 刘怀玉：《现代性的平庸与神奇——列斐伏尔日常生活批判哲学的文本学解读》，中央编译出版社2006年版，第11页。

莫过于他的一整套日常生活批判理论体系。日常生活批判在坚持历史唯物主义的基础上，为工人阶级和西方资本主义社会的未来走向与趋势做了具有理论预见性的预测：一方面，工人阶级的革命性会在日常生活中消沉，丧失其生命力；另一方面，资本主义因为掌控了日常生活而得以延续。人们每天看似平淡无奇的琐碎生活实则蕴含了一个社会、一种文化、一套社会关系、一种生产方式的全部基因密码。“在此处日常生活可以比喻成肥沃的土壤。没有美丽的花朵和参天的树木，这样的景色对旅客来说会感到沮丧。但是花朵和树木也不能让我们忘记它们之下的土地，这片土地藏有秘密的生命和它自己的财富。”① 而西方哲学传统却把日常生活安置于最不受人们注意的地方，如此便丢弃了真实而去追逐发生在头脑中的抽象。列斐伏尔认为这是古典哲学的一大弊病，也是当今的社会批判必须要加以扬弃的内容。

“到底什么是日常生活”，以及“日常生活面临着什么样的危机”，列斐伏尔进行了30多年的思考，对这个对象进行了哲学的、社会的、历史的、经济的、政治的和文化的全面考察，忠于马克思所提出的“哲学的实现”和“改变世界”等信条，奠定了他“日常生活批判之父”的地位。按照出版的时间顺序，从第一卷《日常生活批判》开始到第三卷《日常生活批判》结束，列斐伏尔对“日常生活”这个问题域的内容挖掘和整体理解一直处于动态当中。《日常生活批判》第一卷是一本带有浓厚的马克思主义人道主义关怀色彩的著作，作者开宗明义，把关注的焦点集中在异化问题和“总体性革命”上。由米歇尔·特雷比西为其第二版的英文版所作的序指出，日常生活批判的创作源初即是列斐伏尔在《被神秘化的意识》中所关注的现代人异化的整个范围，以及在《辩证唯物主义》中所发展的“完整的人”和“总体性革命”的概念。② 此时的列斐伏尔还抱有很高的信心，相信在解决了生产力和生产关系之间的矛盾之后，在伟大的日常生活批判革命胜利之后，现代人可以摆脱异化。“生活的艺术暗示着异化的

---

① Henri Lefebvre, *Critique of Everyday Life Volume I*, *Introduction*, trans. John Moore, London and New York: Verso, 2008, p. 87.

② Michel Trebitsch, “Preface”, in Henri Lefebvre, *Critique of Everyday Life Volume I*, *Introduction*, trans. John Moore, London and New York: Verso, 2008, p. xv.

终结，也为异化的终结贡献了力量。”①

这样乐观积极的态度在《日常生活批判》第二卷开始瓦解。如果说第一卷还具有提纲挈领的和在宏观上把握全局的功能的话，那么在第二卷里，列斐伏尔逐渐转向了一种微观层面的日常生活批判与分析。他开始为日常生活批判划定理论界限，制定正规的研究手段，辨析相关的概念与范畴，为让日常生活批判具有充分的合理性而付出巨大的努力。第二卷出版于1961年，战后的法国和欧洲的资本主义社会已经经历了16年的变化。日常生活批判的微观化证明了现实世界的问题要远比列斐伏尔当初的所思所想来得更加复杂，总体性革命的可能性也变得越来越渺茫。在第二卷的最后一章里，列斐伏尔提出了“瞬间的理论”，想要用“瞬间”来取代历史性的革命，想要用彻底实现的“可能性”去取代历史的“必然性”。②这是列斐伏尔的现代性理论诞生的前奏，列斐伏尔注意到了处于历史时空中的日常生活最终也不可避免地被“收编”到人类社会历史长河的大潮流当中。在现代性和现代主义甚嚣尘上的时代，日常生活批判必须要和现代性的理论结合起来才能具有合理性，而这项理论新要求让列斐伏尔逐渐走向一条继承并发展马克思和既有的马克思主义思想的道路。

1981年出版的最后一卷《日常生活批判》既是列斐伏尔对这一理论对象在经历了长达30年的探索之后所做的总结，也是探讨更多开放性的可能性的尝试。作者的目光聚焦在两个抽象而基本的概念上：“连续性”和“间断性”。过去的哲学家把日常生活从知识和智慧中排除，而如今的哲学家依然是在逻各斯中把日常生活的真理与真实统一在一起。在列斐伏尔看来，“真实”变成了一种产物，而不是源自事物本身。日常生活的知识在哲学家的头脑中进行整合与统一之后也不再是“真实”的知识。实证知识在这个过程中发挥了巨大的作用，它是一种肯定性的知识，渗透到人文科学中来，带着强烈的规律性和自律性实证化了人类社会的历史过程，日常生活的实践和知识都无一幸免，成为了“连续性”的受害者。这种“连续性”就是肯定性、确定性和必然性。不过，在这个表面上看起来是

① Henri Lefebvre, *Critique of Everyday Life Volume I*, *Introduction*, trans. John Moore, London and New York: Verso, 2008, p. 199.

② Henri Lefebvre, *Critique of Everyday Life Volume I*, *Introduction*, trans. John Moore, London and New York: Verso, 2008, pp. 348 – 349.

一种高密度的组织化的结构之下实际上流淌着“间断性”的暗流。现代世界既是一个强有力的整合机器，不过人们也不能忽视它的另外一个特点，即现代世界以前所未有的速度和强度把所有的事物朝向一条未知的、“新的”道路上牵引，尽管很多思想家都对这条路的尽头做出过各式的理论预测，但是事实到底如何是无人可知的。在这个推进的过程中，变异得以产生，能够保存下来的变异就演化成了差异，差异是构成间断性的原料。如果不能形成一个完善的差异理论，那么人们就不能透彻地理解现代世界和日常生活中的间断性。间断性成为与连续性相抗衡的一种力量，因此间断性也就是可能性。虽然列斐伏尔所建立的日常生活批判理论精巧复杂，理论的范畴涵盖了综合学科，但是在阐述该理论的终卷里，作者回归到哲学领域中最基本的两对概念上去概括他对现代世界和现代日常生活的理解与直观：连续性和间断性，肯定性和可能性。这两对概念不只是列斐伏尔日常生活批判理论的起点和终点，更是他毕生理论的基石。

第三，列斐伏尔是20世纪都市（城市）问题研究和空间理论的奠基人与巨擘。都市研究和空间理论让列斐伏尔成为走在20世纪思想前沿的思想家，奠定了他在空间社会学、都市地理学和后现代理论中的地位。进入70年代，列斐伏尔出版了一系列相关内容的书籍，他对都市和空间的探索也由来已久。在战后的西方发达资本主义条件下所形成的都市迫使人们要对哲学、政治和艺术进行重新思考。在这里我们需要注意的是，虽然列斐伏尔对乡村也进行过社会学调查并给予很大的重视，不过他目光的焦点始终在都市和城镇之上。列斐伏尔的空间理论同样也以都市和城镇作为研究的对象与基础。空间是日常生活得以发生的基本要素，如果说日常生活是资本主义得以延续和扩张的土壤的话，那么空间则为日常生活提供了其需要发挥功能的所有场所。在列斐伏尔的思想体系中，空间批判与日常生活批判相互支持，“在列斐伏尔那里，日常生活批判的概念是基本性的概念，特别是当它与空间和城镇的主题相交的时候”①。都市与空间不再仅仅是资本主义社会塑造出来的某种客观性的实在，在发达资本主义社会中，两者均被转化为一种手段，保存并延续着资本主义的生命，成为资本

① Michel Trebitsch, “Preface”, in Henri Lefebvre, *Critique of Everyday Life Volume III*, *From Modernity to Modernism*, trans. Gregory Elliott, London and New York: Verso, 2008, p. xxv.

主义得以幸存的关键因素。列斐伏尔注意到了空间的自我生产的方式，并以此为出发点展开了对空间的批判。

都市作为一个个散落在高度组织化的和碎片化的现代社会中的中心，它与周边地区构成了对立统一的辩证关系。列斐伏尔发现，都市获取了某种自主的、自觉的、自我生产的和自动扩展的能力，它是一个巨大的社会实验室，在都市的周围形成了一种特殊的空间，在都市空间内部又含有无数个“子系统”共同发挥着自我生成的作用。这些中心保持着单一的功能性，围绕着商业中心和行政机构而产生的消费主义与权力管制塑造出现代都市的基本形象，同时也包括了代表唯美主义的非功能性装饰。列斐伏尔指出，现代都市空间要从两种意义去理解：“一方面，都市空间充满了神圣之所或被诅咒之地，它要么献身于雄性的原则要么献身于雌性的原则，赋有想象和迷幻的色彩；另一方面，都市空间又是理性的、国家政权占统治地位的和科层制的，它的宏伟不朽被各类事物之间的往来交易所侵蚀和遮蔽，其中包括信息的交易。”①

都市的双重性被列斐伏尔揭示出来：他通过对西方古代社会的城市进行考察发现，都市和城镇既具有与自然和神明之间赋有紧密关系的象征性的符号作用，同时也具有以生产、消费和权力为中心而被确立起来的功能性作用，可以说这样的都市空间与城镇空间既充斥着神圣化的气息又包含着世俗化的倾向。不过，列斐伏尔的空间批判根植在对后者的批判之上。他认为，工业社会的出现从本质上改变了都市和城镇的问题域，世俗化的功能性作用在工业社会、技术统治论和资本主义制度的合力影响下逐渐地取代了神圣化的象征作用与符号作用，都城变成了一个冰冷的机器，一个产生异化的场所。与此同时，资本主义的生产模式也发生了根本性的变化：受制于工业逻辑和技术理性的资本主义生产可以超越地理（自然）空间的重重限制，进行自我的再生产。这是都市空间的原则，也是资本主义得以幸存的秘密：空间不再是与生产资料和生产力相并列的生产要素之一，它是生产本身，是生产的根本性要素，空间的生产在某种意义上来说就是资本主义生产关系的再生产。

---

① Henri Lefebvre, *The Production of Space*, trans. Donald Nicholson-Smith, Malden, Oxford and Victoria: Blackwell Publishing, 1991, p. 231.

列斐伏尔的空间批判表明了列斐伏尔注意到西方资本主义在新的历史时期里对日常生活和生产方式的全景式控制与微观操控，他不仅揭示了资本主义发展的空间转向，指出了空间生产中所包含的种种矛盾，更重要的是列斐伏尔探究了在这一系列的变化过程中与人有着千丝万缕的联系的价值维度问题，深刻地揭露了现代人在资本主义发展新阶段中的进一步异化以及试图探寻一条扬弃异化的新道路。

第四，列斐伏尔是一位具有后现代倾向的思想家，他在西方马克思主义向后马克思主义和后现代思潮迈进的过程中起到了承上启下的作用。列斐伏尔属于20世纪西方思想界中最早对现代性问题进行明确批判的思想家之一。对现代性进行批判是否能够成为后现代思想家的一条标准仍有争议，但是从列斐伏尔的现代性批判理论中我们可以发现，他有别于其他后现代哲学家的那种企图完全与“现代”割裂的理论抱负和意图，列斐伏尔对现代性给予了很高的肯定和认可，做到了辩证地看待现代性的功与过。他敏锐地捕捉到了历史进程和新历史时期发展中的断裂以及新变化，这些现象构成了一个真空地带，原有的理论显得有些乏力。例如列斐伏尔提出“控制消费的科层制社会”的概念，以此区别由传统理论家所划分出的社会形态，这个概念由其学生鲍德里亚进一步加以阐释，成为后现代理论中不可或缺的一个维度。再如，列斐伏尔指出现代社会是一个“恐怖主义社会”，其矛头指向了书写技术，认为“强制性的和非暴力的书写——或书面文件——建立起恐怖”，原因是书写脱离了口语和具体语境，构建起一个彻底的等级制度，并树立自己的统治，“书面文件趋向于充任元语言的角色，并趋于抛弃语境和参照”①。对书写技术的反思和批判具有鲜明的后现代主义色彩，更不用说列斐伏尔所建立的后现代文化中的空间理论和话语了。

第五，列斐伏尔是西方异化理论研究的杰出代表人物，是重要的异化思想大师，在哲学层面和社会学层面上，他的异化理论为西方资本主义社会批判做出了巨大贡献，提供了至关重要的指导。在20世纪，一批以异化研究为自己全部理论建树的基石的思想家在西方思想界发挥出不可取代

---

① Henri Lefebvre, *Everyday Life in the Modern World*, trans. Sacha Rabinovitch, New Brunswick and London: Transaction Publishers, 1984, pp. 152－155.

的作用，这些思想家的异化理论为正确地理解和透视现代社会的运作机制与内在逻辑提供了多维度多路径的思路和方法。异化理论在20世纪的人文科学研究中之所以占有举足轻重的地位，是因为此时人文科学的问题意识与问题域、研究方法和理论价值取向均发生了重大变化，列斐伏尔异化理论的发展与生成恰好就处在这个历史转折时期，也为这些变化和转向的实现贡献了一己之力。

综上所述，列斐伏尔的思想理论体现出卓越的丰富性和非凡的创造力，对列斐伏尔的总结与概括也可以从不同的方面和角度进行展现。列斐伏尔作为西方马克思主义和法国现代哲学的杰出代表，研究者们根据各自不同的理论需求和研究目的对列斐伏尔生平的思想理论内容进行了不同的总结和论述，因此对列斐伏尔本人的思想理论概观的描述也表现得不尽相同。但是在总体性和整体性的维度上去理解列斐伏尔的时候，这也造成了难以统一各方意见的局面，正如国内学者刘怀玉指出的那样，这种情况容易产生对列斐伏尔思想理论的误解与偏见。

三　国内外学者对列斐伏尔理论思想的研究现状

列斐伏尔以其蓬勃的学术活力和理论创造力为20世纪同时代的研究者以及其身后的学者留下了宝贵的思想财富，列斐伏尔的理论思想既是对西方马克思主义思潮的继承与发展，同时也是对一个新时代、人类社会历史新时期在理论层面上所做出的反思与批判。它引来了国内外众多学者饶有兴趣的目光，很多优秀的研究者对列斐伏尔理论展开了系统性的阐释和研究。

（一）国外研究现状

列斐伏尔在西方学界的命运几经沉浮。20世纪60年代之前，列斐伏尔一直身处于法国学术界的核心地带，是法国共产党内部的重要知识分子。因为他独特的理论地位，西方马克思主义学者认为他是重新解读马克思思想的重要人物与典范。他的异化理论、国家理论、日常生活批判理论和空间批判理论都被看作是对马克思主义哲学的极大丰富和推动。因为列斐伏尔的影响从马克思主义扩展到了存在主义和情景主义中，因此收获了很多追随者和研究者。1968年法国的“五月风暴”之后，右翼思想抬头，列斐伏尔被排挤出思想中心，遭到冷落。但是这个时期也是列斐伏尔的创作时期，有大量的作品问世。这一时期，英语学界几乎听不到列斐伏尔的声音，和萨特、德里达、福柯等法国思想家相比，列斐伏尔的著作译著和研究甚少。在提及列斐伏尔的相关英语著作里也只是点到为止，一带而过。到了90年代，列斐伏尔在英语国家里开始受到人们广泛的关注。这和列斐伏尔的主要作品陆续被翻译成英文密不可分。从1991年开始，他的主要作品逐渐地被翻译成英文，特别是《空间的生产》英文版出版，让列斐伏尔在英语世界的研究者那里热度急速上升，名声大噪。1991年列斐伏尔的代表作《日常生活批判》第一卷英文版出版，之后2002年、2003年出版后两卷的英文译本。至此，列斐伏尔在英语世界的研究出现了更加繁盛的局面，更多的英语研究者把列斐伏尔推向了更加广袤的国际学术舞台。

1. 列斐伏尔是西方马克思主义、存在主义的马克思主义的代表人物

西方学者首先把列斐伏尔视为西方马克思主义重要的思想家和哲学家，列斐伏尔与卢卡奇、科尔施、布洛赫、马尔库塞、弗洛姆等人一道，共同构建了西方马克思主义精彩丰富的思想王国。这是毋庸置疑的理论事实，不过更多研究者的兴趣点聚焦在他的存在主义情结之上。

马克·波斯特在《战后法国的存在主义马克思主义：从萨特到阿尔都塞》中指出，发生在战后法国思想界中举足轻重的事件之一就是存在主义的兴起，随着萨特和波伏娃等人的推进和努力，存在主义渗透到其他的思想流派之中，而将存在主义介绍到马克思主义中的是以列斐伏尔为代表的法国思想家。列斐伏尔在其思想体系中关注异化问题，把对异化的研究和战后的法国复兴等问题联系在一起，体现出浓厚的人道主义精神。

斯图尔特·埃尔登在《理解昂立·列斐伏尔：理论与可能》一书中指出：“列斐伏尔在他的大量著作中投入存在主义的思想，确实如此，对于他的一些专著来说，马克思主义与存在主义之间的张力是列斐伏尔著述的持久主题。”① 与此同时，埃尔登还指出这种存在主义倾向更隶属于列斐伏

① Stuart Elden, *Understanding Henri Lefebvre: Theory and Possible*, London and New York: Continuum, 2004, p. 19.

尔的青年时期，是其学术生涯早期的理论特征。

罗伯·谢尔兹也持同样的观点。在《列斐伏尔，爱与挣扎：空间辩证法》一书中，谢尔兹同样指出列斐伏尔与存在主义之间的紧密关系，认为存在主义思想家对列斐伏尔的影响直接导致了列斐伏尔对现代人普遍的生存困境的关注。《日常生活批判》第一卷英文版序言的作者特雷比西同样指认了海德格尔对列斐伏尔的直接影响：海德格尔对此在的分析和同情激发了列斐伏尔对人的生存境遇的关怀，这些无不直接地在列斐伏尔原本的马克思主义思想中加入了存在主义的视野，让他成为西方马克思主义众多思想家当中带有存在主义色彩的哲学家。

2. 列斐伏尔推动了从哲学批判向社会学批判的理论过渡进程，特别是向“日常生活批判”进行过渡的理论转向

列斐伏尔对日常生活批判所作出的理论贡献实在非常耀眼，以至于人们将“日常生活批判之父”的美名嘉誉给予了他。但是这样的美誉却是经过一个非常艰苦的过程才得来的。就像列斐伏尔本人指出的那样，对日常生活的关注其实并不是什么美差，伴随着太多人的不理解和嘲讽。《日常生活批判》第一卷于1957年再版，在第二版的序言里，他回应了10年前第一次提出“日常生活批判”的概念时来自各方的攻击和质疑，同时他依然比较悲观地指出，10年后的今日依然没有太多人对日常生活给予足够的尊重。

不过，列斐伏尔对日常生活所作出的理论贡献最终受到了人们的正面肯定。谢尔兹认为，列斐伏尔是第一位把注意力放置在日常生活细节之上的社会理论家，而在当时各种关于社会的宏观结构的理论层出不穷，这种独特的注意力实属难得。[①] 同样，马尔库塞也指出，正是因为列斐伏尔的日常生活批判理论，对社会现实的批判才得以开始。

埃尔登认为，列斐伏尔对日常生活的批判沉思其根源在于他对异化概念和被神秘化的意识的思考，正是资本主义社会当中普遍存在的异化现象激发了列斐伏尔不得不把理论研究的目光转向更加微观的社会实存。同时埃尔登也认为对日常生活的批判和反思是列斐伏尔对马克思主义最大的贡献。[②]

---

① Rob Shields, *Lefebvre, Love and Struggle: Spatial Dialectics*, London and New York: Routledge, 1999, p. 65.

② Stuart Elden, *Understanding Henri Lefebvre: Theory and Possible*, London and New York: Continuum, 2004, p. 110.

伽丁纳在其同名的著作《日常生活批判》中奉上对列斐伏尔的赞誉，指出列斐伏尔在日常生活研究与批判的理论家当中是“完美典范”，他结合哲学和社会学为日常生活批判理论开辟了“中间道路”。[①] 首先，列斐伏尔所说的“日常生活”不是法兰克福学派笔下的“日常生活”，霍克海默与阿多诺所理解的日常生活是无药可救的日常生活，是被完全占领和被异化了的日常生活，而列斐伏尔却看到日常生活所蕴藏的是生命力和革命力。其次，列斐伏尔对待日常生活的态度也不像东欧新马克思主义的思想家那样乐观，特别是不像卢卡奇那样总想要对日常生活进行全面的改造，列斐伏尔认识到日常生活的自律性与自在性。所以，列斐伏尔的日常生活批判是中间道路的批判理论，为其他各种解释留有余地。

3. 列斐伏尔是具有后马克思主义和后现代主义哲学风格的思想家，起到了承上启下的过渡作用

列斐伏尔在思想史中的独特性还体现在他是一位更具有过渡性的思想家，特别是在20世纪70年代之后，他的主要理论兴趣从日常生活转向了空间批判和城市地理学，而这种理论兴趣的转变具有强烈的后马克思主义和后现代主义哲学的特色。

埃尔登指出，时间、空间和节奏就是具有强烈后现代主义色彩的概念，列斐伏尔在晚期的研究阶段将这三个概念（特别是空间）作为理论探索的重中之重，表明了列斐伏尔本人的理论研究的一次整体性的转变。同时，列斐伏尔仍然居于西方马克思主义和历史唯物主义的边界，依然在努力地推动翔实的马克思主义的分析。[②] 由此可见，在埃尔登的眼中，列斐伏尔虽然在马克思主义的边界地带尝试新领域的研究，但是本质上他还是一位马克思主义者。

列斐伏尔有两位著名的弟子——让·鲍德里亚和爱德华·苏贾，二人是后来著名的后现代主义哲学家。鲍德里亚接续并且发展了列斐伏尔对消费社会和消费异化的关注与探究，指认了继工业社会之后，另一种社会类型已经到来，并且这种社会类型严重区分于此前的社会学家所规定的社会

---

① Michael E. Gardiner, “Critique of Everyday Life: An Introduction”, London and New York: Routledge, 2000, p. 12.

② Stuart Elden, *Understanding Henri Lefebvre: Theory and Possible*, London and New York: Continuum, 2004, pp. 192 – 193.

类型，宣告一种与现代的断裂。苏贾则在《后现代地理学——重申批判社会理论中的空间》一书中明确指出他的老师的思想理论中难以抹去的后现代主义倾向，[①] 而苏贾本人也继承了列斐伏尔的空间研究。与此同时，大卫·哈维受到列斐伏尔在《空间的生产》一书中提到的“三元空间辩证法”的启发，也提出了自己的“三元空间辩证法”，重新对马克思《资本论》的“三种价值”做空间化的解读。这种解读推动了后马克思主义的发展。

（二）国内研究现状

列斐伏尔理论研究在我国学术界主要经历了以下几个时期：

首先，20 世纪 50 年代到 80 年代，在这个时期里，国内学者对列斐伏尔的思想研究多以译著为主，缺乏系统性的、整体性的方法和视角来分析并研究列斐伏尔的思想与专著，属于片断式的、零散式的介绍性研究；与此同时，当时的学者们对列斐伏尔的思想也缺乏一个比较客观的、全面的认识。这段时期国内出版的列斐伏尔译著主要包括：《美学概论》（朝花美术出版社 1957 年版），《马克思主义的当前问题》（生活·读书·新知三联书店 1966 年版），《狄德罗的思想与著作》（商务印书馆 1985 年版），《辩证唯物主义》（载《西方学者论〈一八四四年经济学哲学手稿〉》，复旦大学出版社 1983 年版），《论国家——从黑格尔到斯大林和毛泽东》（重庆出版社 1988 年版）。

其次，20 世纪 80 年代到 90 年代，列斐伏尔理论思想研究开始受到重视和关注，国内学者逐步地以客观的、科学的和系统的眼光来介绍列斐伏尔理论，出现了几篇分量较重的研究论文。一些关于西方马克思主义理论史研究的著作也利用一些篇幅来介绍列斐伏尔的日常生活批判理论，将其看作西方马克思主义思潮的一支。不过，与其他传统上被认为是西方马克思主义的重要思想家相比，列斐伏尔在这些著作中还属于背景式的人物出现在人们的视野里。如徐崇温的《西方马克思主义》（天津人民出版社 1982 年版）、俞吾金和陈学明的《国外马克思主义流派》（复旦大学出版

① ［美］爱德华·W. 苏贾：《后现代地理学——重申批判社会理论中的空间》，王文斌译，商务印书馆 2017 年版，第 65 页。

社 1990 年版）及周穗明的《新马克思主义先驱者》（中央编译出版社 1998 年版）。在这个时期里，国内学者普遍认识到列斐伏尔的日常生活批判理论对改革开放后的中国具有深刻的现实意义：面对着经济迅速崛起，当代中国该如何建设能够与经济发展速度相匹配的日常生活，这是每一个中国人所面临的切实问题，列斐伏尔的日常生活批判理论提供了丰富的方法与思路。

再次，进入新世纪之后，列斐伏尔的理论研究迎来了新热度，呈现出了多样化和全面化的样态，学者们对他的定位也从西方马克思主义的背景人物转变为一个不可不提的重要人物。对列斐伏尔理论的分析和阐述也不再只局限于日常生活批判理论之上，他的空间理论、城市地理学、现代性理论、消费社会理论、微观权力思想、资本主义观、社会规训思想、节奏分析等其他的理论内容同样受到人们的重视，学者们开始从系统的、全面的视角来对列斐伏尔的整体思想进行把握。同时，学者们也意识到了列斐伏尔与后现代思潮之间的密切关系，特别是他与鲍德里亚和福柯等后现代思想家在理论上的衔接地位。由此对列斐伏尔理论的研究逐渐进入黄金时期。

国内对列斐伏尔的研究同样主要集中在三个方面，这也体现了国内学者对列斐伏尔思想理论的三种基本认识。

1. 列斐伏尔是马克思主义的人道主义的杰出思想家

衣俊卿等的《20 世纪的文化批判：西方马克思主义的深层解读》（中央编译出版社 2003 年版）和《20 世纪新马克思主义》（中央编译出版社 2012 年版）、张一兵和胡大平的《西方马克思主义哲学的历史逻辑》（南京大学出版社 2003 年版）等著作中出现了专门介绍列斐伏尔的章节，展现出了一个相对全面的研究内容。

特别值得一提的是，衣俊卿等主编的《20 世纪新马克思主义》在 2012 年再版，其 2012 年修订版中第九章以整个章节的内容更加系统地阐述了列斐伏尔的马克思主义哲学观、人道主义思想、异化观、日常生活批判理论、空间理论和节奏分析。该书是目前国内思想史类著述中对列斐伏尔思想的表述最为详细的一本。在书中，衣俊卿等指出列斐伏尔的日常生活批判理论是马克思人道主义的系统阐释，列斐伏尔的全部思想理论“主要是一种关于资本主义的异化批判理论，也就是基于人本主义哲学立场和人道主义价值对资本主义的种种异化现象和人的生存困境进行一种文化层面和社会层面的批判”[①]。由此可见，列斐伏尔思想中所体现出来的马克思主义的人道主义是其重要的理论特征。

2. 列斐伏尔是日常生活批判的大师，是西方马克思主义哲学社会学批判理论家的代表人物

列斐伏尔日常生活批判理论所作出的理论贡献在这里不复赘言，国内学者对其展开的学术性研究也最为集中。其中刘怀玉和吴宁各自为列斐伏尔日常生活批判理论及其哲学思想专门作著，是国内系统性地研究列斐伏尔思想的重要学者。

国内对列斐伏尔的日常生活批判思想第一次进行整体而又深入的论述，并以整部著述发表的是南京大学的刘怀玉教授，其著作《现代性的平庸与神奇——列斐伏尔日常生活批判哲学的文本学解读》是国内学术界第一部比较系统地、深刻地研究列斐伏尔日常生活批判的专著。其中刘怀玉对多部列斐伏尔的重要著作进行文本解读，介绍其学术观点。他系统阐释了列斐伏尔的马克思主义哲学观点以及列斐伏尔对马克思思想的重新解读与创新；对列斐伏尔在现代西方马克思主义思想史中的地位进行了总体性的评价；梳理了列斐伏尔思想与存在主义、情景主义、超现实主义、达达主义和后现代主义之间的关系；着重分析了日常生活批判概念的前后转变，并以日常生活批判为核心介绍了列斐伏尔的现代性理论和空间理论。该书难能可贵的地方在于，作者掌握大量的一手原文资料，对列斐伏尔理论的分析和评述是建立在一手文献的文本解读的基础之上，这在国内学术界里既是首例也是典范。

另一部专门介绍列斐伏尔日常生活批判理论的专著是吴宁的《日常生活批判——列斐伏尔哲学思想研究》，该书以专题的形式对列斐伏尔的异化理论、日常生活批判理论、美学理论、国家理论、现代性理论和空间理论进行了综述，较为全面地展开了列斐伏尔思想的全貌。值得一提的是，该书第一章重点梳理了列斐伏尔思想中的几个基本概念，因为列斐伏尔理论的独特性，这样便为读者更好地把握其思想做了充分的准备。

3. 列斐伏尔是空间批判理论、城市地理学与都市社会学的理论先驱

国内空间理论的研究热度在最近几年陡然升温，这并不是一个意外的

---

① 衣俊卿等：《20世纪新马克思主义》（修订版），中央编译出版社2012年版，第406页。

偶然现象。列斐伏尔的空间理论具有较为超前的问题意识，以其敏锐的学术洞察力洞见到人类社会在新的历史时期里的微妙变化。这成为目前国内对列斐伏尔思想理论研究的最热点。

张笑夷的《列菲伏尔空间批判理论研究》一书集中讨论了列斐伏尔的空间理论，以资本主义的社会危机为切入点，把列斐伏尔对发达资本主义社会的幸存与矛盾的思考在空间理论中一一展现出来。在这本书中，作者把空间理论当作列斐伏尔的思想主线和理论制高点，尝试着让空间理论发挥出“发动机”的作用，从而让列斐伏尔的全部思想作为一个整体运作起来。

孙全胜的《列斐伏尔“空间生产”的理论形态研究》主要探讨了现代社会空间生产以及形成的历史演进，从资本批判、政治批判和生态批判三个维度出发，探究了社会空间形态演化的具体的历史统一过程。这一研究回应了近一百年来全球范围内的工业化、信息化和全球化的人类历史发展进程，特别是这些进程在20世纪后半叶集中表现为城市化和都市化，宣告空间的胜利，也迫使人们必须要对这些运动所带来的各种负面影响进行反思。

鲁宝的《空间生产的知识：列斐伏尔晚期思想研究》与其说是聚焦列斐伏尔晚期的空间哲学思想，不如说是以空间生产的知识为奇点和机遇，重新梳理了列斐伏尔对晚期资本主义社会的批判路径，它呼吁人们对马克思思想与方法的再重视，重拾人们对马克思主义的信心。“换言之，就是以马克思的方法为指导，探索所谓的现代社会的起源以及人类的知识与社会空间之间的复杂关系、社会影响，剖析社会的进步转型，最终实现共产主义。”①

综上所述，根据对国外和国内列斐伏尔思想理论的相关研究现状的整理，可以得出以下结论：目前对列斐伏尔思想的研究主要集中在两个方面：一是日常生活批判；二是空间生产以及从中延展出来的城市都市理论。国内外的许多研究者都提到异化理论在列斐伏尔思想体系中的重要性，称之为列斐伏尔总体性思想理论的基石、导线、骨骼和脉络。比如，

---

① 鲁宝：《空间生产的知识：列斐伏尔晚期思想研究》，北京师范大学出版社2021年版，第63页。

谢尔兹指出："把列斐伏尔所有的研究工作联合在一起的——从他最开始的研究到最成熟的研究——是他对异化问题的深刻的人道主义关怀。"① 吴宁也持有相同的意见："对异化问题的重视是列斐伏尔一生理论研究的一条基线。"② 衣俊卿等指出："异化理论对于列菲伏尔哲学而言，处于一种基础和核心的地位，可以说，是其理论构架中的骨骼部分。"③ 但是国内外学者却普遍缺乏对列斐伏尔异化理论的系统性研究和独立性研究。他们不是对其异化理论闭口不言，而是普遍采取两种理论态度：一是把列斐伏尔的异化理论视为其日常生活批判理论的一部分，是包含与被包含的关系；二是把列斐伏尔的异化理论视为其向日常生活批判理论进行过渡的理论准备阶段。这种处理方式同样会让其异化理论丧失应有的理论地位，让人们忽视其重要性。

因此，一个独立的、系统的、全面的和客观的列斐伏尔异化理论研究呼之欲出，这符合列斐伏尔思想理论总体性研究的学术需要，也符合当下时代现代人所普遍面临的异化困境的现实需要。

四　作为骨骼和导线的异化理论

异化理论对列斐伏尔全部的哲学社会学批判理论而言是基础性和奠基性的，这一点不言而喻。有人对列斐伏尔做出过以下评价：在众人的眼里，列斐伏尔始终呈现出不同的模样，元哲学家、日常生活批判家、马克思主义理论家、空间批判和城市运动的领导者、后现代主义的先驱者等，然而到底哪一种面相可以代表真实的列斐伏尔，人们往往莫衷一是。这是由列斐伏尔理论本身的特点决定的：首先，其理论所绵延的时间跨度几乎覆盖了20世纪欧洲全部的重大历史事件，这些历史事件既决定了20世纪法国的走向也决定了世界格局的基本面貌，因此它们反映在列斐伏尔的理论中也必然是错综复杂和盘根错节的；其次，列斐伏尔在不同的学术时期里所研究的重点对象也是在发生变化的，例如从20世纪60年代开始，他

① Rob Shields, *Lefebvre, Love and Struggle: Spatial Dialectics*, London and New York: Routledge, 1999, p. 2.

② 吴宁：《日常生活批判——列斐伏尔哲学思想研究》，人民出版社2007年版，第121页。

③ 衣俊卿等：《20世纪新马克思主义》（修订版），中央编译出版社2012年版，第411页。

在将近10年的时间里以前所未有的创造力出版了8部关于城市和空间的专著，成就了他“空间生产批判之父”的美誉，同时这一时期的学术研究对象实现了“空间转向”的主题，具有鲜明的个人特色。如此，一个“多面”的列斐伏尔出现在众人面前，人们根据自己的研究兴趣去接触不同的列斐伏尔，但是那个具有整体性和统一性的列斐伏尔却始终没有被人们所认识。

纵观列斐伏尔一生的理论建树，人们可以对他做如下的归纳和概括：把面向资本主义和现代性的批判贯彻到生命最后一刻的马克思主义人道主义者。马克思主义人道主义思想是列斐伏尔全部的哲学社会学批判理论的源点和起点，也是去认识那个具有整体性和统一性的列斐伏尔的必要条件，如果不回到马克思主义人道主义思想中去的话，任何对列斐伏尔的判断和评价都将会失去客观性的效力。毋庸置疑，异化理论是马克思主义人道主义的集中体现，它说明马克思及马克思主义者在进行理论书写和现实批判时所遵从的一个重要维度，即人的维度，也就是作为个体的人和集体的人在具体的社会历史条件下的具体的存在状态，这个维度强有力地驳斥了那些持有“马克思主义思想是一种简化的经济主义思想”等片面观点的人，同样地也反驳了将异化理论视为青年马克思不成熟的思想的观点。对列斐伏尔来说，马克思的异化理论无疑为他提供了一个难得的机会：从全景式的视域出发去审视和批判资本主义社会机制运行的内在理路和摆脱黑格尔式的宏观历史主义的束缚去重新发现日常生活与每一个普通人所遭遇到的存在境遇的哲学立场。异化理论以一种鲜活的和未完成的姿态向列斐伏尔展开了一个充满生机的理论场域：相较于传统形而上学，它摒弃了那些玄而又玄但对指导世界和改变世界而言又难有作为的概念和诡思，使得哲学家将理论审视的目光转向人类社会历史存在之基的坚实土壤；相较于正统的马克思主义，它恢复了被教条主义所破坏掉的思想动能和理论效力，使马克思主义思想回归到原初的旨趣当中，成为一种真正的解放性思想；相较于20世纪其他哲学流派，它以一种强劲的包容性和开放性把现代主义、存在主义、女性主义、心理主义乃至后现代主义等的核心议题容纳其中，建立起一个综合全面的社会批判理论体系和哲学体系。正是基于异化理论，列斐伏尔发展出一整套具有真知灼见的哲学社会学批判理论，并且他将对异化问题的分析和探索扬弃异化的途径贯穿于理论结构之中，起到了骨骼和导线的重要作用。

（一）异化与日常生活

尽管马克思指认异化最先出现在经济领域内，但是列斐伏尔却认为异化所出现的最根本性场域远远比经济领域广泛得多，其本质乃是整个日常生活。日常生活因为其无尽的琐碎性、平庸性、日常性和重复性一度被哲学家视为一片贫瘠之地，直到胡塞尔提出“生活世界”的概念之后，这片尚待开垦的理论处女地才走进人们的视野。胡塞尔的生活世界聚焦前科学时代，它作为经验实在的客观生活世界一直以来为科学提供有效性和意义，胡塞尔认为欧洲科学危机的根源在于人们对生活世界的遗忘。尽管胡塞尔对生活世界的讨论是基于科学危机的视角展开的，但是却为后来的思想家们研究这个未被科学化和专业化的、充满偶然性却也单调乏味的领域提供了哲学化和理性化的可能。不同于胡塞尔看重生活世界对科学世界所产生的意义与价值，海德格尔则指出日常生活是让此在沉沦的罪魁祸首，无处不在的日常性和日常状态使此在丧失了反抗在日常生活中由风俗习惯、社会规范、文化规约和个人惯性所附加的枷锁，沦为芸芸众生的一员。因此，海德格尔式的日常生活趋向于一潭无意义的死水，此在在沉沦和堕落之中迷失了自己的方向，这样的日常生活以全面的否定性向此在展开，它既是此在存在的本体状态，也是此在存在的非本真状态。

如果日常生活真如海德格尔所言的那样，那么人的存在将会是一件极为绝望的事情。任何人都摆脱不了日常状态的重复性、机械性和无所事事，难道日常生活带给人们的只有消极性和否定性的内容？列斐伏尔试图中和海式日常性的消极面相，他试图证明日常生活既是孕育和滋养那些高级的文化内容的土壤和养料，同时日常生活还具备某种解放属性，人在日常生活中绝非只有沉沦这一种现实。海德格尔只是看到日常生活的一种表征，因为其现象学和存在主义哲学立场的限制使得他在解释世界的过程中无法做出改变世界的尝试。列斐伏尔从马克思主义的立场出发，他认为日常生活的问题之源不在日常生活本身，日常生活的本质是一个尚未确定和不断处在生成之中的开放场域，它产生价值、意义、庆典和节日，也会产生重复、循环、琐碎和沉沦。然而当下的日常生活之所以成为人之存在的禁锢，列斐伏尔指出这是因为发达资本主义社会面向日常生活的“殖民化”，在这个殖民化的过程中，数不清的异化形式渗透到日常生活中去，逐渐枯竭了那个作为意义产生和生活解放的日常生活，强化了那个不停扩大工作与休闲之间的裂隙并且将人的存在撕裂和简化成各种专业活动的日常生活。

日常生活为异化的实现提供了巨大的温床，马克思指认的经济异化已经不再是异化的主要形式，在日常生活这个人之存在的根本性场域里，在资本主义社会制度和文化的充分渗透下，异化的多重形式延展到日常生活的每一个角落里。可以说，列斐伏尔之所以成为“日常生活批判大师”，这与他坚持不懈地和异化进行抗争有着直接关联。在《日常生活批判》第一卷中，列斐伏尔就体现出对异化问题的极大兴趣和深度关切：长久以来，人们一直认为异化是资本主义社会的独有产物，而且异化使人远离自己的本真状态，让社会的运作也陷入充满矛盾性的怪圈之中，然而异化的危害远不止如此；与此同时异化也带来了某种积极意义的社会作用。列斐伏尔认为，异化自古以来就已经存在，它伴随着人类社会的诞生而诞生，只不过在资本主义的历史时期中，异化无论是在数量上还是在质量上都达到了史无前例的膨胀状态，朝向多维度、多层次、多向性和微观化方向演化，形成了“全面异化”的社会性表征。这种全面异化最显性的特征便是它关乎到一种日常的生活样态，在日常生活中，无论是劳动、工作还是学习，抑或是休闲、娱乐还是节庆，异化如影随形。“异化的象征变成了生活的象征，人们的异化成为了他们的生活。”① 如此，日常生活的异化成为现代社会异化问题的真实写照，这种异化弥散在人们日常生活中的方方面面，是一种难以抵抗的压迫性力量，既对现代人的存在构成威胁，也为其提出新的挑战。

列斐伏尔在覆盖日常生活的全面异化中同时创造性地看到了异化的积极作用。如果异化不会随着某个特定的社会制度的消失而消失，如果异化是深植于人的本质结构中的必然内容，那么社会历史的构建是否也有异化参与其中？异化的破坏性早已被人们所认识，但是在这种破坏性的背后，异化是否也从正面塑造过社会的面貌并引导过历史的走向？这是一种较为

---

① Henri Lefebvre, *Introduction to Modernity: Twelve Preludes, September 1959 – May 1961*, trans. John Moore, London and New York: Verso, 1995, p. 96.

颠覆性的异化观，不同于其他西方马克思主义哲学家对异化所采取的“欲除之而后快”的普遍态度，列斐伏尔认为异化的发生和形成也经历着一个辩证的过程，不以人的意志为转移，即“异化—去异化—新的异化”：旧的异化被人们克服和扬弃，社会在总体的层面上向前进步，但是随之而来的是新的异化产生，社会再次进入与之斗争的状态中。特别是当异化延伸至日常生活的全部领域之后，这样的斗争也在日常生活中随处可见。从一种辩证法的角度来看，异化也参与到社会的塑型当中来，成为社会发展的一种动力因素。“异化是发展的环节，异化不应该被理解成退化，它在某种意义上恰恰是一种痛苦的进化，是发展的必由之路。”[①] 至于异化是否一定会正向地推动社会前进，列斐伏尔并没有给予肯定的回答，但是他看待异化的独特视角却为后继的学者提供了研究异化的新思路，那就是异化是人在认识世界和改造世界时所产生的必然结果，它是他性与自我在相互遭遇和碰撞之后所形成的必然回响，或许存在着自我被他性所吞噬的风险，然而自我同样拥有战胜他性并且获得更加完整的本质的可能性。

（二）异化与空间、时间

如果说资本主义向日常生活的殖民化导致了全面异化的社会表征，那么异化向空间和时间的渗透也使得资本主义得以幸存，如此看来，空间和时间的异化形式不仅仅是资本主义社会特有的社会现象，它们同时还具有保卫资本主义的社会功能。这一发现揭露出发达资本主义社会运行机制的隐秘规律，为人们重新认识资本主义提供了新路径。

列斐伏尔对“资本主义是如何幸存的”这个问题表现出浓厚的理论兴趣。马克思预言了资本主义必将衰亡的命运，长久以来，一首关于资本主义的挽歌一直在西方学术界和思想界流行，人们认为，腐朽而又将死的资本主义社会制度在马克思以降的众多马克思主义学者的批判中终将走向难以扭转的颓势，直至灭亡。然而吊诡的是，资本主义非但没有崩溃，在20世纪还得以幸存，并且在新世纪的曙光里迎来了“蓬勃”的新发展，获得了新活力。一时之间，很多学者开始怀疑马克思的理论效力，认为马克思对资本主义的批判有些过时，更有甚者直接宣称马克思主义走向终结。面

---

① 吴宁：《日常生活批判——列斐伏尔哲学思想研究》，人民出版社2007年版，第144页。

对纷繁复杂的学术舆论环境，列斐伏尔坚持马克思主义而不动摇。他认为随着社会历史条件的变化，资本主义的统治策略也随之做出调整：曾经那些显性的、宏观的、容易被察觉的统治手段已经被隐性的、微观的、不易被察觉的方式所取代，并在最大限度上攫取人们的生存经验，利用生存实践去实现人对自身的自我管制，进而实现社会化的规训目的。在这种统治策略的转变中，空间异化和时间异化起到了决定性的作用，这两种异化形式一方面确保人们能够完成自我规训，另一方面可以保证资本主义社会制度的幸存与持存，因此充分了解这两种异化形式以及异化与空间、时间之间的内在关系是反抗发达资本主义社会宰制的关键。

传统的马克思主义思想家和其他流派的学者对资本主义的存在根基做过相当细致的分析，一般而论，资本主义的发展主要依赖于两大方面的推进和构建。首先，弱肉强食的丛林法则是资本主义得以扩张的根本保证，基于“资本主义”和“非资本主义”的二元世界秩序，资本主义国家对内消除威胁自身绝对统治权的不确定因素，对外侵占并掠夺一切可以剥削的资源，以此实现经济增长和财富积累的目的。其次，高度组织化的国家机构和官僚体系是资本主义持存的物质载体，除了在世界范围内建立的保证自己统治的政治经济体系之外，强有力的国家机构组织和严密的官僚体系也确保资本主义国家的秩序和运转。可是当历史的车轮进入 20 世纪中叶之后，资本主义的统治模式因为世界格局的剧烈变化也做出了大幅度的调整：曾经的殖民地国家纷纷独立，获得自主的国家权力，再想通过殖民时期的野蛮剥削来维持资本主义的发展已经不太可能；散发式的反资本主义运动在资本主义国家内部时常发生，这些社会运动虽然大多不以暴力革命的样态出现，但是它们普遍瞄准资产阶级文化领域展开猛烈攻击，动摇了资本主义统治的精神内核；资本主义国家之间不平衡发展导致资本主义同盟的内部矛盾不断，特别是在冷战时期，面对社会主义阵营的猛烈攻势，资本主义同盟的内部矛盾让不友好的局势雪上加霜。因此，资本主义的统治模式迎来大刀阔斧的改革，它摒弃了显性的政治经济管治，转向了隐性的生命政治管制。在列斐伏尔看来，隐性的生命政治管制符合 20 世纪中叶之后的资本主义国家的需求：一方面，技术的突飞猛进极大地提高了生产力，被丰富的商品所环绕的现代人在富裕社会的氛围中更加倾向于一种“稳定”的生活方式，这种稳定的生活方式为隐性的生命政治管制做好了群众基础的准备；另一方面，变幻莫测的国际环境威胁到资本主义在全球范围内的绝对话语权，特别是当一个呼吁多样性、差异性和多元化的时代到来时，资本主义国家需要普遍采用更加保守的方式来稳固自身的地位。这种隐性的生命政治管制便是以消除差异性和多样性为目的，把人们丰盛的生命经验消解在无差别化的社会网罗之中，进一步实现社会层面和个体层面上的自我管制。

列斐伏尔敏锐地捕捉到资本主义统治模式的深层变化，为了寻求这种隐性宰制的形成动因，列斐伏尔将研究的重点聚焦在空间和时间上，因为被异化的空间和时间是直接参与到每一个人的生命活动中的，影响人们对自身、他人、他者和周遭的直接认知，同时又不可避免地造成诸多消极的后果。

被异化的空间是资本主义得以实现“生产关系再生产”的物质前提，把控空间即获得了资本主义幸存的确定性。列斐伏尔断言，“（社会）空间是一种（社会）产品”。在资本主义社会的改造之下，空间已经不再是一种自然自在的三维空间，而是一种作为社会产品的、凝结了社会化属性的、带有资本主义特征的结果。这种经由资本主义改造过后的空间便是资本主义得以幸存和延续的物质条件。列斐伏尔明确指出，资本主义的幸存和空间有着密不可分的本质性关联：“现在的情况是，在这一百年里，资本主义已经发现它自身就具有淡化（而不是解决）其内部各种矛盾的能力，其后果是在《资本论》写就的百年时间里，资本主义成功地获得‘增长’。我们无法计算这种增长所付出的代价，但是我们知道它的手段，那就是占有空间，并生产一种空间。”① 这种资本主义社会产品的空间便是“抽象空间”，抽象空间为同质化的逻辑所主导，把所有挡在自己前面的各方力量、所有会对自己造成威胁的东西都变成了一块“白板”，也就是清除了“差异”和“自然”。抽象空间与全部的、真实的或潜在的差异为敌，一切生产活动在抽象空间里都受到了统一化和同质化的鞭策与整合，不同的生产活动在相同的生产模式下呈现出一体化的趋势。这种趋势虽然在最大限度上保证了生产效率，但是却埋下异化和神秘化的种子，在资本

① Henri Lefebvre, *The Survival of Capitalism*: *Reproduction of the Relations of Production*, trans. Frank Bryant, London: Allison & Busby, 1976, p. 21.

主义之后的发展中变成强大的统摄力，保存了资本主义继续前进的动力。在列斐伏尔看来，抽象空间的具象表现就是现代城市（都市）："城镇、反自然或非自然和第二自然预示着未来世界的到来，即那个普遍化都市的世界。自然是各种特殊性之总和，它们彼此之间互相外在于彼此并且分散于空间之中，这样的自然已经死亡。自然让位于被生产出来的空间，让位于都市。而都市作为群集之地和遭遇之地是全部社会性存在的同存性（或中心性）。"①

被异化的时间则出场得更加隐蔽，如果说对空间的攫取是通过利用外部要素来巩固资本主义的统治的话，那么对时间的管控则将目标锁定在掌握"人的内在经验"之上。列斐伏尔区分出两种时间制：以宇宙时间为核心的循环时间制和以工业时间为核心的线性时间制，资本主义得以管控人的内在经验的方法便是利用线性时间制。线性时间制是资本主义社会和大工业社会独有的时间制，它以积累为手段和目的，是由工业理性和技术理性所支配的、用钟表可计量的时间，也就是被剥夺了生命经验的机械时间。这样的时间像流水线上的机器一般看似是一个整体，但是却将过去、当下和未来彻底地分割开，生命经验在这样的时间里得不到完整的发展。线性时间制的根本目的在于：为了配合资本主义的发展和工业社会的持续而对人的"内在感官"和"内在经验"进行改造，将人整合到由"生产—消费—再生产"所构成的单一的生产生活方式里，并牢牢地把人控制在流水线上。资本主义正是利用线性时间制来排挤循环时间制，破坏人的内在经验的生成，使之无法从资本主义的生产生活方式当中逃离出来，只能成为其附庸。工业社会的跳跃式发展和资本主义社会制度在全世界范围内的扩张让线性时间制在实践层面上驱散并粉碎了循环时间制。"现代人把自己从循环时间中分离出来……循环时间被线性时间所替代。"② 更为重要的是，时间制是组织人的内在经验的基本方式，一旦一种时间制参与到内在经验的生成过程中来，便会被人所内化，成为人"自我管理"和"自我驯化"的途径。因此，线性时间制是支配和统摄人的内在经验的节奏规

---

① Henri Lefebvre, *The Survival of Capitalism: Reproduction of the Relations of Production*, trans. Frank Bryant, London: Allison & Busby, 1976, p. 15.

② Henri Lefebvre, *Critique of Everyday Life, Volume II, Foundations for a Sociology of the Everyday*, trans. John Moore, London and New York: Verso, 2008, p. 48.

训，它实现了现代人对资本主义的驯顺，进而保证了资本主义的幸存。

列斐伏尔通过空间和时间这两个维度进一步揭示资本主义社会制度运作的内在规律，所谓的“被异化了的空间和时间”即被资本主义所占有的并且被生产出来的、带有鲜明的资本主义属性又服务于资本主义的空间形式和时间制度。这样的空间和时间不同于前资本主义时期的空间和时间，它是工具理性和技术理性的人为结果，无视空间和时间本有的自然属性和社会属性，将普遍的理性原则以强硬的技术化方式无差别化地糅合到资本主义的时空构成中去。这种无处不在的技术化是导致欧洲科学危机的主要原因，它强化了“计算”在国家的政治经济层面、社会的秩序运行层面、主体间的交往伦理层面和个人的日常生活层面等重要领域中的决定权与话语权，人的生存性构造也反过来被计算所操控，加深了此在的器具性和用具性。相较于对资本主义时间的批判，列斐伏尔对资本主义空间的批判深刻地推动了20世纪90年代开始的“空间热”，越来越多的理论家认同列斐伏尔在空间问题和资本主义幸存之间的独到见解并投身于此项理论事业中来。列斐伏尔的学生爱德华·苏贾接续其老师的研究议题，在《后现代地理学——重申批判社会理论中的空间》一书中重申列斐伏尔对该问题所作出的理论贡献：“勒菲弗（列斐伏尔）将这种先进的资本主义空间与社会各种生产关系的再生产直接联系起来。这种社会各种生产关系的再生产，就是作为一个整体的资本主义制度借此有能力通过维系自己的规定结构延长自己的存在的诸过程。”①

（三）异化与现代性

如果我们回归到讨论异化的成因问题时，我们会发现有两种视域是绕不开的：一是人类学视域；二是历史学视域。人类学视域帮助我们从人的本质结构的角度出发，把异化的成因问题和“何以为人”这个古老的形而上学命题融合在一起，探讨人与自我、他者和他物之间的深层关系，阐发异化是如何破坏、侵占、扭曲和驯顺人的本质的，同时又是如何辩证地塑造、引导、影响和推动人的本质的。历史学视域帮助我们从具体的社会历

① ［美］爱德华·W. 苏贾：《后现代地理学——重申批判社会理论中的空间》，王文斌译，商务印书馆2017年版，第139页。

史条件出发，考察异化在形成时所遭遇到的外部环境与条件的变化和演化，因为一种异化形式的产生必然会受到当下时代最直接的影响，时代的矛盾将会加速某种特殊异化类型的生成而造成严重后果。总体来说，马克思主义的异化理论是反抗资本主义霸权与剥削的理论产物，它把批判的矛头对准资本主义和资产阶级的全部内容，并且以非常激进的姿态试图打破资产阶级的正统文化，建立一种新型的人道主义文化。然而资本主义的演变过程本质上属于另一个更宏观的人类社会进程，异化理论在这个程度上实际将批判的范围扩展至此进程中来：这个进程便是现代化的总体性进程，以及由现代化进程所催生出的一整套社会组织框架、政治经济体系、话语权力结构、物质文明和精神文明等，即现代性。简而言之，异化理论所产生的社会历史条件是以大工业化社会和资本主义社会为显著特征的现代社会，而现代性既是各种异化形式得以滋生和蔓延的土壤，为全面的异化做好了铺垫和准备，也是现代人为了扬弃异化所必须要面对的真实的社会历史语境。因此，就异化的社会性议题来说，现代性表现出正反两种属性：一方面它造成了人类社会有史以来异化泛滥的局面，另一方面它又是人们探寻扬弃异化和终止异化的场域；现代性既导致了数不清的异化形式，同时它本身还孕育着解放性的力量。列斐伏尔的异化理论正是看到现代性的两面性和双重性，并没有对现代性做出全盘的否定。但是列斐伏尔指出，异化理论就像侧面摹写一般，揭露出现代性和现代社会那光怪陆离的本性与面相：在现代性中，丰盛和贫瘠、真实与虚假、理性和非理性、统一与分裂、自由和压抑、惊奇与平庸等尖锐对立的矛盾竟然被无差别化地整合在同一个社会场域中，每一个人每一天都在经历着一种难以名状的“现代经验”。

现代性问题是20世纪哲学社会学批判理论的重中之重，自波德莱尔开始，经过马克思、韦伯、吉登斯和福柯等重要思想家的反复剖析与阐发，人们对现代性的理解逐渐明晰。但是不得不承认的是，现代性宛如一座迷宫，容易让人们迷失在其中；此外，现代性还具有欺骗性和诱导性，尤其是现代社会常常以进步主义、科学主义和必胜主义的姿态去掩盖其中根深蒂固的龃龉和失调，甚至去粉饰它的野蛮和暴力。综观西方马克思主义的一众思想家，列斐伏尔属于最早一批公开发表关于现代性问题观点的西方马克思主义者，他从前人的研究成果中汲取关于现代性本质的思源，形成了具有自身理论特色的现代性假说。列斐伏尔一面从马克思主义的现实批判立场出发，一面又认可波德莱尔式的浪漫主义色彩思想，所以列斐伏尔对现代性的理解看似矛盾，实则辩证，他深刻地揭示了现代性的二重性：现代性既是现代理性的直接结果，这种理性是造成现代社会压抑和异化的根源，同时也蕴藏了革命性的力量，这种革命性的力量在列斐伏尔看来是一种艺术性解放。正如列斐伏尔在《现代性导论》一书中指出的那样，现代性具有“日神”和“酒神”的双重性格，即现代性既是过度和扭曲的现代理性的产物，其内部也充满了扬弃这种僵化理性的各种可能性。列斐伏尔认为，正是因为“日神”和“酒神”的双重性格，导致现代性呈现出令人晕眩的各种表象。

首先，过度而扭曲的现代理性是现代性的底色，不管现代性内部蕴含怎样的解放性力量，它的第一属性始终与“日神精神”牢牢地结合在一起。列斐伏尔用“钉在十字架上的太阳”作为现代理性的意象，“钉在十字架上的太阳是分裂、羞耻、失败和无望的象征”①，这个太阳发散着黑暗并笼罩大地。此处的太阳和柏拉图在《理想国》中“洞喻”的太阳形成具有讽刺性的反差：柏拉图的太阳是人类初尝理性之光的太阳，是光明的、真实的、真理的、属人的、令人神往的和无限追求的，被太阳照耀的每一个角落都被赋予理性的积极价值；然而列斐伏尔的太阳则是理性过度发展的结果，批判的矛头特别指向了自17世纪开始出现的现代理性，这种理性是单向度的、积累的、线性的、同质化的和非人的，将多样性、多元性和差异性粗暴地整合在一个刚性逻辑的框架之中，并且把自然视为毫无神圣精神可言的中性资源库。如果我们一定要追问现代社会全面异化的产生根源的话，那么列斐伏尔可能会提供以下的回答：

人类历史上没有哪个时代会像现代一般把一种普遍化的理性视为至高的价值和追求，也没有哪个时代把这种普遍化的理性推向它所能够延伸的每一个角落，这种理性以强大的塑型能力塑造着现代社会的基本面貌和现代人的生存状态，同时现代社会的核心矛盾也都与这种普遍化的理性相关。这种理性铲除掉挡在面前的全部障碍，一切都变得可理解、可计算和

---

① Henri Lefebvre, *Introduction to Modernity: Twelve Preludes, September 1959 – May 1961*, trans. John Moore, London and New York: Verso, 1995, p. 96.

可言说。人们本以为一个由理性所主宰的完美世界已经降临，但是却发现过度发展的理性引起更大的社会困境，这是因为它像一个加速器一样，一边快速推动着人类社会的全面发展，一边也催化了人类社会的全面异化。这是现代理性的一体两面的具象化表现，也是现代社会的根本症结之所在。从社会性实践这个层面来看，被现代理性所催化的社会的全面异化既是人在扬弃并超越自然性和给定性的同时所带来的新的否定性因素，也是高度理性化的社会实践所遭遇到的二律背反。为了能够对这种普遍存在的异化现象实现透彻的认识，一种深刻且必要的异化理论成为哲学社会学批判理论的构建中心，它一方面是现代性、现代社会和现代理性在学理上的深度剖析和透视，另一方面它具有现实实践的指导作用："异化理论与其他社会现象的伟大解释一样，从实践活动的角度看，其自身包含着两种具有重要意义的可能性：第一，对社会各种有害的现象做出病理诊断，并且第二，指出克服这些现象的合适的治疗方法。"① 正是在此种社会历史的背景下，列斐伏尔的异化理论顺势而生。

除此之外，列斐伏尔并没有彻底否定现代性和现代社会的历史贡献，除去那些显而易见的不说，现代世界是一个"祛神圣化"而"充分世俗化"的世界，它远离由教廷和宗法所统辖的法度，把世界的立足之基完全托付给世俗中的人。"纵向的天国被铲平，人们在地上横向地彼此观望。"②这种现代观念在最大限度上给予了每一个现代人参与到现代世界里的机会，尽管这种机会并不能实现绝对的平等。充分的世俗化意味着超验的彼岸、遥远的理想国和掌握实权的君主已经退出了人们的视野和历史的舞台，一种只聚焦于当下和现实的实践视角成为现代人能够发挥自身的主观能动性的机遇。在宗教时代和帝制时代，人只能被动地接受救赎或被动地安排自己的命运。然而现代是由人所掌管的时代，纵向排列的神权和皇权的壁垒已经被清扫，留下的是一个权力较为均质分布的平面世界，这个世界为各种革命打下了"群众基础"和"现实基础"。资本主义制度的确立便是得益于在全球范围内生产这种属于现代的空间，反过来这种空间也为

① ［波兰］亚当·沙夫：《作为社会现象的异化》，衣俊卿等译，黑龙江大学出版社 2015 年版，第 13 页。

② 汪民安：《现代性》，南京大学出版社 2020 年版，第 107 页。

马克思主义的革命提供必要且充分的条件。在列斐伏尔看来，尽管以大工业社会和资本主义社会为显著特点的现代是导致异化泛滥的罪魁祸首，但是现代同样也为人们能动地反抗异化和扬弃异化制造了综合性的场域。在该场域内，列斐伏尔提出一种面向日常生活的文化革命构想，这种日常生活革命一方面以反抗资本主义文化和意识形态为主要任务，另一方面便是和异化展开激烈的搏斗，在曲折的道路中寻觅解放自我的可能性与方法。

（四）异化与马克思主义

马克思主义思想，根据它自身包罗万象的理论维度、对资本主义社会制度的积极批判和对全人类命运的深度关切，成为了自19世纪末开始影响世界格局和政治经济走向的重要的精神文明产物。对马克思主义思想的阐发激励着一代又一代的思想家和实践家投身到解放全人类的事业中来，无论是其规模还是其影响力，在世界范围内来看都是前所未有的。面对如此庞大和复杂的理论系统，人们稍有不慎便会对它进行降维的简化阐释，用单一且扁平的概念式表达来对马克思主义展开肢解，这在历史上并不是没有发生过。因此，采取何种客观而科学的观点来高度归纳概括马克思主义思想的本质特征是每一位马克思主义者所面临的理论难题。其中，波兰马克思主义学者亚当·沙夫对马克思主义的本质特征的定位较为肯綮，他指出，马克思主义是一种人道主义。沙夫认为，人道主义并非阿尔都塞所理解的意识形态，相反，人道主义是活生生的关于人的思想，“我们用人道主义来指代一个关于人的反思体系，这个体系将人看作是最高的目的，目的是在世界中为人类提供良好的条件”①。而在西方众多人道主义思想中，马克思主义的人道主义最为彻底：沙夫指出，马克思主义是一种激进的人道主义，是战斗的人道主义，是纯粹的人道主义，是乐观的人道主义，这种人道主义最大的特征是将“改变客观现实”视为自身的终极目的，而非纠缠在自怨自艾的理论争辩和形而上学情结之中；因此，它把全部热情和力量投置到各种解放革命中去，坚决抵抗并且寻求改变一切非人

---

① ［波兰］亚当·沙夫：《马克思主义与人类个体》，杜红艳译，黑龙江大学出版社2015年版，第170页。

的、堕落的、不幸的和不满的人的存在困境与社会症结。①

不同于斯大林主义所理解的经济主义马克思主义和保守主义所理解的实证主义马克思主义，沙夫对马克思主义的人道主义的阐发符合一种在实践论的观照之下、活的马克思主义；它既不是一套机械性的推理公式，也不是为了实现某种特定政治目标而建的话术体系，它是把对资本主义的批判、对当代社会的理解、对现代人集体命运的关心和对未来世界的展望等内容有机结合的理论系统，同时它又不满足于只停留在单纯而抽象的思辨过程，它要求赋予现实以实践性，通过实践去切实地改变客观现状。在马克·波斯特看来，最能够代表马克思主义思想这种实践性和人道主义本质特征的内容就是马克思的异化理论以及其他马克思主义思想家的物化异化理论。② 因为：

> 异化是现代人类所面临的最为普遍的现象，它涵盖了个体活动和社会运行所有层面上的人类困境。同样，异化既是资本主义社会所面临的重大问题，也是社会主义社会所面临的重大问题。正因为如此，实践派哲学家从当代人类所面临的更加普遍的异化问题出发，充分肯定马克思异化理论的当代价值，日沃基奇断言，“当代世界的基本的人道主义问题都包含在马克思的异化理论之中”，因此，“整个马克思主义是一个伟大的异化理论”。③

由此可见，对异化的讨论尚未过时，甚至可以说是非常必要的。在当下的西方哲学社会学批判理论研究领域里，人们对“异化”似乎持有以下观点：异化问题是一个不再具有活跃的学术生命和学术价值的理论议题，重提异化研究似乎是在一堆过时的“理论废料”里寻找差强人意的“理论零件”。然而，事实是异化问题依然是当下国内外社会正在遭遇的普遍性

① ［波兰］亚当·沙夫：《马克思主义与人类个体》，杜红艳译，黑龙江大学出版社2015年版，第170—183页。

② ［美］马克·波斯特：《战后法国的存在主义马克思主义：从萨特到阿尔都塞》，张金鹏、陈硕译，南京大学出版社2015年版，第62—66页。

③ 衣俊卿：《中译者序言：马克思异化理论的系统阐发》，载［波兰］亚当·沙夫《作为社会现象的异化》，衣俊卿等译，黑龙江大学出版社2015年版，第4—5页。

社会问题，异化依然从社会生活和个人生活的每一个方面对个体和群体产生多样化的困境与威胁。异化的存在迫使人们必须不间断地审视当下的物、自我、他者、空间、时间、交往、权力、个体、群体、生活方式、周遭世界、科技体系、文化内涵，必须不断追问“什么是美好的生活”，因为在大多数的哲学家和社会理论家眼里，“异化的生活”和“美好的生活”既是不可调和的两种生活类型，但同时它们又折射出人的本质的一体两面和对立统一。至此，人们应当明确的是，异化理论从来都不会过时，不论对异化的阐述和解释看上去是多么的汗牛充栋；毫不夸张地说，异化现象在最大限度上体现为对人的本质、人类社会和历史、人的物质文明和精神文明等广大领域的镜像透视，它类似于人类发展的参照或侧写指数；通过异化的类型、形式、深度、规模、范围等一系列相对而言可量化的指标，人们可以对当下社会的文明程度进行测量，检验理性的边界性和真理性，并且对未来加以期许。

列斐伏尔的异化理论在以上的意义上可以说是对马克思异化理论的推动与发展，是对马克思主义的人道主义的继承与发扬。和其他马克思主义思想家的异化理论不同的是：列斐伏尔将对异化的深度批判贯彻到底，他并非视异化为某个特殊历史时期的特殊产物，在他看来，异化现象只是在大工业社会和资本主义制度的催化下达到顶峰，可是异化问题从古至今始终伴随着人的存在，未来亦如此。但是时下人们要警惕一种盲目的乐观主义：这种乐观主义根植于不断加速的社会进程，加速导致“‘当下’这个时态不断地萎缩得越来越短暂……过去意指不再存在/不再有效，未来则意指还没存在/还没有效”①，这意味人的体验日益趋向麻木，越来越主观化和情绪化，同时也和过去、未来脱节，既在当下无法构建稳定的生活经验，也难以在纵向的历史中寻找到具有指导价值和借鉴价值的思想内容。因此，人们倾向于无视时代的“病症”，或者也无力于去发现和意识到这些“病症”，进而乐观地认为那些前人提出的种种症结已经被当下时代所超越。列斐伏尔通过对发达资本主义社会的诸多方面展开鞭辟入里的批判，进而向现代人指认异化其实从来没有远去，并且以更加多样的存在形

① ［德］哈尔特穆特·罗萨：《新异化的诞生：社会加速批判理论大纲》，郑作彧译，上海人民出版社2018年版，第17页。

式对现代人实施宰制，它融入到以日常生活为代表的社会微观领域内，其破坏力远非单一的经济异化可以比拟。此外，与异化展开坚持不懈的斗争也是列斐伏尔忠于马克思主义的人道主义的重要表现，作为把人道主义贯彻到实践活动中的马克思主义势必不会停留在单纯思辨的形而上学之维当中，它必须要将实现一种人道主义理想落到实处，形成一种具体的实践活动。在列斐伏尔看来，这种通往马克思主义人道主义的必经之路便是和现存的各种异化现象斗争到底："列斐伏尔认为，马克思主义是一种渴望自由和人的全面发展的人道主义，实现这种人道主义的途径是克服异化。"①

综上所述，列斐伏尔基于"异化"概念形成了自己独特的人道主义思想和现代资本主义社会的批判理论，"异化"是其全部理论思想的基石。列斐伏尔以异化概念和异化理论为基础，发展出针对发达资本主义社会全面的文化批判，这种对资本主义社会普遍异化和现代人生存的普遍困境的关注贯穿于他全部学术生涯的始终，因此列斐伏尔的异化理论是通向他异常丰富的思想理论体系的必经之路。异化在发达资本主义社会里迎来了新的发展局面，它不再像商品拜物教那样主要在经济领域内部活动，而是伴随着发达资本主义社会向日常生活展开"殖民化"的过程而变得更加微观和广泛，异化的触手延展到社会和个体生活的方方面面，因此异化更具有威胁性。与此同时，列斐伏尔的异化理论不仅为批判发达资本主义社会提供了有力的理论武器，同时该理论也在整体性的层面上推动并且发展了西方马克思主义。

---

① 吴宁：《日常生活批判——列斐伏尔哲学思想研究》，人民出版社2007年版，第87页。

第一章

列斐伏尔异化理论溯源

列斐伏尔的异化理论从生成到发展的过程并非空中楼阁，它具有两方面的支撑来源：

其一，20 世纪作为人类历史上最特殊的一百年为列斐伏尔的异化理论提供了现实基础和素材。两次世界大战摧毁了欧洲大陆引以为傲的理性主义文化，越来越多的思想家意识到在那个曾经自认为熟知的社会之下实际上潜藏着种种危机，这些危机汇聚在一起便是一股足以撼动欧洲社会存在根基的可怕力量。正确而清楚地认识到这些危机产生的根源是当时的思想家们的首要任务，受到马克思的影响，越来越多的人把研究目光投射到难以被扬弃的异化上。

其二，影响列斐伏尔对现代资本主义社会的异化现象产生浓厚的理论兴趣的是从卢梭到黑格尔再到马克思等西方哲学家们对异化概念的内涵所进行的不断的阐释与丰富，从而形成了一系列针对社会异化现象独特的理论体系。该理论体系构成了充分而必要的理论土壤，为列斐伏尔进一步展开异化分析与异化批判做好了学理的准备。

通过现实来观照理论，利用理论去改造现实，这一直以来就是马克思主义哲学的精髓所在，列斐伏尔深谙此道。所以，在探讨列斐伏尔异化理论的溯源问题时，我们要兼顾现实来源和思想来源两个方面。

第一节　列斐伏尔异化理论的社会时代背景

列斐伏尔的异化理论是拥有其自身具体的社会时代背景的，它不仅仅是发生在思想史领域内的理论成果，更是和现实关系紧密的实践尝试，即一种努力去扬弃异化、终结异化的理智尝试，也是理论和实践的结合处。异化概念在马克思的思想中是如此的重要，社会学家吉登斯指出“异化概念是马克思批判资本主义的主要支柱，因而也是他关于资产阶级秩序将会被一种新型社会所超越的论题的支柱，它所代表的不仅是马克思后来抛弃了的早期乌托邦思想，也不应被简化到马克思《资本论》中论述的‘商品拜物教’（fetishism of commodities）所具有的那种相对不重要的地位”①。正因为如此，列斐伏尔特别重视马克思的异化理论，将其视为自己全部哲学和社会学理论的出发点。

影响列斐伏尔的异化理论生成与发展的社会历史因素应该从两个方面去把握。一方面，20 世纪的欧洲和法国面临着动荡和剧变，两次世界大战摧毁了欧洲引以为傲的理性主义文化，法国是各种风暴的中心地带，在这里势必会产生非常璀璨的文化成果和思想结晶。除了理性主义文化的解体之外，欧洲社会还出现了许多新的发展和形式：技术主义的甚嚣尘上，统治形式的新型变化，生活方式的日新月异，物质富裕的突飞猛进等。这些新发展都给异化理论增添了新的课题。另一方面，全球化范围内的现代化进程也为列斐伏尔的异化理论提供了观照现实和反思现实的素材，比如如火如荼的城市化与都市化运动、女权主义运动和性别少数者运动，还有反映在科技领域内的各种技术革命，例如转基因技术、通信技术和广告技术等，这些都为列斐伏尔的异化理论提供了广泛的现实材料。综上所述，列斐伏尔的异化理论是对以上两方面的社会时代议题的回应。

一　20 世纪的欧洲社会

20 世纪是人类社会高速发展的时代，也是人类经历的困境和苦难最多的时代。作为世界文化中心之一的欧洲，20 世纪亦是最为动荡不安的一个世纪。

第一，两次世界大战摧毁了欧洲的文明基础和道德基础。奥地利著名文学家茨威格在其回忆录《昨日的世界》里就表达了对 19 世纪欧洲理性

① ［英］安东尼·吉登斯：《资本主义与现代社会理论：对马克思、涂尔干和韦伯著作的分析》，郭忠华、潘华凌译，上海译文出版社 2013 年版，第 285 页。

主义文化黄金时期的追思，并对欧洲在20世纪里所遭受到的战争之苦痛心疾首，他看到了欧洲千年的文明之果仅在几十年内化为灰烬，既愤怒又无可奈何。战争是一剂毒药，伴随着战争而来的是人们痛苦的绝望，不过绝望之下的人们也表现出顽强的生命力和意志力。战争与绝望催生了人们对新生活的向往，但是新生活不会凭空出现，它需要人在漫长的艰苦中被构建。与此同时，分析战后独特的社会历史现实和人的心灵活动与生存境遇也是新生活在被建立起之前的准备工作，异化问题始终和人的生存相关，在战后的欧洲，异化问题达到前所未有的程度。带着异化的问题意识去解读战后欧洲的各个方面是充分而必要的。

第二，无产阶级革命全面爆发，工人阶级在共产国际的领导下登上历史舞台，世界第一个由工人阶级领导的国家建立。但是除了苏联，其他欧洲地区的无产阶级革命都以失败告终，共产主义急需人们对其进行辩护，而工人阶级也要重新反思革命失败的原因，并探寻其他的革命道路。20世纪的欧洲无产阶级面对着更加严峻的异化形势，我们可以断言，无产阶级的大范围失败和异化有着千丝万缕的联系。

第三，资本主义国家获得新的统治形式和统治工具，技术成为实现这一过程和现象的第一推动力。马克思最初是基于异化的劳动分工来对“技术在资本主义国家之中是如何获得统治性力量”这一问题展开讨论和反思的，工厂首先变成技术宰制人的原初之地。不过马克思认为，工人们在逃离工厂、躲进日常生活之后可以暂时摆脱技术所带来的异化和压抑，然而技术能够染指的范围远远大于工作场所，它导致了人的全面异化的普遍命运。“为了全面而深刻地理解20世纪历史条件下的人的全面异化问题，必须从现代科学技术的发展，特别是技术理性对于人的生存和社会运行的全方位影响入手。”① 结合现代性批判的诸多理论成果，列斐伏尔从技术理性的异化中发展出更多新时代的异化问题，这些问题关于异化劳动、日常生活、空间、时间和节奏等。

第四，大众文化和消费文化在欧洲的兴起在社会的精神文化层面上产生了新的社会性问题。当文化产品和工业化生产以及商品经济相结合的时候，一种完全不同于传统社会的文化形式便诞生了，这就是现代西方社会

---

① 衣俊卿：《东欧新马克思主义精神史研究》，黑龙江大学出版社2015年版，第378页。

普遍遭遇的大众文化。法兰克福学派指出，大众文化不是真正意义上的文化，而是将文化商品化的时代产物。这种文化商品的特点在于它和工业化大生产相吻合，是批量生产和廉价劳动的结果，是为了迎合大众审美并且制造大众趣味的手段，它可以是任何一种商品，但是它无论如何都不可能是真正的文化和艺术。大众文化的普遍流行排挤了精英文化的生存空间，越来越容易获得的、越来越走向低级趣味的，甚至是越来越反智的大众文化已经演变成西方社会的毒瘤。与此同时，伴随着大众文化一起征服社会的还有消费文化，可以说大众文化与消费文化是相伴相生的双子。因为大众文化的流行刺激出一种虚无主义，这种虚无主义很自然地便与“消费”相结合，增强了消费文化的宰制力。此外，欧洲资本主义国家在20世纪中叶之后从生产主导型的国家向消费主导型的国家过渡，因此这种消费文化也受到国家官方的鼓励，这助长了社会在文化层面上的异化势头。

第五，20世纪发生在欧洲的所有新变化都汇聚成一种焦虑，是一种具有普遍性的、以人的生存样态为核心的哲学及社会历史课题，它引发了众多哲学家和思想家的普遍思考，如何解决这种焦虑成为这个时代的共同话题。“20世纪是一个普遍的文化危机和文化焦虑的时代。”① 这个时代是一个普遍矛盾彼此纠缠、相互共生的时代：富裕伴随着贫困，理性掺杂着野蛮，一边是对自由的极度渴望，一边是对奴役的束手无策。因此，以人的存在为理论核心的哲学社会学理论在20世纪蓬勃发展。例如，以海德格尔和萨特为代表的存在主义思想之所以能够在世界范围获得广泛关注，就是因为存在主义的理论诉求和抚平战后人们心灵创伤的时代需求相契合，战后的欧洲和世界亟须重新定义人与人、人与社会以及人与自身之间的意义和价值，所以存在主义的流行是可以预见到的。马克思主义哲学同样处理着相同的时代问题，马克思开启了以异化为核心范畴的批判理论，其中包括社会批判、文化批判、意识形态批判和人的存在批判，这奠定了后来的马克思主义哲学家的理论基调。列斐伏尔作为西方马克思主义的重要代表人物之一，继承了马克思异化理论的传统，另一方面也结合20世纪具体的社会历史现状发展了自己的异化理论。

---

① 衣俊卿：《东欧新马克思主义精神史研究》，黑龙江大学出版社2015年版，第377页。

二　全球范围内的现代化进程

作为列斐伏尔异化理论的另一个现实来源和社会时代背景，全球范围内的现代化进程为其提供了丰富的理论创造灵感和理论洞察对象，同时也让列斐伏尔看到一个更新速度更快、变化强度更大、影响深度更广的现代世界。这个现代世界既是从废墟上建立起来的现代奇观，同时也未曾和传统世界真正地割裂，它与之前的世界保持着密切的联系，其中最重要的证据就是之前的世界所面临的各种困境在新世界里依然保留了下来，并且以更加复杂和难以捉摸的形式出现。这需要思想家和理论家更加警惕现代化进程所制造的种种虚幻的进步假象，透过现象捕捉到真实的社会问题，并积极地寻求解决方法。

全球范围内的现代化进程为列斐伏尔的异化理论从以下三个方面提供了理论素材的来源：

第一，现代化是否成熟的一个非常重要的标志就是一个国家或地区的城市化与都市化的程度是否完善，一般的理论认为，城市化和都市化越发达的地区，现代化程度也就越深，也就越能代表该地区的现代文明程度。顾名思义，城市化、现代化和现代文明是被捆绑在一起的三个概念，与此同时，这三个概念还代表了一种进步和积极的价值。在很长的时间内，城市化与都市化的程度一直被视为是判断一个现代国家的现代文明程度的重要指标。然而，不加以节制的城市化运动是否有百利而无一害，答案显然是否定的。列斐伏尔特别关注城市问题，从城市的发展和扩张到城市空间的异化再到城市权利的分配，这一系列的城市化问题都在其异化理论中有所体现。特别是在列斐伏尔的空间批判理论中，城市作为一个独立的哲学社会学批判概念出现，从现代空间概念的演变、抽象空间的形成、空间拜物教的胜利等方面去展现现代社会的城市问题。

第二，科学技术的革命是现代化进程最为重要的领域，也是现代化进程最引以为傲的成绩之一。从一种社会学的角度出发，掌握前沿的科学技术代表着和蒙昧与无知的非文明状态进行了彻底的割裂，宣告一种新的、更幸福的生活的到来。可是技术的进步与革命在历史的长河中却经常表现出自反性，而且技术以更为强大的自律性反作用在人身上，成为一种严重的异化形式。列斐伏尔指出，技术在本质上是一种宰制人的力量。现代社会利用现代技术为手段，打造了一个全景式的社会，列斐伏尔称之为“恐怖主义的社会”。这种社会与技术共谋，对现代人布展了严密的社会化规训网络。此外，生物技术的发展也带来了潜在的威胁：转基因技术虽然在一定程度上解决了粮食危机，可是迟迟无法得到认可与推广，原因在于其安全性仍然受到巨大质疑；生化武器也是源自生物技术的一项可怕发明，其毁灭力远远超过原子弹，尽管国际社会明文禁止生化武器的研发和使用，但是它始终像一把悬在人类头顶上的剑令人提心吊胆。通信技术的迅猛发展同样造福人类，可是也给现代人造成不小困扰：通信机器越来越占用现代人更多的时间，导致太多的现代人深陷手机里而不能自拔。如此种种均指向了顽固的技术异化现象。

第三，现代化进程还包含了反抗自律的宏观社会权力和一元化的社会文化模式的各种权力运动，这些权力运动都是在小范围内以自发的形式出现，经历发展之后逐渐席卷全球。这是多重的、多样的和多层次的微观权力为争取自身的合法权益而展开的运动的自觉爆发，是对抗一元的社会文化模式和刚性的国家组织方式的现实对策。以女权运动为例，女权运动的逐渐兴盛既是女性自我意识的广泛觉醒，也是向一种女性的物化与异化的意识进行宣战，是女性自觉地反抗由男权意识所主导的社会性别二元对立的性别文化。诸如此类的微观权力在全球化的现代化进程中的突出表现同样为列斐伏尔指出明确的理论研究方向。

综上所述，20 世纪发生在欧洲的多重变化和发生在全球范围内的现代化进程为列斐伏尔的异化理论提供了源源不断的理论素材，总体来说包括两个方面：一方面是关注战后人们的心灵创伤和生存状态，以人的全面异化为着眼点，尝试为被践踏了的人的生命寻找新的价值，重构生命的意义；另一方面是关注发生在资本主义社会内部的各种变化，形成并发展与现阶段的社会历史背景相符合的批判理论，指出异化的普遍性，警示人们异化的存在及其将会带来的严重后果。

第二节　列斐伏尔异化理论的思想渊源

西方马克思主义诞生于 20 世纪 20 年代，正是在此时列斐伏尔开始活跃于法国哲学界，可以说他的学术生涯与西方马克思主义流派的发展时间基本吻合，因此他与同时代的其他思想家共同构筑了西方马克思主义独有的异化理论。西方马克思主义产生伊始便把社会的异化现象视为自己密切关注的对象之一，而西方马克思主义的异化理论拥有坚实的理论基础，这样的理论基础也是列斐伏尔异化理论的思想来源。真正让异化理论成为哲学研究焦点的人是马克思。马克思本人的异化理论极为丰富，他在前代哲学家的相关理论基础之上结合资本主义社会在19世纪末20世纪初的诸多新特征，发展了较为完备的异化理论，他的异化理论为列斐伏尔提供了丰富的理论源泉。此外，对苏联教条主义的批判也构成列斐伏尔异化理论的思想理论来源的一部分，正是因为苏联的学术界否认马克思异化理论的重要性与地位，列斐伏尔在与之分辩的过程中逐渐认识到了马克思的异化理论的真实作用，并且捍卫异化理论。所以关于这一部分思想来源的梳理可以分为三部分：一是马克思之前的异化理论；二是马克思的异化理论；三是对苏联教条主义的批判。

一 马克思之前的异化理论

异化是西方哲学史上的重要议题，有学者认为，真正把“异化”作为一个哲学概念引入哲学思想范畴里做好理论准备的人是霍布斯和卢梭，他们为后来的异化概念奠定了基本的研究方向。

首先，霍布斯指出，人类社会的稳定与秩序建立在人对自己的本性和自然属性的“弃权”之上。人本是自私自利的自然存在，受到自然规律和自然法则的支配，人天生就是利己的，每个人都在为保障自己的利益而与他人作斗争。霍布斯指认这种人与人的关系就如同“狼与狼的关系”。如果任由这种利己之欲肆意发展，那么对于整个人类共同体来说将会造成灾难性的后果。所以为了保障社会处在一个有秩序的状态里，为了让人与人之间的关系不再变得那么紧张，每一个人都要放弃一部分权利、某一种自由，将这部分权利和自由转交给国家的君主或者某一个权威性的团体，由君主和团体代为保管。因此，社会在本质上来说是人与国家（君主、团体）之间共同达成的一份契约，这份契约保证了人类社会的和平与稳定，但是它对持异议者也是极为残忍的，“铲除异己”是国家与社会的首要职能。霍布斯把这样的权利与自由的让渡称为“异化”，异化就是人所丧失和转让的那一部分自然本性与权利，不过异化也是构成一个统一意志的必要条件。

卢梭的异化理论是建立在霍布斯的异化概念之上的，不同之处在于卢梭将异化概念推进至整个人类文明的层面，从文明本身出发去考察人与人、人与自身和人与文明之间的对抗与分裂。基于霍布斯的异化思想，卢梭对异化问题的思考与理解向前推进了很大的程度。首先，异化还是与继承和让渡相关。“卢梭于语源学意义上利用它（异化一词）在传统背景下建构法律理论：对他来说，‘异化’既适用于物，也适用于具体人类权力的放弃或让渡行为，此外，还适用于其他基于社会契约的行为。”①

然而，之后卢梭便不再只局限于社会契约层面上去考虑异化的含义，他认为由每一个人所自愿地或被迫地转让出的那一部分权利与自由虽然保障了人类社会的相对和谐与稳定，不过异化的效力并没有在此停止。卢梭指认异化本质上是人类文明对人类的反压抑。为了对抗艰苦的自然界，人类创造了文明，卢梭所处的欧洲正是文明的曙光开始照进莽荒的黑暗的时代，整个欧洲都在为重新发现理性和文明而兴奋，但是卢梭却看到了文明的另一面，即对人的压抑和奴役。卢梭认为，人无时无刻不在寻求物质、情感和精神等方面的满足，因为人一直处在不满足的状态，所以他制造工具，通过生产与劳动去形成私有制，以此来满足自己的欲望。但是一时的满足不会解决所有问题，文明就是在这种欲望的推动之下逐渐产生的，即从不满足到满足再到不满足，欲望驱使着人们创造出更加丰富的文明成果，但是自己也深陷其中。这便带来了异化。在卢梭看来，异化就是人被牵制在文明之中的不自由的状态，人所创造的物反过来控制人、挟持人，人表面上看是文明的主人，其实却沦落成为文明的奴隶。至此，卢梭的异化概念便不再是法律范围内的概念，而具有哲学意涵，它描述的是一种人的体验。“是自我招致异化的体验，是使他无力适应自己不再具有合理整体性特质的世界的体验。”② 不难看出，卢梭对异化的规定深刻地影响了马克思，异化概念要求人们能够在习以为常的环境里时刻保持警惕，对任何压抑人的力量保持足够的警觉。然而不论是霍布斯的异化概念还是卢梭的

---

① ［波兰］亚当·沙夫：《作为社会现象的异化》，衣俊卿等译，黑龙江大学出版社 2015 年版，第 32—33 页。

② ［波兰］亚当·沙夫：《作为社会现象的异化》，衣俊卿等译，黑龙江大学出版社 2015 年版，第 33 页。

异化概念，都不能算是纯粹的哲学概念，异化要等到德国古典哲学时期才被真正地纳入严格的哲学体系内。

黑格尔作为德国古典哲学的集大成者，他对异化概念的贡献在于他在哲学的维度里为异化找到了稳固的基础，从此异化不再是一个社会政治问题，而是作为一个哲学问题出现在西方思想史中。“黑格尔哲学是马克思异化理论起源与发展的关键。”① 黑格尔认为，异化是一个具有必然性的结果，它和自我意识、绝对精神休戚相关，与此同时异化是一种双向运动，它也是绝对精神独有的存在方式和内在机制。在黑格尔的哲学体系里，绝对精神是宇宙万物的本原，为了实现自身的存在，绝对精神首先要将自己进行外化成自然界，通过改造外化出来的自然界去构建人类社会，再在人类社会内部发展一系列的精神活动，最终在精神活动和精神形式中认识自我并回归自身。这个完整的运动过程就是异化，黑格尔利用异化向人们展现了自我意识即绝对精神从自身到外部再回到自身的辩证运动。同时他赋予异化某种本质主义的特征，即异化是自我意识和绝对精神的自明性与能动性，是自我意识和绝对精神不可分割的本质属性。换句话说，有自我意识存在的地方就会有异化的出现。

从霍布斯、卢梭和黑格尔对异化概念的描述与阐释中，我们能够发现关于异化的某种普遍规定性，这样的普遍规定性由后来以马克思为主的思想家所继承，进一步延展和推进了异化理论。总体来说，异化指涉了人与非人之间的辩证关系，无论是让渡一部分自由或权利，还是人类创造的文明反过来对人进行压抑，抑或是自我意识和绝对精神的外化，异化都暗示了一个分离的过程。这种分离是如此的彻底，以至于它所产生的各种结果都不能用一种片面而单一的眼光来加以审查。一方面，分离出去的东西本质上起源于人自身，它们是人的总体性实践活动向外部延展的结果，无论是物质的还是精神的、有形的还是无形的，这些产物都深深地刻印着人类本质规定性的烙印；另一方面，分离出去的东西还构成了一个稳固的世界，这个世界塑造了人类自身，但是思想家们也警惕地意识到，它同时对人来说也是一种潜在的威胁，它所施加给人的压力让人变形、破碎，让原

① ［波兰］亚当·沙夫：《作为社会现象的异化》，衣俊卿等译，黑龙江大学出版社2015年版，第33页。

本属人的世界受其染指，产生了不能回避的消极作用。从此，异化成为一种否定性的对象出现在后来的哲学研究与社会学研究当中。基于思想家们独有的批判视野，马克思全力指认并研究了这个分离过程，也是从马克思开始，异化作为一个哲学问题开始与现代资本主义社会批判理论相互结合，它和人的生存状态息息相关。

二　马克思的异化理论

马克思在《1844 年经济学哲学手稿》中对异化进行了一番详尽的阐述，此时的马克思将批判的矛头对准了资本主义，而异化问题在资本主义社会里日渐凸显。伴随着商品经济和工业社会在全世界范围内的确立，异化也蔓延到全球。马克思探究了异化现象产生的根源和机制，他认为是资本的逻辑、私有制的宰制和机械化的劳动导致了异化的肆虐，资本主义统治下的现代人终被异化所捕获。

马克思认为，资本的出现彻底改变了世界的样貌，它所带来的最重要的结果之一就是将劳动和产品从之前作为人们自发的总体性实践及这种实践所生产出的物质产品和精神产品转化成一种纯粹可以用资本去衡量的机械活动与被造物，资本在这个过程里施展出强大的统治力。“资本是对劳动及其产品的支配权力。资本家拥有这种权力并不是由于他的个人的特征或人的特性，而只是由于他是资本的拥有者。他的权力就是他的资本的那种不可抗拒的购买的权力。”① 而资本的形式多种多样，在《1844 年经济学哲学手稿》中，马克思指出资本是“积蓄的劳动”，劳动是资本的第一表现形式。劳动在资本的塑造下丧失了作为总体性实践的地位，变成了单纯积累财富的机械化活动。由此马克思引出了异化的核心内容，即异化劳动。

工人的劳动活动是一种异化行为，这体现在两个方面。首先，作为资本形式的劳动不再是具有自发性和创造性的人类本质活动，工人在这样的异化劳动中得不到任何发自内心的愉悦和满足，劳动只是维持生计的手段而已。现代化的工厂根据技术的种类采用分类和隔离的方式将工人们进行

① ［德］马克思：《1844 年经济学哲学手稿》，中共中央马克思恩格斯列宁斯大林著作编译局编译，人民出版社 2014 年版，第 19 页。

归类以便更好地管理，异化劳动便诞生于此。这种劳动是被剥夺了凝结在劳动之中的人的本质规定性的活动，它本身和工人相异，与工人构成一种敌对关系，是一种“异己的、不属于他的活动”①。其次，工人通过异化劳动所生产出的产品也形成了与工人相对立的、异己的和统治工人的对象，他们越是生产丰富的产品就变得越是贫穷。资本的逻辑和内在运作机制让产品的真正制造者成为了被剥削者，他们出卖自己的体力和智力换取相对低廉的薪酬，而能够购买的商品却与他们所付出的劳动不成正比。另一方面，这些产品作为工人异化劳动的生产对象是工业技术在普遍化进程里由标准化的设计和指标所规划形成的，它缺少必要的主体能动性作用，是无主体、无人称的劳动产品。这样的劳动产品也是异化劳动的直接后果，它们是流水线生产组装之后的商品，并且以“积累”作为该活动的最终目的，主体性的创造在这些产品身上得不到任何体现，人在异化劳动当中彻底地沦为了工具化的手段。在这个过程里，马克思要求我们将劳动分成两部分去理解。“劳动分解成为自身和工资”，异化的劳动不是总体性的人类实践活动，它一边是为了实现资本运作的必要方式，一边是工人为了维持生活的手段。所以，工人的地位同样受到了贬低，“工人本身是资本、商品”②。异化劳动导致的另一个必然后果是私有财产的膨胀以及由私有财产带来的劳动关系，这种劳动关系深刻地影响着资本主义社会的社会关系的形成与发展，最终导致了社会的两极分化。外化的、异化的劳动是财富生成的主要手段之一，财富的拥有者并不是工人，而是资本的所有者。“工人对劳动的关系，生产出资本家……对这个劳动的关系。”③ 因此，私有财产和异化劳动之间的关系是直接而充分的。“从外化劳动这一概念，即从外化的人、异化劳动、异化的生命、异化的人这一概念得出私有财产这一概念。”④ 综上所述，在资本、私有财产和异化劳动的共同作用下，一个异

① ［德］马克思：《1844 年经济学哲学手稿》，中共中央马克思恩格斯列宁斯大林著作编译局编译，人民出版社 2014 年版，第 51 页。

② ［德］马克思：《1844 年经济学哲学手稿》，中共中央马克思恩格斯列宁斯大林著作编译局编译，人民出版社 2014 年版，第 69 页。

③ ［德］马克思：《1844 年经济学哲学手稿》，中共中央马克思恩格斯列宁斯大林著作编译局编译，人民出版社 2014 年版，第 57 页。

④ ［德］马克思：《1844 年经济学哲学手稿》，中共中央马克思恩格斯列宁斯大林著作编译局编译，人民出版社 2014 年版，第 57 页。

化的资本主义社会得以形成，在这个社会里，所有现代人都被异化所挟持。

通过对异化的系统分析，马克思总结出异化的四个规定性，也是异化的外化表现。这四个方面为后来的西方马克思主义异化理论奠定了理论基础。

第一，劳动本身与工人之间相异化。劳动不再是主体自发性的实践活动，它纯粹是资本的一种形式，工人在这样的劳动里只是被当成了实现劳动成果的工具，自身的主体性被完全地抹去。“他在自己的劳动中不是肯定自己，而是否定自己，不是感到幸福，而是感到不幸，不是自由地发挥自己的体力和智力，而是使自己的肉体受折磨、精神遭摧残。”① 这样的劳动是机械的，是以积累为最终目的的，工人不仅得不到满足，还会经历前所未有的被剥夺的状态。

第二，劳动产品与工人之间相异化。劳动产品构成了一个难以回避的镜像世界，这个世界既有真实性也有虚假性。其真实性在于它是由无数产品所组成的、围绕着人而开展的物的世界，它是有形的、可触碰的和可交换的；其虚假性在于，当这个物的世界成为人类世界的主导要素时，基于这个世界所发展起来的一切内容、秩序和意识形态都值得怀疑，从根本上说，它们都对人的生存构境造成破坏。产品是外化劳动和异化劳动的外在表现形式，它从两个方面对人施加影响。一方面，产品对工人来说是异己的、统治着他们的对象，工人越是生产更多的产品，他们就越是贫穷，产品的价值越大，他们自身的价值就越是低微，产品和工人形成了一个敌对的关系；另一方面，产品的存在催生了工人对产品的依赖关系，进而催生了一种关于物的意识形态。马克思对异化最为经典的分析便是商品拜物教，拜物教理论囊括了对异化的各个方面的透视和分析，其中该理论突显了作为产品和商品的物是如何一点一滴地取代了作为真实世界的属人世界以及这个过程所产生的各种消极后果。总而言之，产品是异化劳动的重要组成部分，产品的丰富极大地加深了现代人的异化程度。

第三，人的类本质的异化。关于人的类本质的种种阐释与探索，从古

① ［德］马克思：《1844 年经济学哲学手稿》，中共中央马克思恩格斯列宁斯大林著作编译局编译，人民出版社 2014 年版，第 50 页。

希腊时代开始，众多优秀的哲学家和思想家均对人的类本质进行过描述和展望，马克思便是其中举足轻重的一员。马克思认为，人的类本质是自由自觉的实践活动，人按照自己的意愿自由地进行创造，并以“美”为原则和规律去实现。因此，作为人自由自觉的活动的主要形式，劳动本应该体现人的类本质的全部规定性。但是异化劳动却让创造力、想象力和审美感受消失殆尽，人在异化劳动中和动物没有什么差异，他们一边像蜜蜂或蚂蚁一样重复地实践着固定的劳动类型，一边为了生存而相互竞争。

第四，人与人之间的异化。在异化的四种规定性中，人与人的异化涉及了主体间性的问题，也就是伦理问题，同时这个规定性最能够体现马克思早期的人道主义观点。“人同自己的劳动产品、自己的生命活动、自己的类本质相异化的直接结果就是人同人相异化。”① 人与人之间的异化是之前三种异化表现形式的综合，是异化的终极表现。当人的类本质在异化劳动中遭到严重破坏，当劳动产品对工人施加了难以抹除的消极影响，当劳动本身成为规训现代人的主要手段，人与人之间的关系就退化成为物与物之间的关系，也就是统治与被统治、利用与被利用的关系，即人沦为工具和手段。从此，异化中的人很难再会有其他的可能性，人与人之间的关系也面临着僵化的困境。单向度的人际关系取代了多重的、多维的和丰富的人际关系，主体间性受到威胁。

马克思的异化理论在很大程度上影响了列斐伏尔的异化理论，尽管列斐伏尔所关注的现代资本主义社会的异化问题在很多方面有别于马克思的异化理论，但是马克思却为列斐伏尔奠定了异化理论的基本问题域和研究方法。

首先，虽然异化不是资本主义社会独有的产物，但是却在资本主义社会达到深度和广度的前所未有的高峰，因此异化理论天然地被赋予了资本主义社会批判和现代性批判的烙印。马克思从异化劳动入手，矛头直接对准资本主义社会的存在根基——私有制，指认了以下的社会现状：伴随着私有制和资本的全球化蔓延，异化成为了资本主义政治经济制度的消极后果。因此，要想对资本主义社会开展切中肯綮的批判，对异化的批判是其

① ［德］马克思：《1844 年经济学哲学手稿》，中共中央马克思恩格斯列宁斯大林著作编译局编译，人民出版社 2014 年版，第 54 页。

重中之重。列斐伏尔继承了马克思的社会批判理论的基本思路，他意识到异化既是资本主义社会众多消极后果的表现，也是这些后果的内在原因，所以要想深入了解现代资本主义社会运作的机制，就必须要以对异化的研究为入口。

其次，马克思的商品拜物教理论为列斐伏尔提供了其异化理论的原型，他高度赞扬商品拜物教，认为商品拜物教是异化理论的典范。列斐伏尔认为，马克思的商品拜物教至少在两个层面上体现了异化的本质规定性。一是异化的绝对普遍性：马克思以随处可见的商品为依托，指明了异化如同水银一般在现代社会中无孔不入，让人们难以摆脱。这对列斐伏尔来说十分重要，他强调马克思早在自己的思想体系中警告人们不要低估异化的存在，异化对社会现实所施加的影响及其自身所展现出的顽强韧性是高于人们的普遍认知的。二是异化对人的统治力：马克思借由“拜物教”概念精准地阐释了异化的与人相对抗的异己属性，它对人的生存所造成的最大的破坏便在于它剥夺了人的本质，并且强制加于人以非人本质。由此被异化了的现代人才能更好地融入现代资本主义的政治经济体制，从这个意义来说，异化起到了社会规范的作用。列斐伏尔认为正是马克思的商品拜物教理论为后来其他学者的异化理论打下了坚实的基础，以拜物教理论为标准，列斐伏尔在其后的理论生涯里进一步研究了关于日常生活、空间、时间、节奏、语义场等众多社会要素的异化问题。

再次，马克思为列斐伏尔提供了分析异化的研究方法，即从日常生活中最微观的、最不易察觉的和最习以为常的事物入手，以此来发现并观察最具有潜在性和威胁性的异化形式。以马克思异化理论的研究对象为例，商品、工厂、车间、生产工具等构成异化场域的因素是如此地平常和不起眼，以至于人们会忽略掉它们的存在，也就会忽略掉异化的存在。所以列斐伏尔指出马克思已经为异化研究提供了一个基本的研究方法，那就是认真对待每一个隐藏在日常生活中的细节和寻常之物，在寻常中发现不寻常之处，在平静的表象之下发现涌动的暗流，这便是异化理论的基本研究方法。

三　对苏联教条主义的批判

列斐伏尔认为，教条是一种局限人类存在的力量，它或从外部或从内部让人类的存在服从于某种异己存在，或者将其简化成为一个单向度的要素，或化约成可以被视为具有特权的和决定性的局部经验。正统的马克思主义是马克思主义在苏联的一个分支或变体，是“过去几十年在各社会主义国家中占正统地位的、以辩证唯物主义和历史唯物主义为根基的马克思主义，按其基本精神和主要内涵而言，是苏联哲学界于本世纪上半叶依据列宁主义特别是共产国际的马克思主义的基本精神发展起来的理论体系”①。如此发展起来的正统的马克思主义具有以下特点：“不了解马克思的早期著作，不了解青年马克思的异化理论和以实践为核心的人本主义哲学构想，而主要继承了马克思和恩格斯关于以生产力与生产关系、经济基础与上层建筑的矛盾运动和经济必然性为主要内涵的‘社会经济形态’理论，即经典唯物史观。这样，无论对革命道路的设计如何不同，它们均把人类历史的发展视作最终由经济必然性决定的符合铁的规律的‘自然历史过程’……”②

到了斯大林时代，苏联的意识形态达到了顶峰，包括列斐伏尔在内的很多西方马克思主义思想家都受到了来自党内的排挤和打压，以异化为基础的马克思主义的人本主义被视为“异端”和“歪理邪说”，社会主义国家不承认在这样的社会形态和制度之下异化的存在。斯大林主义包含的不只是纯粹的理论内容，它必然包括了经济、政治和意识形态的“苏联式实践”，是一种自上而下的强制性社会建造，以固定不变的社会组织模式为样本无差别化地在不同国家和地区推广经济政治决定论的国家形态和国家机构。苏联模式导致了人的不在场和缺席，在这样的境遇之下，人是国家发展和社会演变的附庸品，只拥有实际功能却缺少存在价值和意义。社会是由人构成的社会，人差异化的本质决定了社会的差异性和丰富性，当斯大林主义把“经济基础—上层建筑”奉为社会存在与发展的唯一真理和绝对结构的时候，它不仅僵化和机械化了马克思主义，也让经济、政治、艺术、意识形态一同坠入教条主义的深渊之中。“斯大林主义的马克思主义所产生的经济简化主义表现出对可变性的重视的普遍缺失，而正是可变性才赋予了社会实在以特点。社会相当复杂，其发展难于测度，但是利用一

① 衣俊卿等：《20世纪新马克思主义》（修订版），中央编译出版社2012年版，第18—19页。

② 衣俊卿等：《20世纪新马克思主义》（修订版），中央编译出版社2012年版，第19页。

种刚性的和无所不包的解释方法可以产生一种对任何历史背景都适用的简单阐释。”① 这正是以斯大林主义为首的马克思主义的教条主义的症结所在。在这种社会阐释中，国家是最高的价值，政治是最直接的手段，经济是最终的目的。

列斐伏尔指出，马克思的异化理论首先是人的理论，它以唯物主义为依据落脚于人与人、人与他物之间的有机关系，经济和政治是其中的重要因素，但不是绝对因素。对异化的剖析可以从经济和政治入手，但是经济和政治不能解释异化的全部内涵。再者，斯大林主义武断地做出“社会主义国家不存在异化”的判断，他们错误地估计社会主义国家的社会实在，认为异化只是资本主义社会的产物。这并非马克思的本意。列斐伏尔认为，“马克思不再提倡政治革命在上层建筑层面上会带来劳动分工的彻底终结，他也不认为在生产关系层面上的社会主义能够办到。他只设想了在经历了一段非特指长度的过渡时期之后，共产主义将会接替劳动分工。在这个过渡期中，异化形式（如法律、劳动分工）将会继续。所以马克思从未把异化的范围限制在资本主义的范畴之内；他也没有预言社会主义或是无产阶级革命会彻底而又直接地终结异化。在与异化相对抗的过程中，在‘反异化’的过程中，异化坚持了下来，或者可能以新的形式再次出现”②。列斐伏尔在此处表明，异化的存在与统治阶级、社会形态和国家机构没有任何必然的联系，异化是社会实在的一部分，也是历史现实。无论是在理论上还是实践上，企图抹杀异化存在的任何行动的和心智的行为终将会暴露出它们的弊端。在《日常生活批判》第一卷里，列斐伏尔振聋发聩地询问道，难道苏联的知识分子和思想家们都在装聋作哑看不到现实的样子吗？难道异化真的消失了吗？这种简化而孤立的态度注定会让马克思主义变得枯竭，也会让真实的问题永远存在下去。对苏联教条主义的批判促使列斐伏尔更加关注社会性的异化问题，努力构建一个更为完善的异化理论。

列斐伏尔从历史角度、理论角度和哲学角度的三重性立场分析了由异

---

① Colin Mackerras and Nick Knight, *Marxism in Asia*, London & Sydney: Croom Helm, 1985, p. 43.

② Henri Lefebvre, *Critique of Everyday Life*, *Volume I*, *Introduction*, trans. John Moore, London and New York: Verso, 2008, p. 63.

化理论在现代社会中所暴露出来的问题的复杂性。从历史角度来说，我们必须要认识到异化概念在马克思哲学的整体发展中所扮演的角色，马克思是如何在黑格尔和费尔巴哈那里继承异化概念的，他又是如何发展并加以改造的；从理论角度来说，我们必须要明确异化概念在马克思的哲学中具有怎样的境遇，异化的哲学概念又是如何扩展的；就哲学角度而言，我们需要阐明异化到底在批判、反思和构建的意义上具有怎样的重要性，以及是否应该将异化的概念置于思想的中心。日常生活的异化是现代人无法逃脱的共同命运，只有把目光聚焦在日常生活领域里我们才有可能去真正探索现代社会的症结所在。

综上所述，异化问题是西方哲学史和思想史的一大传统问题，从霍布斯、卢梭到黑格尔再到马克思，异化概念在这几位重要的哲学家和思想家的研究下逐渐明晰。通过对异化概念的理论来源梳理，我们可以将异化问题所探究的问题对象大致分为两类。一类是关于人自身的异化，这一部分涉及异化的生命活动、异化的人的类本质和异化的被造物等内容，简言之，异化是人的一种普遍存在状态。另一类是将异化和私有制相结合，从而构成关于异化的社会批判理论，这类异化理论从国家机构和社会形态等宏观场域出发，将异化视为现代资本主义社会运作的深层机制，希望通过对异化的研究能够找到解读现代世界的路径。无论是人的自身异化，还是基于异化的社会批判理论，二者之间没有泾渭分明的界限，它们相互交织，形成了一个庞大的哲学社会学问题域。这两类异化对象基本上构成了西方马克思主义异化理论的理论基础，列斐伏尔的异化理论同样是对这两类对象的深刻哲思。

第二章

列斐伏尔关于异化的一般理论

列斐伏尔在其早期的学术生涯阶段便体现出对异化问题的极大兴趣。正如罗伯·谢尔兹指出的那样，对异化问题所展示出的深刻的人道主义和人文关怀是一条导线，它将列斐伏尔从开始到最后的全部理论研究串联在一起，并使之成为一个整体。尽管列斐伏尔在随后的不同研究阶段里所体现出的理论兴趣与研究对象有所不同，但是从总体上来说这些理论兴趣和研究对象依然是异化问题的延续和发展。而在列斐伏尔的早期理论阶段中，他以马克思的异化理论为基础构建了一个异化理论问题域的基本框架，这个基本框架既是列斐伏尔对异化理论的基本认知与理解，也在列斐伏尔之后漫长的学术生涯里指导他开展进一步的具体的异化问题研究。在20世纪二三十年代，列斐伏尔在其出版的专著和论文里便对异化产生的原因、异化与人的本质结构之间的关系、扬弃异化的可能性和异化理论中所体现出的马克思主义的人道主义思想等相关理论问题进行了集中阐述，这些研究内容是后来列斐伏尔对发达资本主义社会异化展开系统化批判的条件和前提，是列斐伏尔异化理论不可或缺的重要组成部分。

第一节　异化产生的根源：人与自然的分离

在解答“异化是如何产生的”这个问题时，列斐伏尔以辩证唯物主义为依据和指导，对异化的产生问题进行了科学的分析。因为异化是人类和人类社会独有的现象之一，因此在解答这个问题之前，列斐伏尔首先考察了人类的产生与存在、人类与自然之间的客观辩证关系。同时他指出，异化产生的根源就在于人与自然之间的关系变化。

一 关于人类产生和存在的构想

人类的产生和生存是有着严格的条件的，围绕着这两个主题，在不同的时代和不同的集体之间做出了在具体内容上有着千差万别、在逻辑上却有着高度类似的说明或论证。

神话最先对人类的产生和存在方式提供了带有浪漫主义色彩的猜想和解释，它是人类意识最早洞察世界和宇宙的产物。尽管身在现代的我们对宇宙和万物的认识与神话时代的人们有着天壤之别，并且我们深信自身所体现出来的进步和优越，但是神话至今都在人类社会里挥之不去，同时作为一个取之不尽的宝藏依然超越时空的限制在我们身边发挥着作用。对宇宙所形成的一些古老观念不只是产生了神话，也产生了宗教。

宗教将神话中某些飘忽不定的内容加以刻画，化为牢固的信仰并衍生出一系列具有总体属性的社会行为和社会实践。正如马克思所认为的那样，宗教是被扭曲了的意识，是错误的世界观和宇宙观。神话与宗教都在现实的经验和正确的意识之外寻找世界和人类的最高形式的总体活动，它们一共创造了一个有别于真实的空间，在这个空间内自我生成，影响着人类所做出的决定，参与到社会和历史的塑造过程中来，并且在“史前史”时期的大部分时间里，神话和宗教都是主导性因素。

另一种不同于神话和宗教的意识发展出另外一种逻辑，从某种意义上来说，它与神话之间拥有“同宗血缘”，和神话不一样的是，它并没有满足于神话所代表的那种由纯粹的象征和隐喻构成的王国。它在想象的国度里继承了人类意识最强大的能力——理性，开始排除和理性相对的因素，建立起一个独立的思想世界，即形而上学。形而上学的理性不但要做出解释，还要提供答案。人与人之间、人与自然之间、人与物之间的问题和冲突都被包含在形而上学中，形而上学以王者的姿态考察人类得以存在的各样条件。哲学家们利用各种“纯粹”的理念试图在一个超越了日常、自然和历史的静态维度中去理解现实的动态现象和本质，因此形而上学是理智独特的成果。它相较于宗教与神话的不同之处在于形而上学彻底地贯彻了理性，相同之处在于形而上学也是一种扭曲了的意识，它只在一定程度上如实地反映了现实，而其中所包含的很大一部分内容是理智的自我展现，是一个自我的舞台。当“纯粹”的理念失去了人们的信任的时候，它们就获得了“纯粹”的美学意义。

关于人类的产生和生存的两大主题，神话、宗教和形而上学都努力地寻求着解答和突破，不过它们的成果都不能看作是真实的。辩证唯物主义意识到人类产生和生存的真实条件，它正确地认识了人在自然中的地位和自然作为一个客观性的存在对人的本质的形成产生了哪些值得人们理性思考与把握的影响，为人们提供形式与内容、意识与实践相互统一的理论指导。形而上学的各式派别和学说只能把人类的思维活动简化成为那些已经建立起来的并被人们所熟知的东西，而辩证唯物主义却力争超越这些派别和学说，当我们只采用单边视角去看待经验和理性、理智和直觉、知与行的时候，它们才会相互冲突。除此之外，“辩证唯物主义的目标完全是对实践和真实的生活内容的理性表达，以及把现有的实践转变成为有意识的、一致的和自由的社会实践”①。因此，辩证唯物主义正视人类和自然之间的辩证关系，自然既不是一种神秘的也不是一种单纯的客体，只有在认识到人与自然互为主体和客体的情况下才会捕捉到异化诞生的起始，自然的异化是不可避免的。

二 人与自然之间的客观辩证关系

列斐伏尔在《辩证唯物主义》一书中借用马克思在《1844年经济学哲学手稿》的理论成果，对人类的产生进行了一次全面的考察。马克思在《手稿》中指出，“人直接地是自然存在物”②。这包含着双重含义。首先，人是具有各种自然属性的存在物，人是生物性的、肉体的、对象性的和欲望的，同时也是能动的、有意识的、感性的。人把自然界和他物作为自己生存的对象加以改造，创造出适合自己生存的种种条件，但是人却不能从自然中分离出去，人作为自然的不可分割的一部分是“自然的意识”。其次，人的存在是对象性的存在，而非孤立的存在，人与自然界是共在的。“一个存在物如果在自身之外没有自己的自然界，就不是自然存在物，就

---

① Henri Lefebvre, *Key Writings*, New York and London: Continuum, 2003, p. 20.

② ［德］马克思：《1844年经济学哲学手稿》，中共中央马克思恩格斯列宁斯大林著作编译局编译，人民出版社2014年版，第103页。

不能参加自然界的生活。”① 人在将他物视为对象的时候也会被他物视为对象，如果人不是一个对象的话那么人就成为了“非存在物”。所以，马克思认为人既是能动的也是受动的，其中既包括了对他物的攫取和改造也包括了被他物所俘获，被自然所吞噬。列斐伏尔强调，“人是以他物的存在作为其客体的，也是他物存在的客体。人既是主体又是客体，这两者都是感觉灵敏的，这种主体是客观地存在于机体和基本的生物意识之中的主体，因而包括与他物存在的这样一种关系，即：他物的存在既是人的愿望的客体，又是他物自身存在的主体——人就是他物存在的感觉灵敏的客体”②。

人与自然界的共在是人得以存在的根本。在神话里，自然化身为大地母亲或上古神明创造并且庇佑着人类的生息繁衍，而自然对人类的破坏力则被大地母亲的牺牲与付出所消解。在宗教里，天父或上帝的慈爱与愤怒替代了自然所展现出的由“保护”和“湮灭”所构成的双元属性。形而上学视自然为不动的、静止的纯粹客观，并将自然中的某一种现象或存在物看作绝对的而超验的本体，超越了人类生活之上。而相较于辩证唯物主义，这些意识和理智的成果均忽视了人与自然之间互为主客体的实质。与此同时，也是在这个过程中，人确立了与自然既对立又统一的辩证关系，从自然中分离出来。人与自然的分离过程塑造了人类的最初本质，这是根本性的，人类在历史中之后的发展全部建立在这个最初本质的基础之上。

列斐伏尔在《辩证唯物主义》中指出人与自然的关系变化，人作为一种类存在物与自然展开了斗争：“人不仅仅是自然界的生物，他是有人性的，自然界就是在人类中间并被人类分裂的，它与自己抗衡，与自身作着比以往任何斗争、比任何个人之间或生物之间的斗争更为深刻的斗争。人这个自然界的生物，转而与自然作斗争。对人来说，自然界是源泉和母亲，然而，自然界只不过是人的行动的对象。自然是外部的自然界，也是人在身后的归宿。”③ 列斐伏尔认为这样的分离是悲剧性的开始，它包含了

① ［德］马克思：《1844 年经济学哲学手稿》，中共中央马克思恩格斯列宁斯大林著作编译局编译，人民出版社 2014 年版，第 103 页。

② 复旦大学哲学系现代西方哲学研究室编译：《西方学者论〈一八四四年经济学—哲学手稿〉》，复旦大学出版社 1983 年版，第 165 页。

③ 复旦大学哲学系现代西方哲学研究室编译：《西方学者论〈一八四四年经济学—哲学手稿〉》，复旦大学出版社 1983 年版，第 166 页。

所有未知性的东西，因为人再也不可能重新完整地回到自然，自然最终变成了异己的存在与人并存。

三 自然的异化：人与自然相分离的必然结果

自然的异化是所有异化形式的开端。异化是一个历史事实，它直接地参与到人类的产生中来。自然包含摧毁人的力量，一些不安的因素威胁着人的生存，迫使人必须要具有足够的能力去改造艰难的环境，调解自己的需要，节制生理上的欲望，提高作为一个有意识、有理性能力的生物在资源匮乏或灾害频发的时期里延续个体生命和群体生存的应对能力。这一切都发生在自然里，于自然中进行。人类认识自然界是通过自己的理智、官能和自然界所展现出来的客观性与外在性而得以实现的，人必须要作为一个孤立的主体从自然界分离出去，又必须作为一个客体被作为主体的自然容纳进来。在这个过程中，人变得既强大又软弱，既自负又渺小，既是主人又是孩子；而自然既是母亲又是敌人，既可憎又神圣，既无情又温情。自然的异化必定会催生出人的异化。

人与动物在本质上的差别在于是否彻底地融入自然之中，或者换句话说，是否能够以自身为尺度积极而能动地改造自然。动物以现有的自然条件作为生存的基础和根本，并且它们无法超越现有的自然界。动物的需要和欲望都是生物性的，受到自然的绝对支配和制约。蚂蚁和蜜蜂固然能够建造属于自己的巢穴，但是在面对生存环境骤变的情况时，它们是消极而被动的。尽管动物也是一种类存在物，不过这种类存在物没有产生对象性的活动，在黑格尔看来，对象是向自我复归的某样东西，是自我意识的外化过程。虽然马克思认为，黑格尔关于意识、自我意识和对象之间的辩证关系属于“思辨的一切幻想”，但是至少黑格尔在此处点明了人的特殊之处，即自我意识和对象性活动，以及二者互相产生的对立关系。在对象面前，人不是消极和被动的，是积极而主动的，拥有肯定的和否定的力量与能力。对象首先形成一个外在的存在，而后立即成为一个异己的存在。在各式各样的异己对象的规定与框架内，人类能动地对抗着各种局限，自为地试图超越所有现存，而异己对象所构成的有机总和就是自然。自然，包括有机物和无机物组成的自然界以及其全部的制约、规律和法则，成为了人所面对的第一种异化。

列斐伏尔认为自然的异化对人的产生而言是一个必要条件，没有这种异化，人类便与其他动物无异。“人是在同他物相比之中，在否定自己并被自己所否定的、然而却与人紧密地联系在一起的东西，即自然界之中诞生并认识自己的。人先是与自然界揉合在一起，然后再逐渐增强并超过了自然，并为自己创造了一种人类的自然界。”① 这种异化帮助人确立了自身，确立了人的本质，列斐伏尔认为人的本质是抽象的潜在性，这种抽象的潜在性就是在人与自然的不断斗争与修好之间逐渐成为具体的现实。因此，人和自然作为最初的异化的两个项，构成了其他异化形式的基本原型。异化始终是人的问题，所以也是人与其他对象在发生交互作用的时候所必然会发生的现象。我们由此可以归纳出异化的基本逻辑：认识到主体与客体、人类与自然、自我与他者、个体与集体、连续与间断、整体与局部、精神和肉体等的二元性，这样的二元性即为可能性和必然性、或然性和确定性，而异化产生于二元失衡的破碎地带中。

第二节 异化与人的本质结构

任何一种学说或理论，包括辩证唯物主义，都源于一种局限，即内容的局限和社会形式的局限。因为局限的存在，思想既无法考察总体又不能概括总体，同时思想在局限之中会以某种被认为是具有决定性作用的或具有统摄其他要素的力量的具体内容、社会形式、领域范畴或构形成分为根基，构建带有特定理论倾向的体系。它们都反映了人类不同发展阶段的局限，也如实地反映了思想变化的状况。关于神话、宗教和形而上学对人的本质的阐释与思辨，我们不能用简单的对与错的价值二分法去粗暴地下判断，它们都是人类理性和心智的发展成果，都属于人对自然、对自身的考察，并表达了某些美好的期许和愿景。然而，辩证唯物主义是科学的②，

① 复旦大学哲学系现代西方哲学研究室编译：《西方学者论〈一八四四年经济学—哲学手稿〉》，复旦大学出版社 1983 年版，第 189 页。

② 这里所说的“科学的”绝对不是“实证主义的”。列斐伏尔反对实证主义的科学态度，即把人类社会历史的发展看作一种单向逻辑的路径，并受到具体社会因素的决定。因此列斐伏尔反对把马克思主义简化理解成为“经济主义”“历史主义”或“社会学主义”，在他看来，辩证唯物主义的科学性就是彻底地批判人类社会和属人世界里的一切矛盾，兼顾目的、论据和事实，并看到活动的重要性。

列斐伏尔指出辩证唯物主义的形成和发展都是辩证的。“发现作为血与肉的自然人（物质人）是辩证唯物主义发展的第一契机。”① 列斐伏尔高度赞扬马克思的工作和成果，其中的重要原因是马克思找到了一条吻合资本主义社会形成与发展的批判道路和方法，并对人的存在问题做出了科学解释；这个方法既是理论的又是实践的，用列斐伏尔的话来说就是“摆脱了哲学妥协的彻底批判的方法、概念和哲学毫不妥协的彻底批判精神”②。关于人的理解，列斐伏尔同马克思一样，绝对不会受限于那些已经确立起来的、拥有稳固基础的并被人们所熟知的框架。

一 作为结构和过程的人的本质

列斐伏尔和马克思看到了人的本质是一个动态的过程，是一个不断生成和消解的过程，这个过程是由矛盾推动的。“一个矛盾解决了，人就朝这种本质进了一步，矛盾就好象是历史和戏剧性运动的内在动力。人性就被创造（生产）和发现了。发现和创造混合在一起了。”③ 另外，人的本质不是一团含混不清的概念，尽管几乎所有的理论家都承认，人是极为复杂的，但是引入“结构”的概念让我们拥有进一步梳理人的本质的构成的能力。列斐伏尔指出，结构概念是连续主义和进化论主义的，它的思想是根据生成的连续过程的体系发展起来的。“它在固定性中引入了生成的过程。它研究形式和构造。”④ 如此看来，这就不难揣度为什么人的本质在列斐伏尔的哲学思想中既带有动态的过程化特征又保持着一定不变的内容与结构了。结构和过程是理解人的本质的阿喀琉斯之踵。所以，在认识到人的本质的运动时，关于人在历史长河中所呈现出的种种表现和行为、生产出的物质产品和精神产品等，我们可以声称我们找到一个能够保持正确方向的解读模式；在这个模式里，人的本质和属人的一切都不会被僵化，彻

---

① Henri Lefebvre, *Key Writings*, New York and London: Continuum, 2003, p. 14.

② ［法］亨利·列斐伏尔：《马克思的社会学》，谢永康、毛林林译，北京师范大学出版社 2013 年版，第 8 页。

③ 复旦大学哲学系现代西方哲学研究室编译：《西方学者论〈一八四四年经济学—哲学手稿〉》，复旦大学出版社 1983 年版，第 189 页。

④ Henri Lefebvre, *Critique of Everyday Life*, *Volume II*, *Foundations for a Sociology of the Everyday*, trans. John Moore, London and New York: Verso, 2008, p. 157.

底的批判贯穿其中。

对列斐伏尔而言，人的本质在理论层面上所呈现出的远景是全面发展的人、总体的人，所以人的总体性的构建也就包含了对人的本质深刻的剖析和对人的本质必然会出现的矛盾与分裂的理解。人的本质的内在矛盾与分裂导致了人的异化的产生，这种矛盾与分裂也诞生于人与自然的分离和对抗之时。列斐伏尔对异化的整体问题域的探讨主要集中在现代社会里，这是毋庸置疑的。作为一名思想家，他特别反映了自身所处的时代的症结，表现出一位知识分子应该具备的人文关怀。但是列斐伏尔所讨论的异化不仅仅是人与其创造物之间的关系的颠倒和错位，他更着眼于人的内在本质的运动和失衡所导致的根本性异化，这种异化是其他异化的温床，是“个体在客观化和主观化进程中的分裂，即两者统一的破坏”①。因此，“列斐伏尔的异化概念是非常宽泛的，与黑格尔接近”②。如此广泛的异化在列斐伏尔眼中是人类社会历史发展的必然结果，只不过是在代表着劳动分工和机器生产的工业社会与资本主义社会里达到了顶峰，所以异化不应该受到某种政治决策或理论倾向的掩埋。“异化就这样扩展到全部生活，任何个人都无法摆脱这种异化。当他力图摆脱这种异化的时候，他就自我孤立起来，这正是异化的尖锐形式。”③ 任何人都逃避不了异化，人类的任何时代也都存在着异化；同时异化产生的原因也不单单是因为对象性活动的出现，异化深藏于人的特殊的存在结构之中并且拥有自己的结构。这是列斐伏尔对异化现象的深刻认识。

“作为人的本质结构的异化”既是一个总体性概念（其中囊括了具体不同的差异性异化），也是一个实在性概念（特别针对根植于人的本质结构中的异化产生机制的探索）。列斐伏尔没有明确提出人本质结构的异化的产生机制问题，对此他也没有专门论述过。然而，正如他对异化问题的重视和解疑是散布在每本著作里、思想理论的各个角落中一样，关于人的本质结构的异化产生机制的思考也能从他的整体哲学思想中找到蛛丝马迹。简而言之，列斐伏尔在人的本质结构的异化这个问题上不单纯是马克

① 吴宁：《日常生活批判——列斐伏尔哲学思想研究》，人民出版社 2007 年版，第 122 页。

② 吴宁：《日常生活批判——列斐伏尔哲学思想研究》，人民出版社 2007 年版，第 121 页。

③ 复旦大学哲学系现代西方哲学研究室编译：《西方学者论〈一八四四年经济学—哲学手稿〉》，复旦大学出版社 1983 年版，第 196 页。

思式的，他的全部异化理论都是对马克思的异化理论的继承与再发展。

二 人的确定性与或然性

正如列斐伏尔所理解的，人的异化具有一个结构。该结构在客观化和主观化的进程中受到来自内在和外在的条件影响，呈现一种波动式的运动。人的异化主要场所发生在日常生活内，因此人的本质的运动也主要通过日常生活来展现。“日常生活是这种辩证运动前进或停滞的空间，是不透明性和透明性、清晰与盲目、确定性和无常性之间产生无法预测的混合的空间。”[①] 关于人的本质的运动，我们首先来讨论一下“人的确定性”。

1. 人的确定性

人始终是一个类存在，也是一种自然物：和其他的动物一样，人类拥有自己的欲望和需要；不同于动物的是，人创造属于自己的世界，改造存在的环境，塑造自身的本质，彰显作为人的能动性。不过一些学说以人的本质中不确定的因素为核心，建立起在列斐伏尔看来是具有过分强调人的不确定性的倾向的理论，列斐伏尔以存在主义为对象向人们论述了消解人的确定性的危险。

完全的“自为”会让人堕入一种虚无主义的状态中，列斐伏尔在《存在主义》一书中对这种具有欺骗性的自由进行了猛烈的批判。存在主义对自由概念的思辨将人的本质彻底瓦解，存在主义对自由做出两种解释：成为虚无，或者彻底变成一物。在这样的自由概念中，我们看到存在主义对人的确定性本质的全盘否定，人变成了完全由可能性和或然性构成的存在物，是一种不稳定的存在状态。列斐伏尔指出存在主义理论内在固有的虚假性，以及它为掩盖人的本质问题而做出的理论上的欺骗性努力。“他们只剩下问题和一种空虚，他们在焦虑中寻求自己，也在相同的焦虑和空洞的自由中识别出自己的同伴：这种焦虑和空洞的自由就是要么成为什么都可以，要么什么都成为不了。”[②] 因为存在主义对人的确定性和固有本质的完全否定，它很自然地瓦解了那些折磨和扭曲意识的种种背景、条件、资

---

① Henri Lefebvre, *Critique of Everyday Life, Volume II, Foundations for a Sociology of the Everyday*, trans. John Moore, London and New York: Verso, 2008, p. 10.

② Henri Lefebvre, *Key Writings*, New York and London: Continuum, 2003, p. 10.

产阶级的审美和道德，并宣称自己是一种人道主义。但是却对自己的欺骗性只字不提，存在主义只提供焦虑和空洞的自由，只是一种诡辩。

存在主义终将要面对的是悄然暗淡的结局，它偷换了真实的自由和想象的自由这两个概念，把人的自由建立在一个丧失了稳固根基的“基础”之上，让自己变成了关于探索人的可能未来和内在本质的空洞理论，并在20世纪的后半叶引入了虚无主义。这在列斐伏尔眼中看来是危险的，是在用人的发展做赌注。取消人的确定性有悖于马克思的初衷以及其坚守的原则：工业是人的自然的本质力量的公开展示，自然科学也已经抛弃了它的抽象物质的方向，也就是唯心主义方向，尽管它以异化的形式呈现出来，但是“成了真正人的生活的基础”①。人类拥有共同的生活基础是马克思哲学思想的根本依据，列斐伏尔继承了马克思的这一哲学视野。“只有这种确定性，即我们从美丽动人的表象到本质进行转移，能够把我们从虚假的视角中拯救出来，让个人和群体通过他们的历史来看待他们自己，允许我们看到科学的始端，而不是旧时伪装的掉书袋式的叙述。”②

人类共同的生存基础是人的确定性产生的必要条件，确定性是人的本质结构中的重要一环，也是其生存结构中不可撤销的基石，是人作为总体得以延续下去的保障。人的确定性构成人的本质内在要素和内在精神的稳定成分，它是由人作为一种理性存在和类存在在时间与空间的维度中所不断创造、发现、积累、扬弃和革新而形成的最坚固的围墙，守护着“人之所以为人”的疆域。确定性在人类漫长的历史岁月中化为一盏明灯指引人类发展和行走的方向。它既是被发现的又是被塑造的，它和人的本质之外的存在条件相互影响、相互作用，最终成为人不可分割的一部分。在分析人的异化结构时，我们需要从具体走向抽象，借助抽象的概念的目的并非确立某类形而上的范畴，而是帮助我们厘清头脑中依然含混不清的内容，并且以更为清晰的逻辑表述出来。人的确定性确保了人类生活与发展的共同基础，对于不同的历史时期和社会里的个人与集体来说，确定性是其本质力量的体现。

---

① ［德］马克思：《1844年经济学哲学手稿》，中共中央马克思恩格斯列宁斯大林著作编译局编译，人民出版社2014年版，第86页。

② Henri Lefebvre, *Critique of Everyday Life*, *Volume I*, *Introduction*, trans. John Moore, London and New York: Verso, 2008, p. 135.

2. 人的或然性

如前文所述，异化产生于二元失衡的破碎地带，而确定性就是这个二元性的一端。而和确定性相对的另一端即为人的或然性，或然性是确定性的反面，它既是人的本质遭到破坏的后果，也是人的本质中必然存在的矛盾与分裂的彰显。

人的或然性作为和人的确定性相对应的人的本质结构的另一端是确定性遭到威胁与破坏之后的结果和产物。确定性代表的是属人世界里的一切属人的存在，而异化的产生和他者与他性密不可分。人是一种有意识的存在，他能够意识到自己是什么（自己的存在），但是只有一种方法可以做到，“那就是按照、依据并且通过非自身的存在、他性和作用在他性上的行动、与他性的遭遇、需要、被剥夺了的状态、欲望、面对外在物质的工作、作品（产品或严格意义上的作品）以及可能的事物，由此人才能意识到自己是什么”①。很多思想家认识到他者与他性和人之间的关系是一种创造性关系，这种见解非常深刻而独到，因为这关系到我们对异化的其他可能的看法和态度。不过这一切都需要一个前提，即人的确定性足以提供一个认识和创造的保障，在人类共同的生存基础和积累起来的丰硕成果内去面临无穷尽的非自身存在时才不会堕入虚无之中。一旦人的确定性支离破碎，或然性就会占据上风。

人的抽象的潜在性之所以有可能转变、过渡成为现实，原因在于抽象的潜在性尽管属于抽象范畴，可是却具有坚固的根基，这个根基属于现实，也是人的确定性。虽然它随着时间的流动也会面临被消解的危险，但是历史并不会遗忘它。不会被历史遗忘的那一部分现实就是保证人得以延续和存在的确定性。然而，确定性同样面对着来自理论和实践的双重攻击。一些理论体系混淆了什么是该扬弃的和什么是该保留的，进而不分敌我地把现存的一切都看成是需要被清除的对象，后现代理论是这种理论体系的典型；另外，一些理论高举人道主义的大旗，却让不确定性无限地接近人的本质的本体地位，把人描述成由左右为难的概率所构成的概率性存在，存在主义理论是这种理论体系的代表。至于实践，人类活动无时无刻

① Henri Lefebvre, *Critique of Everyday Life*, *Volume II*, *Foundations for a Sociology of the Everyday*, trans. John Moore, London and New York: Verso, 2008, p. 214.

不在威胁着现实：生产、开采、积累、消费、战争、攫取、政治决策、集团利益等。当确定性遭到严重破坏时，抽象的潜在性和可能性失去了基础，不能过渡成为现实。这个时候人所体验到的或者说必然经历的将会是或然性。

或然性是当人陷入一种漂浮不定的生存状态时必然会遭遇到的处境。或然性牵涉的有两个方面：一是虚无的存在状态；二是漫无目的而又无意义地做出选择。或然性会造成这种假象：人的自由获取了可以无限扩张的力量，为了充分而完全地实现无限的自由，一切历史的和已经被确立起来的东西都是束缚与枷锁；人在自由之中化身为一个个“白板”，其本质规定性遭到抛弃，在虚无主义的掌权之下，人看似自由实则丧失掉了根基。马克思实际上非常重视人类的共同生存基础，他在《1844 年经济学哲学手稿》和《资本论》中所做出的努力与尝试就是在分析和捍卫这种共同的生存基础。这个基础显然是不完美的，但是瓦解这个基础并非马克思的本意。列斐伏尔继承了马克思的这一理论视野，他同样认识到打破人类的共同生存基础和确定性将会导致更加严重而危险的异化。异化在确定与不确定的摇摆过程里产生、加剧、达到顶峰、衰退，最后被扬弃。但是并非所有的异化都会经历一个这般的过程，当人的本质结构处在失衡而不能自愈的状态中时，异化便不能发挥出具有创造性价值和塑造人的本质的功能，此时的异化单纯地成为了非人的存在而与人相敌对。

现代人所遭遇的异化现象在很大程度上源于“无根”的生活经验，列斐伏尔特别地经历了两次世界大战之间的欧洲历史时期以及第二次世界大战对人类的戕害，原有的生活基础和共同文明在战争的摧残之下化成一片瓦砾，在废墟上重建新世界谈何容易。迷茫、战栗、不安、焦虑，那一代人在人的确定性和共有家园被消磨殆尽的时候并没有欢呼自由的到来；相反，亟须重新构建的不是物质文明，而是惨遭战争蹂躏之后的人的残破不堪的本质和慌神无措的心灵。

三　人的可能性与必然性

我们再一次强调，人的本质的形成是一个连续不断的过程。形而上学家坚持认为，人的本质存在着一个不动的理念，从先验哲学的角度而言，人的本质是预设好的，具体的人都分有了这个理念；从犹太—基督教遗产的角度来看，人的本质是由上帝创造的，世俗世界因为人类始祖的堕落而被玷污，人纯洁的本质也被污染。这两种学说和观点的错误在于：人并非绝对不动，人的确定性保证了人作为一种自然物和理性存在的根本属性，然而人拥有“超越性”的一面。超越性伴随着创造力、想象、破坏、否定和湮灭的力量潜藏在人的本质里。存在主义所倡导的超越性带有明显的价值判断，在这里我们取消这个价值判断的前设，用“可能性”来指称人的本质中的这一面。可能性与确定性不是不可调和的敌对的两个面，二者构成了螺旋上升的运动。我们承认，可能性会带领人类进入一个未知的领域里，因为任何一种可能性要想从潜在的状态转化成为现实的话都是一场赌注，风险是不可避免的。“一个群体永远不会意识到它正在为自己的未来赌博，或者它正在下注并冒着风险。对于在外部的、远处的观察者来说，一个群体的活动可以看上去像一场赌博。”[①] 但是，我们还须承认，可能性是人的本质获得突破的机会，是对抗压抑人的外在环境的出口。

1. 人的可能性

在列斐伏尔的思想里，人的可能性极为重要。列斐伏尔没有让人的可能性囿于理论和抽象的象牙塔内，它拥有现实的意义。

首先，人的可能性与实践和现实关系紧密，而可能的事物需要一个选择和一个行为。现实具有我们所提出来的各种问题、矛盾和解决办法，而我们迟早会明确地做出一个决定、想出一个特定的解决办法并付诸行动。在异化面前，人的可能性和随之演化而来的其他可能性是打破异化网罗的最切实的方式。“在处理可能性本身的时候和处理随之而来的实质性的时候，我们不能用一个是或否去回答它们提出的问题。可能性即问题的解决办法，它们是被发现和被发明出来的。”[②] 而意志的力量让本来不可能的事物变得可能，它改善了手段也改善了目的。在“可能—现实”的维度内，我们小心翼翼地追求平衡，做出预测，前后取舍并放手一搏。

其次，人的可能性又关乎创造性。列斐伏尔认为，“我们可以期待在

① Henri Lefebvre, *Critique of Everyday Life*, *Volume II*, *Foundations for a Sociology of the Everyday*, trans. John Moore, London and New York: Verso, 2008, p. 136.

② Henri Lefebvre, *Critique of Everyday Life*, *Volume II*, *Foundations for a Sociology of the Everyday*, trans. John Moore, London and New York: Verso, 2008, p. 196.

重复性事物和创造性事物之间找到过渡和调节”①。重复性实践保证了人类的劳动、生产、繁衍和安全，不过它不能把社会实践局限在供养、维持和再生产当中。重复性实践虽然是必要的，但是它绝不是充分的，它不会自我实现一个自动的、没有矛盾的平衡，它天然地、自在地解体和分裂，这就为创造性留下空间并打下基础。“创造性的行动经常和赌博类似：它包含了一个赌注和失败的风险。”② 创造性被有机地融合在人的可能性当中，它是人的可能性有力的确证，也是在具体社会实践中人的可能性所作出的强劲答复。

无论是从异化的消极性中寻找积极性的因素，还是力图在综合的异化里尝试扬弃具体异化的途径，人的可能性都发挥了至关重要的作用与功能。然而，人的可能性同样与威胁比邻，它同样是人的本质结构中的一个方面，受到了来自其他外力的压抑和胁迫。可能性的萌发土壤不仅仅是人的本质形成过程的动态运动，它还建立在差异化和多样性之上。在一个致力于消除差异化和多样性的社会里，政治、科学和决策都可以变成忽略、中立和剥夺人的可能性的外在因素。现代社会所呈现出的同质性、碎片化和等级制代表了这种异化，最高的异化也隐藏于此。人成为了“必然的”存在。

2. 人的必然性

列斐伏尔认为，人是差异性的存在，差异最大限度地保障了人和社会的诸多可能性。扬弃异化最激烈、最暴力的方式——革命——的起源也是当初被人们所忽视的、看上去最微不足道的细小差异。在列斐伏尔看来，差异对人的重要性在于它是对抗社会中的“同质整合”因素的必要条件，是反抗中心化和中心主义的有力武器。因此，列斐伏尔指出，建立“差异的理论”是现代社会的当务之急，而国家政权、意识形态、压抑性的社会、统一审美的文化等因素是阻挡差异的形成与发展的主要障碍。

对人的必然性的理解和阐释，列斐伏尔依然将其与现代社会的现状和本质紧密结合。关于现代社会的现状和本质，列斐伏尔做出三个不同角度

① Henri Lefebvre, *Critique of Everyday Life*, *Volume II*, *Foundations for a Sociology of the Everyday*, trans. John Moore, London and New York: Verso, 2008, p. 239.

② Henri Lefebvre, *Critique of Everyday Life*, *Volume II*, *Foundations for a Sociology of the Everyday*, trans. John Moore, London and New York: Verso, 2008, p. 240.

的分析，三种分析基于现代三位重要的哲学家和思想家的理论思想，即黑格尔、马克思和尼采。黑格尔的思想专注于一个单一的概念，那就是“国家”；马克思把主要的精力用来强调“社会”；尼采最终则以“文明”和“文明的价值”作为沉思和冥想的对象。这三重因素决定了现代世界的意义和本色，它们之间相互作用，牵涉无限多的冲突与矛盾并构成了我们所说的“现实”。①

在这三个方面中，对差异产生最大程度上的限制的无疑是黑格尔所专注的“国家”。黑格尔发展了民族国家的政治理论，他断言国家是至高的现实和价值，基于该政治理论，国家成为连接知识和权力的有力纽带与桥梁。列斐伏尔批判黑格尔主义思想不仅将国家和国家机构合法化，同时它也将政治机构和政治的优先地位合法化，置于知识和文化之上。由此，“不论国家是以什么意识形态为基础，它都利用无法摆脱的知识和权力、它的现实和价值来宣称它的无处不在”②。在国家中规定文化和生活，在已规定好的国家特征里强化政治意识和意识形态，国家变成了绝对的中心，这些在列斐伏尔的思想中都遭到了彻底的批判。

至于社会方面，现代社会在被国家剥夺了充分的自主权之后丧失了自我调节的能力，特别是在二战之后出现的西方新资本主义社会里，社会越来越向一个全面压抑的、消除各种差异和异质的社会类型转化，就此列斐伏尔提出“恐怖主义社会”的概念。“恐怖主义社会”是列斐伏尔所使用的极具洞察力和创造性的概念，它指向了一个一方面关涉到贫乏与需求，另一方面牵涉到特权阶级的社会，这样的社会是阶级的社会，也是一个由二元的方法去实现的社会，即意识形态的有力劝说和强制力。这样的社会是人类社会现实在20世纪发展的极端结果，与历史上出现的其他一切类型的社会都不相同。列斐伏尔对这样的社会下了一个准确定义：“一个恐怖主义社会是过分压抑的社会的逻辑后果和结构后果；在这里，强制力和自由的错觉交合汇聚；未被公开承认的强制力包围了社群生活和它们成员的生活，并依据一种普遍的策略去组织他们。”③ 在这样的社会里，恐怖是

---

① Henri Lefebvre, *Key Writings*, New York and London: Continuum, 2003, p. 44.

② Henri Lefebvre, *Key Writings*, New York and London: Continuum, 2003, p. 42.

③ Henri Lefebvre, *Everyday Life in the Modern World*, trans. Sacha Rabinovitch, New Brunswick and London: Transaction Publishers, 1984, p. 147.

弥散的，暴力是潜在的，压抑从各个方向向社会成员施加而来。列斐伏尔所描述的社会是努力掩盖现实中公开的各种冲突的社会，它只采用一种与冲突相脱离的话语和态度，掩盖冲突的同时也遮蔽了冲突背后所隐含的差异的丰富性，这样的社会缓解甚至消除了对立。

至于文明或文化方面，列斐伏尔认为，古典的崩陷孕育了现代性和现代文明的产生。现代是一个不断从古典文化中剥离而出的时代：在科学领域里，旧式的欧几里得空间和牛顿空间让位于爱因斯坦的相对论；与此同时，在现代绘画领域里，由塞尚所掀起的绘画技术的革命和立体主义所倡导的分析性绘画让可感知的空间与透视法分解；现代音乐则让音调消失，无调性占据上风。① 至于大众文化，工业生产和流水线生产的特征蚕食了文化的精神内核，审美标准化让艺术不再属于创造性活动，统一的、无差别的大众文化内容消解了自古典时期所积累起来的文化遗产，新技术的诞生进一步强化了大众文化自我生成的自律性。

在现代社会里，国家、社会和文化都在瓦解差异的存在，这对人的本质结构的塑造造成了不可消除的影响。列斐伏尔指出，外部的存在条件对人的内在本质的塑造过程是在两个极之间摆动式地展开的。一极是外部条件对人的本质完全没有塑造作用（这一极只有理论上存在的可能性）；另一极是产生了某种无法规避的、压抑性的、单向度的塑造作用，抹杀了差异和多样性。当外部存在条件无论是在量上还是在质上都无限地接近后者时，便形成了外部存在条件作用在人的内在本质的必然性，人内化这种必然性，变成人的本质结构的一部分，从而剥夺了人的可能性。也是在这个阶段里，异化达到了它能够触及的最大值。人在人的必然性中感受到的是一个全面压抑的世界，它并非一种“无根”的生存状态，而是人在外部强大的规定性中找不到除自身的存在状态之外的其他可能，人被组织和规范起来。人的意识在人的必然性占据主导地位的本质结构中面对着两种幻觉：一是现实的冲突与矛盾被完美地化解；二是感受不到强制力，因为自己已经成为强制力的一部分。现代社会里人所遭遇的异化在很大程度上是由人的可能性与必然性受到严重的失衡造成的，因此列斐伏尔所研究并探

① Henri Lefebvre, *Critique of Everyday Life*, *Volume III*, *From Modernity to Modernism*, trans. Gregory Elliott, London and New York: Verso, 2008, p. 46.

讨的异化主要集中在这种异化上。

综上所述，无论是人的确定性、或然性、可能性或必然性，它们都属于人的本质结构中的组成部分，既拥有现实的和具体的实在性，又是抽象逻辑在进行抽象的分析活动之后的结果。纵观列斐伏尔一生的理论建树，他极力反对将事物中的某一个因素奉为决定该事物一切规定性的绝对属性，因为这既是对现实存在的误读，也会导致理论和实践的灾难性后果。因此列斐伏尔反对社会学的“经济主义”、历史学的“历史主义”、自然科学的“唯科学主义”以及哲学中任何阻碍认识现实、与具体实践相互脱离的学说。所以，对人的本质结构的分析不仅仅是停留在抽象范畴内的抽象概念的辨析和游戏，对列斐伏尔而言，它与人的具体生存息息相关。现实的变化是不能够被穷尽的，所有的知识都受到内容和社会形式的局限，在过去如此，在现在亦如此。但是过去和现在并非时间轴线上两个孤立不动的点，在知识的领域里，时间是相互流动的，因此在现在受到局限的知识可以在过去找到突破口，在过去受到限制的知识也会在现在找到答案。与此同时，无论是过去的知识还是现在的知识，它们无疑都汇聚成一股洪流与未来相连接，并涌向未来。

列斐伏尔对人的异化的探索从未中止，他看到人的异化诞生的起点始于人与自然相分离的瞬间，而人能够产生异化的原因隐藏于人的本质结构当中。人的本质既是具体的又是抽象的：人脱离不开外部生存环境、自然、生产性实践与创造性实践，人在与他人和他物的互通往来之中逐渐确立了自身在自然宇宙中的地位和自己独特的属性；同时，人又与其他的存在物不同，人不能被环境彻底地规定，借用萨特的存在主义术语来说，人是“虚无”，他不停地做着抽象的解构与建构的活动，谋求一种存在的平衡。这就是人独有的存在方式，这种存在方式也形成了人独特的本质。异化的产生可以说是人存在的一种必然，因为自然而然的平衡状态是不存在的，无论从“内部”而言还是从“外部”而言，这样的平衡都只能是人在付出努力、做出牺牲、取舍得当之后的心智结果。

第三节　“总体的人”：扬弃异化的历史主体

促使列斐伏尔提出“总体的人”这一概念的原因有二：一是马克思的

“自由人”概念激发了他对其再解读和再发展；二是列斐伏尔在探索扬弃异化这个理论任务上做出了积极的尝试。批判异化现象只是异化理论的一个环节，而异化理论的旨归和最终目的是为深陷异化沼泽之中的人寻找走出异化泥潭的各种可能路径。随着列斐伏尔逐步展开日常生活批判、空间和都市革命的研究与节奏分析研究，他结合相关的研究内容提出了扬弃异化不同的可能性的构想，但是这些具体的构想起初都蕴藏在“总体的人”这一概念当中。可以说，总体的人代表了列斐伏尔尝试扬弃异化的决心，也是随后他提出的扬弃异化的具体路径的总纲领。

关于总体的人，列斐伏尔对其作出过客观的描述：“总体的人是一个超越了现在视野的、遥远的形象而已。他是一个极限、一个观念，并非一个历史事实。”① 在人类现存的已知历史中，每一个历史时期的人都受到当时的社会条件和历史条件的局限与制约，他们保持着既具体又模糊的形象，呈现出独特的生活样态，成为历史画卷中不可或缺的一部分。然而总体的人和他们相比更是一个理智活动的产物，他从无数“具体的人”身上经过思想家的精神实践构造而来，他既符合历史却又超越历史，他是人的自由得到彻底释放、人的本质被完全占有之后的理念形象。

很可惜，在历史中我们找不到任何满足这些条件的具体的人。难道总体的人只能作为一种观念存在于理论当中？如果是这样，这种虚化的人的形象对我们来说是否具有现实的意义？列斐伏尔提醒我们，我们必须要让这个观念具有历史真实性，从历史的角度和社会的角度去思考它。此外，我们也不要天真地认为新人类会突然爆发式地出现在历史当中，具有迄今为止所不具备的各种素质、生命力和洞察力，在劳动中具备谦逊的决心并在创造中充满无限的热情。尽管如此，总体的人依旧是必要的，在列斐伏尔的视域下，总体的人是扬弃异化的历史主体，因此这一概念是否具有充分的理论依据和理论可能性至关重要。

一　“总体的人”的理论依据与理论可能性

在这里，总体的人是一个“绝对”，是理性发展到一定阶段时对人

① Henri Lefebvre, *Critique of Everyday Life*, *Volume I*, *Introduction*, trans. John Moore, London and New York: Verso, 2008, p. 66.

的本质的美好期许，也是对人的完满状态的一个设想。列斐伏尔不认为这样的绝对是无意义的，是哲学家们闲来无事所做的一个白日梦，他指出，知识的辩证法要求我们在绝对和相对之间展开关于历史真实性的思辨和讨论，以便让绝对的概念被赋予真实的实在性。列斐伏尔认为，所有人们在历史上所获得的知识都是约莫的、可翻转的和暂时的，即“相对的”。“然而只有一个‘绝对的’观念才能够给不完全的、被分割的和具有矛盾的知识一个意义。”① 绝对体现在相对之中，反之亦然，这是一条二元路径。

一方面，在人类过往的历史中，在人类寻求知识的欲望中已然包括了绝对真理的端倪，这种绝对真理并不以特定的、明晰的形式或内容出现，但是却隐含在每一门科学、每一类知识、每一种社会实践的脉络里。换句话说，它们都是真理的一部分，都是绝对的不完全的一部分。对绝对的追问促使人类的知识在不断演进的过程的语境里变得清晰，在历史发展的现实空间内，接二连三的矛盾相互遭遇并得到解决，而真理依然能够保持一定程度的不变性。绝对和真理在不同的历史阶段里被冠以不同的名称或内涵：早期社会的初民将自然视为真理的来源，将宇宙看成不动的绝对，任何一种自然现象都可以被视为世界的起源；随着宗教的发展，真理和绝对又被掌握在上帝的手中，上帝取代了自然成为那个不动的永恒实体；自近代开始，自然科学在祛魅理性的主导下化身成唯一的王者，真理只能通过自然科学的手段才能获取，而绝对也越来越具有实证性。人的绝对形象在这三个不同的历史阶段里几经变化，不过却始终保持着很大程度上的共性和不变性。

另一方面，绝对是处于相对之外的：不论相对的知识如何发展，它始终都无法满足绝对的基本要求，即“绝对是这样的一个观念，它是知识的一个完成体，是彻底的实现”②。尽管这种实现是不可能的，但是这意味着知识的完整生产过程，因此人们预设了这种知识的完整生产过程的无限性的一个极限。极限的意义便在于它给予了分散的、相对的、不连贯的、局

① Henri Lefebvre, *Critique of Everyday Life*, *Volume I*, *Introduction*, trans. John Moore, London and New York: Verso, 2008, p. 67.

② Henri Lefebvre, *Critique of Everyday Life*, *Volume I*, *Introduction*, trans. John Moore, London and New York: Verso, 2008, p. 67.

部性的知识和历史事实以一个共同的价值，在这个价值的指导下，人类相对的知识就朝向一条无限靠近绝对的道路前进。因此，辩证地来看，“绝对是相对的无限性的极限，同时绝对当中的一些东西也已经被包含在相对之中”[①]。在所有拥有上限的、带有矛盾的和主观的知识中，存在着“完全客观性”这个因素。只有绝对的观念或想法才能给历史上人们所获得的知识一个合理性。

对于人类自身的种种观念也是如此。自神话时代，人类的先民们就对人类的起源做出过各种各样的解释，同时也对人类最初的本质做出过各种各样的猜想。基督教利用“原罪说”将人类堕落前后的两种本质状态泾渭分明地区分开来。简单来说，凡是在历史中能够观察到的人类本质都不是人类最完满的本质状态，都是残缺的、不足的和尚待改进的。马克思以辩证唯物主义和历史唯物主义为科学的理论武器对未来的共产主义社会的“自由人”展开过理论构想，即以一种全面的方式占有自己全面的本质的人。列斐伏尔发展了马克思的理论构想，将这类自由人称为“总体的人”。人类的先进和进步只有从总体的人这个观念中才能获得其合理性：历史中每一个瞬间、每一个已经完成了的阶段都构成一个整体，每一个人类不完全的活动、每一种从实践中所获取的力量亦是如此，每一个历史时刻都包含着人类现实的支脉，这一现实会在发展的连续过程中变得越来越清晰。如果不存在绝对的观念就会陷入相对主义，所以如果不存在总体的人的观念，那么人本主义和任何一个关于人的理论都会倒退成为没有条理的多元主义。因此，总体的人是历史发展的无限性的极限，它本身预示着人类历史的终结，与此同时也指明了一个构建人类本质规定性的方向。

二 “总体的人”的基本规定性

从列斐伏尔的论述中我们可以得知，总体的人是最终消除了异化的人，他既是主体也是客体，既是活动的实施者又是活动结果的承担者。相比之下，异化的人却无法在主体和客体之间自如地转换。异化的人在大多数情况下只能充当客体，是内在必然性和外在实在性的客体，是集体和国

---

① Henri Lefebvre, *Critique of Everyday Life*, *Volume I*, *Introduction*, trans. John Moore, London and New York: Verso, 2008, p. 67.

家的客体，是生产力和生产关系的客体。异化的人只有在实行动物性的功能时（吃、喝、生育）才会做回主体。异化的人是人类的社会历史现实，是人类本质规定性的一面镜子，通过对普遍异化的分析人们才有可能进一步靠近自由和完满的人类形象。因此，列斐伏尔认为，异化不是一种固定不变的实在，而是一种现象，一种情景。它由人的本质中不可化约的和不可调和的矛盾构成，它不断涌现，然后被扬弃，人的本质就进一步被塑造，随后再产生新的异化。

如此一来，如何正确理解列斐伏尔的“总体的人”的概念又回归到我们最初的出发点上，即异化是如何产生的问题，也只有对照这个问题，“总体的人”的形象才能变得清晰可见。列斐伏尔对人的异化产生的根源做出了简单的解释：“人的活动逐渐地统治着自然界，但是，当这种活动转而反对人的自身时，就有了外部的性质，并把人类引入社会决定论之中，使人类蒙受了极大的不幸。”① 异化最大的危害就是它造成了人类丧失自由、人与自然的分离并永远地被整合在社会结构之中，成为了失去创造力和可能性的可悲存在。列斐伏尔指出，这是人类形成过程的必经之路，是“阵痛期”，人性本来是不存在的，但是人类却已经存在了。人类的活动实践不只改造外部世界，也是对自身的改造：“每个矛盾所引出的问题都需要得到解决，都趋于得到解决，都决定着解决问题的活动，并把人性的现状提到一个新的程度。一个矛盾解决了，人就朝这种本质进了一步，矛盾就好象是历史和戏剧性运动的内在动力。人性就被创造（生产）和发现了。发现和创造混合在一起了。”② 所以，列斐伏尔客观地承认矛盾所呈现出的、对人性形成而言具有积极性的塑造作用，而异化就是普遍矛盾在辩证运动中的综合性体现。只有透过异化，只有了解异化的人，作为一个绝对观念的总体的人才可能具备历史的真实性，人们才能在具体的社会历史理论中讨论它、描绘它、规定它，才有可能让这个原本抽象的观念在未来的某一时刻转化成为现实。

关于总体的人的基本内涵可以从以下几个方面来理解：

---

① 复旦大学哲学系现代西方哲学研究室编译：《西方学者论〈一八四四年经济学—哲学手稿〉》，复旦大学出版社 1983 年版，第 188 页。

② 复旦大学哲学系现代西方哲学研究室编译：《西方学者论〈一八四四年经济学—哲学手稿〉》，复旦大学出版社 1983 年版，第 188—189 页。

第一，异化的人是人与自然相互分离的人，自然既是他的必不可少的活动对象又是他无法摆脱的异己力量；总体的人则是在超越了简单的人与自然二元对立的层面上的一种更高级的统一，总体的人与自然之间是并非互为主体和客体的对立存在。这种统一不是要求人类回到茹毛饮血的原始人生活状态，未从自然中分化出去的人也不是总体的人。列斐伏尔看到总体的人是人与自然的最高统一体，“总体的人就是整个自然界。它包括所有物质的和生命的力量，包括世界的过去和未来”①。而总体的人是必须要在经历了人与自然相互分离的痛苦之后才能够实现的，这种痛苦帮助人类构建自己的本质，是一个必要的过程。“人尚处在生产阵痛阶段，还未诞生，几乎还没有被认为是一种统一体和结果，还只存在于自己的对立物之中并通过自己的对立物而存在，这个对立物就是：人中的非人的东西。”② 在这个视角之下，列斐伏尔不得不认可人类经历的所有磨难和艰难时刻都是人类迈向“总体的人”这个绝对观念的必要条件，也只有在辩证法的帮助下我们才可以正确认识模糊而又纷杂的社会现象，在其中找到一条通往绝对的道路。

第二，异化的人是深陷在片断的、局部的、模棱两可的和变幻莫测的社会历史现实中的人，他受到物质决定论和社会决定论的影响，将人性视为某种僵化的、教条的、固定不变的而又唾手可得的东西；总体的人虽然也身处具体的时空，但是他是超越了社会历史维度的人，历史的过往在他的身上以一种有机综合的形式呈现出来，并且在他的身上还能看到历史的未来，历史的局限性对他而言也不复存在。总体的人是终结了异化的人，在具体的社会历史条件下展开异化概念我们会发现，异化的本质可以被规定成“现存的社会历史矛盾在尚未得到解决时所产生的压抑和不满足”，这种压抑和不满足对人性的建构造成了具有破坏性的影响，让人的本质始终处于四处飘零的状态。而总体的人就是要让这样的历史画上句号，“人类异化的结束将使‘人恢复到人’，即所有人类因素的统一”③。由总体的

① 复旦大学哲学系现代西方哲学研究室编译：《西方学者论〈一八四四年经济学—哲学手稿〉》，复旦大学出版社 1983 年版，第 188 页。

② 复旦大学哲学系现代西方哲学研究室编译：《西方学者论〈一八四四年经济学—哲学手稿〉》，复旦大学出版社 1983 年版，第 191 页。

③ 复旦大学哲学系现代西方哲学研究室编译：《西方学者论〈一八四四年经济学—哲学手稿〉》，复旦大学出版社 1983 年版，第 198 页。

人组建而成的联合体就是马克思所提出的“自由人的联合体”，这样的联合体将会结束一段历史，与此同时也会开启一段崭新的时期：“人类集体的这种结构将不会使历史终结，而只是终结人类的‘史前史’，终结处理得不好的兽性的‘自然历史’。这种结构开创了真正的人类时期。掌握了自己命运的人最终还将试图解决纯属人类自己的问题：即幸福问题、知识问题、爱情问题和死亡问题。”① 在总体的人身上，我们将会找不到传统形而上学长久以来争论不休的主体与客体的对立。与其说总体的人消除了这种二元对立，倒不如说他在面对分散的和异己的客体时成为能够克服这种分散性和异己性的主体；在作为一个得到充分而完全的发展的主体时依然不会被片面的和局部的实践活动囚禁在碎片化的客体世界里，同时还能积极地成为实践结果的客体。

第三，异化的人持有的是不完全的人的本质，特别是在资本主义社会制度之下，人的普遍异化达到了历史的最高峰。无论是知识、制度、体制、意识形态还是精神文化，都被整合在碎片化的框架结构之内，它们反作用在人的塑造过程上。总体的人是秉持着自由自觉的意识为了谋求自身完全发展的人，“总体的人是自由集体中自由的个人。它是在差别无穷的各种可能的个性中充分发展的个性”②。总体的人不会甘心受制于由普遍异化所带来的社会规训，尤其是在资本主义社会里，普遍异化是社会机构有组织、有规划、有意识地造成的社会现象，总体的人必然会对这样的社会奋起反抗。不过列斐伏尔也指出，总体的人在现实的社会历史空间内要经历一段极其漫长的岁月之后才会出现，正如全部的异化想要被扬弃也并非一朝一夕的工作和任务。长久以来，西方思想界流传着一种对异化的错误认识，那就是很多学者认为异化单单是资本主义社会独有的现象，它伴随着资本主义社会制度的出现而诞生，也必将会随着资本主义社会的衰落而消亡。列斐伏尔对此持反对意见，因为马克思从来没有将异化的消亡和资本主义社会的消失视为等量等质的一体两面，资本主义是人类社会发展的必经阶段，而异化也是在资本主义社会里被普遍化进而达到最大值，除此

---

① 复旦大学哲学系现代西方哲学研究室编译：《西方学者论〈一八四四年经济学—哲学手稿〉》，复旦大学出版社 1983 年版，第 198 页。

② 复旦大学哲学系现代西方哲学研究室编译：《西方学者论〈一八四四年经济学—哲学手稿〉》，复旦大学出版社 1983 年版，第 199 页。

之外二者没有“一荣俱荣，一损俱损”的必然关系。马克思只是预想了一段非确定长度的历史时期，暗示在这个历史时期里需要去解决大量的问题和矛盾，并且这个时期将会占据一大段时间。因此，作为个性得到充分发展的总体的人目前还只能存在于理论家们的理论构想里，而无疑总体的人代表着异化的终结；与异化形成此消彼长的关系的并不是资本主义，而是“总体的人”这个尚需时日才能转化成为历史现实的人的形象。

建构总体的人这个概念是列斐伏尔为了扬弃异化所做出的理论尝试，基于马克思的“自由人”概念，列斐伏尔进一步丰富了总体的人的内涵。诚然，总体的人只是一个抽象的理论概念，再丰富的内涵也无法让这个概念避免被人指出过分理想化和乌托邦化的诟病。尽管它是一个绝对化的概念，列斐伏尔也为其合理性进行了有力的辩护。不过我们还是要承认，列斐伏尔并没有提出具体的规划和流程来有步骤地实现总体的人，依然把总体的人的实现交给历史自律性。在这一点上，列斐伏尔没有突破马克思既有的思想框架，只停留在“注释”马克思的自由人概念的阶段。造成这个结果的原因是：总体的人是列斐伏尔早期的理论成果，处在这个时期的他正在为马克思的原著和原教旨思想做着努力的辩护和阐释，以便对抗苏联教条的正统马克思主义思想，所以尚未形成具有自己鲜明特点的革命性理论计划。

然而，总体的人也为列斐伏尔全部的异化理论搭建了有效的平台，随着列斐伏尔不断完善自己的异化批判，更多的扬弃异化的理论设想在这之后由列斐伏尔提出，并且具有非常广泛的现实意义。因此，构建“总体的人”这一概念的相关理论内容便具有了提纲挈领的意义：一方面，列斐伏尔借此概念正式对异化现象宣战，把终结异化视为自身最为重要的理论旨趣之一；另一方面，这一概念同样呼应了马克思的人道主义精神。异化理论自马克思起始便是马克思主义思想的重要组成部分，其中所体现出来的人道主义精神与人文主义关怀是异化理论的核心价值维度。列斐伏尔通过“总体的人”这一概念强调他的异化理论的落脚点，那就是异化理论是为实现解放人类共同体这一最高理论目的服务的。从这个角度而言，列斐伏尔异化理论继承了马克思的人道主义。

第四节　全面的异化：发达资本主义社会的病理诊断

列斐伏尔的异化理论既有别于马克思的异化理论和西方马克思主义其他思想家对异化的见解与把握，同时又保持了与这些思想家在异化问题上的同源性和一致性，属于同一思想流派的理论分支。简单来说，列斐伏尔看到发达资本主义社会的异化程度已经远远超出了之前的理论家们所做出的分析和预测，此时的社会性异化需要重新被审视和定义。所以，列斐伏尔提出“全面的异化”观点来描述现历史阶段的异化现象，同时提出关于异化的五种观点来进一步解释全面异化的规定性。列斐伏尔如同一位医生一样，对现代西方社会和发达的资本主义社会做出“全面的异化”这个诊断，是为了给进一步展开现代资本主义社会的异化批判打下理论基础。

一　何为“全面的异化”

在列斐伏尔眼中，异化不是资本主义社会特有的社会现象，只不过在发达资本主义社会制度之下，异化被前所未有地放大，异化的破坏作用和塑造作用在此时达到峰值而不能不被思想家们所关注。此外，马克思指出的商品拜物教是资本主义社会异化诸多现象中最为显著的一种，它是西方发达工业社会的显在的症结所在，与其他的异化形式有着直接的或间接的联系，是所有其他异化类型的原型。不过列斐伏尔同样看到，在经济世界之外，异化从未消失过，它的类型多种多样。“实际上，存在着很多种异化，它们也有很多种形式。”① 以劳动和生产活动为基础的经济异化在列斐伏尔看来是资本主义异化的基本形式，终结经济异化在列斐伏尔看来是远远不够的。列斐伏尔要求扬弃异化不能仅仅着眼于经济领域，在微观权力的理论视域之下，异化更主要地体现为围绕着众多微观权力而展开的实践运动的具体处境，它是动态而复杂的，与其他的社会因素一样，异化也存在着生成、发展、变异、跃迁、融合、分解与消亡的运动过程。

---

① Henri Lefebvre, *Critique of Everyday Life*, *Volume II*, *Foundations for a Sociology of the Everyday*, trans. John Moore, London and New York: Verso, 2008, p. 206.

列斐伏尔所指认和理解的异化的最大不同之处在于，异化是“全面的异化”。尤其是在现代资本主义社会里，这种全面的异化更表现为是现代性在现代理性的支配和宰制之下所产生的文化后果，它包括了一系列异化的新发展和新变化，也包括了这些异化的新生事物对现代人的生存境况所产生的进一步的破坏和恶化。可以说，全面的异化是发达资本主义社会的真正危机，这也是列斐伏尔为发达资本主义社会开出的病理诊断。

如何理解“全面的异化”？显而易见，全面的异化绝不止于对其异化在社会范畴内的程度上的描述及异化表现的再解读。列斐伏尔指出，异化需要应用在社会科学内，特别是日常生活批判的研究当中，我们要在这些研究领域内确立异化的本质规定性，让异化从僵硬而抽象的理论维度中再度复活，揭示现代人所面临的存在困境，使异化理论真正成为透视发达工业社会和现代社会之病症所在的有力武器。

“全面的异化”主要体现在以下几个方面：

第一，就发达资本主义社会异化的深度而言，异化已经成为全社会亟待进行重新反思和做出应对的社会性问题，西方资本主义社会受异化荼毒之“深”，主要具有以下三点表现：

首先，在专业的领域内，异化已经不再是某种特殊职业内的特有现象，而是伴随着专业的教育和培训深入到各个专业领域内部，成为一种普遍的社会现象。这种异化加深了不同专业之间的知识壁垒，由此便导致了职业的分工成为不可回避的现实，人的劳动活动进一步被肢解，进而加深了现代人的工具化程度。

其次，在现代人的日常生活境遇内，异化深入到个人和集体的生活方式、人与人之间的交往形式和构成日常生活的意识形态的诸多要素当中。以消费为例，现代的消费主义为我们展现了异化在日常生活中所施加的影响和威力。消费在现代资本主义社会里从“生产—分配—消费”的产品生产过程中脱离出来并取代了生产的地位，变成产品生产过程的核心环节和最终目的，由此以消费为中心所形成的消费主义文化便渗透到日常生活的各个方面中来。人的生活方式受到消费主导，现代人逐渐从“生产人”向“消费人”过渡；人与人的交往形式更多地建立在由金钱和消费为尺度的交往关系之上；消费主义成为日常生活的众多意识形态的一种，它按照自身的逻辑组织现代人的日常生活。除了消费，现代人的日常生活境遇内还存在着大量的异化形式，这些异化形式共同加深了现代人的异化程度，变成一种难以挽回的社会局面。

最后，在现代化的进程中，发达资本主义社会向世界范围内输出的不只是由理性主义所主导的科学技术、社会组织模式和价值体系，还有伴随着现代化进程所不可避免的异化形式。这样的异化形式加深了世界范围内的“全面的异化”的深度，原因在于它和科学技术、社会组织模式和价值体系相互配合，让全面的异化更加难以被扬弃和终结，因为它已经和现行的国家政治经济模式融为一体。这种延展到国家社会脉络层面的异化是全面的异化所能触及的最为深入的程度。

第二，就发达资本主义社会异化的广度而言，异化已经突破了传统的异化理论所圈定的异化存在场域，拓展了更加广泛的存在空间。西方资本主义社会所受的异化荼毒之“广”，主要体现为以下三点：

首先，是范围之广。在现代资本主义社会里，异化早已经突破了经济领域，将商品异化或经济异化看作异化的本质内涵与属性已经不再适用于当今世界。正如列斐伏尔所言，当今资本主义社会面临的是多重异化的严峻形势，而这种多重异化的基础便是广泛的异化存在场域。马克思指认经济异化的危害，同时也暗示了异化现象的一种潜在扩张的可能性，而事实是异化已经从经济领域扩展到其他的社会领域内。经济不是异化唯一栖息的地方，政治、文化、国家、技术、身体、空间、日常生活等领域均遭到异化的染指。从空间上来说，异化走出车间和工厂，通过新科技等手段渗透到社会中的每一个角落里；从时间上来说，异化具有顽固的延续性，它不会因为某个重大的历史时刻而停止，相反会进入下一个历史阶段继续存在。

其次，是受众之广。按照马克思的异化理论来看，最受异化影响和毒害的是工人阶级，因为资产阶级对工人阶级的剥削，工人阶级被剥夺了自己的本质，从而沦为了工具化的存在。所以在马克思看来，异化的受众主要是工人阶级，需要打碎异化枷锁的是工人阶级，因而也最具备革命精神。但是在20世纪的现代资本主义社会里，异化的受众已经不再只局限于工人阶级范围内，异化所施加的对象也不再按照以经济基础为标准的阶级来划分，全社会的人都难逃异化的掌控。导致这种局面出现的主要原因在于资本主义社会组织并开展社会性活动的方式发生根本性的变化，那就是从先前依靠一个阶级对另一个阶级的剥削和奴役转变成对全社会的成员的剥削与奴役。在这样的过程中，无人能够幸免被异化。

最后，是手段之广。资本主义社会的各种异化形式并非天然地存在于人的本质结构当中，它们是外在条件与环境强行施加给现代人的。因此，现代资本主义社会的异化形式需要切实的实现手段。新科学技术充当了实现异化形式的先锋，技术对现代社会的改造远远超出了理论学家们的预期，它不仅改变了现代人的生活，也改变了现代人本身。技术所构建的社会性规范手段将人牢牢地囚禁在异化的牢笼之内。除了技术手段，社会的组织模式也保证了异化的延续和稳定。自韦伯和马克思以降，西方的理论家已经注意到资本主义社会强大的整合能力和塑造能力，人被有秩序、有组织、有纪律地整合在一起，按照一定的社会运作规则生活和工作。人在资本主义社会整合的过程中，必然要面对被剥夺自身本质的境遇，如此一来，异化得以保存。现代的经济运作方式同样是实现异化的手段之一：在商品经济领域里，虚假的和被营造出来的需求取代了对商品的真实需求，由此导致了消费主义的甚嚣尘上，经济异化没有得到扬弃，反而进一步加深。除了以上三种手段，实现异化的其他手段依然存在，并在现代资本主义社会里相互配合。

在充分了解“全面的异化”的内涵之后，列斐伏尔提出了关于现代资本主义社会异化的五种观点，以便更好地透视并分析现代世界的异化现象，为后来具体的异化研究做好准备。

二　列斐伏尔关于异化的五种观点

“全面的异化”与关于异化的五种观点是列斐伏尔对现代资本主义社会异化的总体认识，是其异化理论和现代资本主义社会批判理论的总纲领。这五种观点深化并丰富了马克思对异化所作出的规定性，也将异化理论的应用推进至更加深刻的社会科学的内涵之中。

列斐伏尔关于异化的五种观点如下：

观点一，列斐伏尔要求彻底地把异化概念特殊化、历史化和相对化，简言之，“异化只有在一个（社会的）可参考的框架之内才能是可以想象的，同时在与一个既是现实的又是概念的整体相关的时候才能是可以想象的”[①]。异化必须要还原在具体的社会历史现实中才能被人们所察觉、所领悟、所感知，因为异化是关于具体运动的一种现实处境，绝对静态的异化是不存在的，它一定是与现实息息相关的。“绝对的异化和绝对的去异化是同样不可想象的。真正的异化可以就一个可能的去异化而言被人们所思考和决定。相反，去异化也只有就一个彻底的异化或其他可能的异化而言被人们所思考和决定。异化不是一个‘状态’。”[②] 凡是脱离具体的社会历史语境的异化分析在列斐伏尔看来都是不值得信靠的。

观点二，现实的异化概念既然是相对的，那么它就是辩证的，列斐伏尔指出一个永久的辩证运动，即“异化—去异化—新的异化”。[③] 所以，对事物进行去异化的活动可能会导致一种更大的异化。譬如：个人融入集体的时候成为集体的一部分，这会让一个人从孤独中“去异化”，但是也不排除个人会遭遇来自集体的异化；一项特殊的技术或许可以将人们从自然劳动当中解放出来，然而该技术却能够引发更深层次的技术异化，其所带来的破坏性甚至远超过被它所扬弃的异化。这样的例子在我们的现实生活里屡见不鲜。列斐伏尔看到异化从产生到扬弃再到产生的运动过程，异化与去异化是这个运动的两个极，而去异化并不是终点，去异化之后可能引起的异化亦会成为下一个斗争的对象与目标。列斐伏尔所指认的异化的辩证运动最大的贡献在于它提醒人们：异化不是某一个特殊历史时期的或者某一个特殊社会形态的独有现象，它是拥有普遍性的社会现象，也是真实的社会历史空间中的现实存在。在这种意义上，列斐伏尔又使异化获得了某种超越具体的社会历史条件的本质属性。

观点三，异化的另一个危害性的表现是当异化处于无意识或者尚未被人们所发觉的时候，异化的破坏性最大，列斐伏尔认为这是异化的最坏情况。凡是已经被人们所察觉的异化形式都不是最严重的，因为它们构成了人们所

---

① Henri Lefebvre, *Critique of Everyday Life*, *Volume II*, *Foundations for a Sociology of the Everyday*, trans. John Moore, London and New York: Verso, 2008, p. 207.

② Henri Lefebvre, *Critique of Everyday Life*, *Volume II*, *Foundations for a Sociology of the Everyday*, trans. John Moore, London and New York: Verso, 2008, p. 207.

③ Henri Lefebvre, *Critique of Everyday Life*, *Volume II*, *Foundations for a Sociology of the Everyday*, trans. John Moore, London and New York: Verso, 2008, p. 207.

反抗的目标，尽管去异化的过程有的时候很漫长，但是意识到一种异化就是去异化的开端。然而，列斐伏尔同样认为，去异化也可能变成一种更深层次的异化，因为当去异化失败之后，被剥夺的状态和挫败就会固定在意识当中，因此终结一种异化的选择能够制造其他的残缺和一种不同的异化。[①]

观点四，异化的表现形式多种多样，列斐伏尔认为“活动的物化（当活动和意识变成了‘物’，并允许自己被其他的‘物’所掌控的时候）是异化的极端情况”，而这种情况构成了一个极端和异化的底线。[②] 面对无穷复杂的异化，列斐伏尔提出一个要求，即我们需要找到一个能够让我们在所有复杂性里定位自己的标准，以及可以让我们给异化和去异化、异化的生成过程的精准瞬间，或者情景的基本特点和特点发展的方式作出一个客观定义的标准，而这个标准只能在辩证运动中被我们找到。在运动中感知异化，在运动中定位异化，是列斐伏尔对异化的独特理解。他指出，“最坏的异化、绝对的异化就是当运动受阻并被带到了终止状态里的时候。目前来看，运动走向终止似乎是令人感到着迷的，就像一个对提出的问题的决定性解决办法，像一种至高满足的状态。这就是物化，即一个极端的情况和一个被明确规定了的‘状态’，如何定义并且隐藏了所有的异化”[③]。由此可见，异化是辩证运动中的一个断裂，这个断裂是如此的彻底以至于在某种程度上它以静止的姿态取代了动态的运动。

列斐伏尔以“女性的异化”为例，展示了“物化”是如何掩盖真实的运动与矛盾而营造出一个虚假的表象的。女性面对着最难以扬弃的异化，原因是传统的性别二元结构将女性自古以来放置在一个不利的“他者”地位上，同时遭受着来自外部与内部的双重压抑。女性的异化阻止她们自我实现，让她们屈从于其他主体并贬低她们，将她们从真实的自我中撕扯下来并将她们分割成相互仇视的个体，在这样的境遇下，女性从来没有团结成为一个整体去对抗来自世界的压抑。列斐伏尔认为，阻碍女性在成为主

---

① Henri Lefebvre, *Critique of Everyday Life*, *Volume II*, *Foundations for a Sociology of the Everyday*, trans. John Moore, London and New York: Verso, 2008, p. 208.

② Henri Lefebvre, *Critique of Everyday Life*, *Volume II*, *Foundations for a Sociology of the Everyday*, trans. John Moore, London and New York: Verso, 2008, p. 208.

③ Henri Lefebvre, *Critique of Everyday Life*, *Volume II*, *Foundations for a Sociology of the Everyday*, trans. John Moore, London and New York: Verso, 2008, p. 209.

体的辩证运动中自我实现的根本原因是关于女性物化的意识，即规定女性在各种社会关系和社会处境中应该具有的举止和品行的意识形态，以及关于这种意识形态的种种确定性和规范。因此，活动的物化其本质即为活动的停滞和中止，由活动的中止而导致的各种意识形态便为物化的真实写照。而在现代世界里，物化的意识形态更多地表现在微观权力的物化现象之上。

观点五，列斐伏尔指认在异化中还包含了关于“他者”和“他性”的辩证关系，并且要求对这两个不同的概念进行明确的区分。列斐伏尔在这个观点里触碰到了讨论异化产生的根本原因的问题。在列斐伏尔看来，异化产生的根本原因即为人的自我意识在与非人的世界和他物发生碰撞和相遇时所形成的二元对立的存在结构，同时人作为拥有自我意识的主体在这样的处境之下为了能够意识到自己是什么而付出的种种努力，这些努力最终要么让他物成为他者，要么让我们成为他者。不难看出，列斐伏尔的这个观点带有强烈的黑格尔式哲学的色彩，它以自我意识的活动作为前提讨论自我意识是如何确认自己的存在的。“那就是按照、依据并且通过非自身的存在、他性和作用在他性之上的行动、与他性的遭遇、需要、被剥夺了的状态、欲望、面对外在物质的工作、作品以及可能的事物，由此人才能意识到自己是什么。”①

他性对人类认知的基础性作用是毋庸置疑的，如果没有对他性的意识，每一个意识都将会停止并受到阻碍。然而在这样的意识活动过程里，自我意识不是绝对安全的，因为它随时面临着被他物所俘获的风险，此时他性不仅是自我意识确认自身的基础，更是将自我意识推入不确定性的深渊之中。列斐伏尔指出，他性是没有边界的，甚至在“我”的身上也存在着他性，即“作为主体的我”和“作为对象的我”②，而且也正是他性让我们察觉到了脱离自我的分裂和来自他者的对自我意识的压迫。列斐伏尔的这一番论述实际上回归到西方哲学最古老的一个问题，即存在的本体论问题。从这个意义上来说，列斐伏尔将异化概念形而上学化，并且在这个

① Henri Lefebvre, *Critique of Everyday Life*, *Volume II*, *Foundations for a Sociology of the Everyday*, trans. John Moore, London and New York: Verso, 2008, p. 214.

② Henri Lefebvre, *Critique of Everyday Life*, *Volume II*, *Foundations for a Sociology of the Everyday*, trans. John Moore, London and New York: Verso, 2008, p. 215.

意义上，异化获得了终极的合法性地位。

列斐伏尔的关于异化的五种观点是他对经典马克思异化理论的继承和推进，他既是在特定的社会历史条件之下即现代资本主义社会具体地、自觉地、有完善的分析方法地对特殊的异化进行批判，同时也在超越了特定的社会历史条件的维度中为异化的合法性进行思辨式的辩护。异化的辩证过程是永动的，是人类前进的源源动力，每一个被扬弃的异化形式都会转向一种新的更加深刻的异化。传统的思想家将异化视为洪水猛兽一般避之不及，表现出相对消极的理论价值取向。然而列斐伏尔却给出了不同的态度，他认为异化固然对人的存在结构造成一定程度的破坏，但是异化也是人在认识世界和改造世界时的必然现象。如何客观而科学地看待人类的异化是列斐伏尔为人们提出的理论问题，他也表达了自己对该问题的态度：异化是遮蔽在现实的本真之上的一层纱，透过这层纱我们无法确凿地看清现实的本来面目；但是也正是异化的存在使我们有机会更进一步地了解现实，因为异化正如现实的镜像一般，是颠倒的现实，是错位的现实，从这个角度上来说，异化对我们有意义。

如前文所述，“全面的异化”思想和关于异化的五种观点之间的关系体现为：

首先，二者的理论中心和理论对象都是“现代”。现代资本主义社会是列斐伏尔全部问题意识和理论兴趣的终极场域，他对异化问题和其他社会现象的理论思考均和现代有关。现代之于列斐伏尔而言不只是一个历史性的概念、一种社会组织模式或一种时代精神，它是二三百年以来每一个具体的人和具体的群体得以存在于世上的具体存在方式，是渗透在上至国家机构和组织形式，下至重复琐碎的日常生活之中的内在机理。将异化理论置于现代性批判之下体现了列斐伏尔敏锐的理论意识和其作为一名知识分子的人道主义关怀。

其次，“全面的异化”和关于异化的五种观点无论是在其理论深度或是广度上都体现出不同于往日的异化而面向更加细致和广泛的异化分析，其中以日常生活为典型代表。列斐伏尔所关注的异化现象更多是那些人侵到现代人的生活方式中的众多微观权力领域：消费社会、科层制、工作与休闲、社会化假想、抽象空间、社会语义场等。这些产生现代社会多重异化形式的场域都与深入人们的日常生活的微观权力休戚相关。

本小节以“全面的异化”为切入点，综合论述了列斐伏尔本人对异化（特别是发达资本主义社会的异化）的基本观点，阐发了以下几点核心内容：一是异化无论是在深度上还是在广度上都要更加难以被扬弃，而且其影响之深远需要人们重新思考异化在现代社会中的地位；二是对异化的研究不能脱离具体的社会历史现实，虽然以南斯拉夫实践派的思想家为代表的东欧新马克思主义思想家们更倾向于在学理层面上思考异化，但是列斐伏尔认为对异化的研究只有在社会现实中才具有意义；三是异化不会以某个特定的历史时期为终点而消失，也不会因为某个特殊的社会类型的建立而消失，整个人类的历史就是“异化—去异化—再异化”的历史，列斐伏尔要求人们认识到异化的真实运动。

第三章

20世纪人类社会现实深刻变化对列斐伏尔异化理论的影响

西方发达资本主义社会进入20世纪以来，有两大社会变化是必须要考虑在其中的：首先，始于近代、发展于19世纪并在20世纪达到高峰的现代化进程是这个时代所有哲学家和思想家都无法回避的社会深刻变化，现代性以前所未有的强大整合力与影响力席卷全球，并在人文科学的所有研究领域留下不可磨灭的痕迹；其次，操纵社会的权力类型也于20世纪发生了巨大变化，那就是这种操控社会并塑造社会的权力类型从传统的、宏观的、单向度的、显性的权力转向了多重的、多维的、微观的、弥散化的、隐性的权力，这种新的权力类型在新世纪里对西方发达资本主义国家产生了强大的塑型作用，并且使得一种“新的”社会历史理论视域即微观的社会历史理论呼之欲出。①

---

① 国内目前对“微观的社会历史理论”即“微观政治哲学”的基本方法论和基本思想路径阐述得较为完善的是衣俊卿教授，他在其著作《现代性的维度》（黑龙江大学出版社、中央编译出版社2011年版）的总序里提出“自觉地开启社会历史理论的微观视域”的口号，吹响国内西方微观政治哲学系统研究的号角。衣教授表示，对微观的社会历史理论的研究并非去发现和挖掘某种前人从未涉及的社会历史领域，也不是创造一门全新的学科来统摄人类社会历史众多现象中可以被划分到微观领域中的那些内容，而是开启一个新的视野来重新分析并批判那些被传统的宏观社会历史理论所忽视的各个角落，以弥补传统的宏观社会历史理论在应用到现代的社会实践中所产生的不足之处。其实对人类社会历史的微观层面的探究和分析自古就有，只是和“宏大叙事”的宏观理论相比尚处于不自觉的研究状态中，也并未形成显性的研究气候；另外，在不同文明时代、不同的历史条件下，微观权力的形态和作用都有很大的差异。微观权力在以自然经济为基础的传统社会里以血缘、氏族、婚姻、家庭、风俗习惯、社会惯例、礼俗乡约等形式发展成为自发的规范体系。然而到了以大机器生产为核心的工业社会时代，宏观的、中心化的、集中化的国家权力和社会权力取代了传统自然经济社会的微观权力，形成了新型的微观权力。在这种条件下，以往依靠人类学的乡野调查的微观权力研究就难以适用于现代发达资本主义社会的微观权力研究，而这种崭新的微观政治哲学视域会对宏观的社会历史理论视域造成冲击，不过也势必会弥补它所导向的理论局限性。微观的社会历史理论的构建是摆在当代所有人文学科面前的共同话题，伴随着20世纪初开始的、发生在西方的“向生活世界和日常生活回归”的人文科学的总体转向，微观的社会历史理论视域也将成为深度解读现代世界的基本认识论和方法论。

列斐伏尔注意到了这两大人类社会的深刻变化，这两大变化均对他的异化理论和发达资本主义社会批判理论产生了深远影响。在研究列斐伏尔是如何对发达资本主义社会展开具体的异化批判之前，我们要了解现代性和微观权力转向对列斐伏尔异化理论的重要性。

第一节　现代性：现代理性文明的必然结果

现代性是一个挥之不去的幽灵，在过去的一百年里，它在人文科学的理论研究中以绝对的优势成为出现频率最高的术语之一。人们讨论现代性，分析现代性。有的思想家对现代性赞赏有加，认可现代性于近两三百年里所收获的成就，承认现代性在物质文明、道德规范和价值形成等方面所承担和扮演的不可或缺的角色，并给予积极肯定的评价；有的思想家则对现代性所造成的破坏性后果进行发难，指认现代性对传统和古典的抛弃与反叛，同时指责现代性以技术统治和官僚制度为手段对人的生存状况和生存结构造成了深刻而严重的危机。

不论思想家们持有何种不同的理论观点和价值判断，他们均达成了一个普遍的理论共识，那就是现代性作为具体的人类社会历史时期中的一个特殊的历史阶段和深刻的社会变化，它代表着一个巨大的“断裂”。“现代性以前所未有的方式，把我们抛离了所有类型的社会秩序的轨道，从而形成了其生活形态。在外延和内涵两方面，现代性卷入的变革比过往时代的绝大多数变迁特征都更加意义深远。”① 现代性所制造的断裂不仅在社会生活层面上为全体人类提供了在极大程度上有别于过往时代的生活形态，更为理论家们摆出了一道难题：我们该如何分析发生在现代性的大背景之下的各类社会现象，以及我们应该在多大程度上认可现代性的成果并在怎样的标准下去客观地批判现代性的后果？列斐伏尔对现代性进行了辩证而冷静的分析，在西方马克思主义众多学者中，他为现代性理论做出了杰出的贡献。他关注的异化正是处于20世纪西方资本主义社会发生翻天覆地的剧变时期，其异化问题也正是二战前后的西方资本主义社会迎来新的发展阶段的现代性问题。

---

① ［英］安东尼·吉登斯：《现代性的后果》，田禾译，译林出版社2011年版，第4页。

一　现代性的理论界定与基本内涵

我们今天所谈论的现代性主要包括两个方面。第一个方面是由现代性所主导的具体的社会生活，上至包含国家机构、意识形态、道德规范和价值体系的运行模式与组织方式，即公共领域，下至囊括衣食住行、个体发展、人际交往和群体繁衍的日常生活与生活世界，即私人领域。第二个方面是由不同领域和众多学科内的研究者们所阐释的与理解的现代性，也就是理论的现代性，它从理性主义的精神层面出发去反思发生在哲学、社会学、经济学、政治学、文学、历史学、心理学、艺术等非日常领域内的现代性理论成果，并谋求对现代性的客观评价。对于作为第二个方面的理论现代性而言，依然存在着两种不同的现代性。一是以研究西方文明史中的一个阶段为对象的资产阶级的现代性概念，它是自然科学进步、经济全面发展和全球一体化进程不断加速之下的理论产物，以对理性主义和实用主义的崇拜为理论先锋在全世界范围内积极推崇具有必胜主义和绝对肯定性的价值观。二是以文学和艺术为代表的审美现代性，它表现为对资产阶级激进的反对态度，用艺术的形式以反叛和瓦解资产阶级所建立起来的各种框架为己任。① 尽管审美现代性概念与资产阶级的现代性概念势同水火，产生各种激烈碰撞，但是它依然属于理论现代性的一部分。

1. “现代”和“现代性”的历史性概念

不管是在全世界范围内积极推崇自己的价值观的资产阶级现代性，还是产生于先锋派、开端于浪漫派的反资产阶级的审美现代性，它们都标榜某种全新的特征和能够与传统的社会生活、社会文化相互区别的本质属性在自己身上。而这些全新的特征和本质属性在结合了近现代开始流行的进步主义和实证主义的普遍观点之后，现代性所代表的现代世界则同传统社会彻底割裂，并且以胜利者的姿态向世人传递着进步、文明、祛魅、启蒙和人道的形象，确立了它在这个特定的社会历史时期的绝对统治。

然而，要想正确理解现代性的含义，我们就不能忽视以下这个事实，即“现代”这个术语从一开始就是一个表达历史性概念的术语，它的词源

① ［美］马泰·卡林内斯库：《现代性的五副面孔》，顾爱彬、李瑞华译，译林出版社2015年版，第2—3、42—43页。

明确地指向了历史长河当中的某个具体时期，它是用来描述“任何同现时（包括最近的过去和即至的将来）有着明确关系的事物”[①]，它与“古代”相对。由此可见，表示历史时间的“现代”概念和表示与这个历史时间相关的一切实存的“现代性”概念拥有两方面的内涵，即与时间相关的历时性和与时间非相关的共时性。

首先，作为历时性的“现代”和“现代性”概念构成了人类社会历史发展谱系的一部分，表明了它们与传统社会和古典时期之间的继承、发展与超越的紧密关联。其次，作为共时性的“现代”和“现代性”概念具有相对稳定的结构性特点，它们包括经济、政治、文化、道德规约和日常生活等全方面的社会构成要素，是可以分析、理解、阐释、整合的社会性文本，可以与其他不同历史时期的社会进行比较研究。认为现代和现代性是彻底地与传统的基础相决裂的观点是偏激而幼稚的，现代不仅从过往的人类文明成果中大量汲取养分，同时从某个意义上来讲，现代又体现出向传统复归的本质倾向。基阿尼·瓦蒂莫指认在现代身上所呈现出的“历史循环论”的形而上学特征，而这种特征与尼采和海德格尔的观点高度吻合。“现代事实上受到这样一种思想的支配：思想史是一种渐进的‘启蒙’，它经由一种对它自己‘基础’的越来越完整的挪用和再挪用而发展起来。这些‘基础’经常也被理解为‘起源’，因而西方历史上的理论革命和实践革命大多被表述为、宣布为‘复原’、再生、复归。”[②] 卡林内斯库也持有类似的观点，他认为“历史有一个特定的方向，它所表现的不是一个超验的、先定的模式，而是内在的各种力之间必然的相互作用”，“人因而是有意识地参与到未来的创造之中：与时代一致（而不是对抗它），在一个无限动态的世界中充当变化的动因，都得到了很高的回报”。[③]

2. 波德莱尔：从艺术的维度去看待现代性的理论先锋

第一位将现代性概念从线性历史叙述方式的牢笼中解放出来的思想家是波德莱尔。

① ［美］马泰·卡林内斯库：《现代性的五副面孔》，顾爱彬、李瑞华译，译林出版社 2015 年版，第 1 页。

② ［意］基阿尼·瓦蒂莫：《现代性的终结》，杨恒达译，河南大学出版社 2015 年版，第 3 页。

③ ［美］马泰·卡林内斯库：《现代性的五副面孔》，顾爱彬、李瑞华译，译林出版社 2015 年版，第 21 页。

第一，他给予现代性以艺术优先性的时代价值，强调现代对于每一位艺术家来说都是一个全新的时代，弥漫在整个艺术领域的基本主题旋律即为重视想象、推陈出新，以追求崭新的事物为己任，而对新事物的追求一定会在不同程度上造成与传统之间的断裂。正如彼得·盖伊指出的那样，在这个时代里，“不同寻常、标新立异和实验性强的东西显然比那些耳熟能详、司空见惯和按部就班的东西更加魅力无穷”①。

第二，波德莱尔不仅提倡以“新颖性”作为现代艺术扬帆起航的起点，同时他的另一个美学观点就是重新了解、发现并发扬“自然和人类处境中为过去的艺术家所蔑视或不知的东西”②。可以说波德莱尔的这个美学观点不只是在艺术领域中掀起了变革的浪潮，他的这句名言同样可以作为整个现代学术界和思想界的座右铭。整个20世纪西方哲学的几次重要转向和着重探讨的理论焦点都带有“日常性”特征，与曾经占据主流的“非日常性”理论研究大为不同。回归生活世界和日常生活与这样的理论观点和美学观点高度契合，对于列斐伏尔等现代西方哲学家来说，波德莱尔的这句名言可以改成“去发现为过去的哲学家所蔑视或不知的东西”。

第三，波德莱尔视现代性为对抗以永恒性和带有历史决定论倾向的历史观作为基础的古典时间意识的有力武器，他把现代性归结为一种短暂的、转瞬即逝的现象，和永恒相对，但却保留了与永恒的某种神秘关系。就是在这个层面上，波德莱尔提出了关于现代和现代性的时间意识，现代性着眼于某种“当下性”和“即时性”的趋势，在由当下性和即时性所支配并引导的社会历史空间中，对感官的动态把握体现出现代性要求打破因循守旧的、静止不动的而且内在缺乏生命力的、存在于过去的种种屏障，历史洪流的整体性在波德莱尔式的“瞬间”冲刷之下趋向于瓦解。历史统一性不再是绝对的价值，从艺术领域内所产生的各种变革进一步地波及人文科学领域，波德莱尔对现代性概念所作出的各种内涵的补充与发展成为现代性概念研究的经典范式，他将现代性从历史之流中解放出来，但却没有割断现代与人类过往其他时期的有机关系。虽然他的美学理论总体上带

---

① ［美］彼得·盖伊：《现代主义：从波德莱尔到贝克特之后》，骆守怡、杜冬译，译林出版社2017年版，第6页。

② ［美］马泰·卡林内斯库：《现代性的五副面孔》，顾爱彬、李瑞华译，译林出版社2015年版，第48页。

有时间意识的“悖论”色彩，但是波德莱尔看到了美的两面性，也就是看到了人的双重性，他将艺术的一半归于短暂易逝的瞬间，另一半则归于一成不变的永恒。

列斐伏尔同样指出波德莱尔对瞬间和永恒之间的辩证理解，而这样的辩证理解是接近现代性、研究现代性、理解现代性的必经之路。“他（波德莱尔）设想人的双重性是一件大衣，转瞬即逝的和复杂奥妙的存在样式是永恒的反面，是它的衬里。”① 波德莱尔对现代性的阐释极大地丰富了现代性的内涵，成为当之无愧的现代性理论先锋。他着重从艺术和美学的维度出发，以纯粹的即时性和感官知觉作为基础方式来反抗自古典时期以来便受到绝对推崇的理性主义。在他的现代性概念中体现出了一种理论逻辑的悖论。一方面，波德莱尔以极大的热情对抗资产阶级所确立起来的各式传统规范，强调现代的独特性以便与过往的其他人类社会历史加以区别，甚至不惜解构理性主义所构建的历史统一性。另一方面，他又不得不承认“永恒性”在艺术和历史发展中的合法地位，摆脱不掉传统的资产阶级所创造的优秀文明成果对现代艺术所施加的各种影响。波德莱尔大胆的理论尝试固然值得人们称赞，但是这样的理论矛盾却在为现代和现代性进行辩护的各种声音中随处可见。

3. 黑格尔、马克思和韦伯：现代理性、现代国家和资本逻辑的现代性面相

艺术是现代性的发端之一，而以理性主义为代表的社会科学则为现代性呈现出诸多不同而复杂的面相。在世界范围内，优秀的思想家和哲学家均为现代性的概念和理论添砖加瓦，为我们更明晰地理解现代性问题向前推进。

黑格尔无疑是对现代性理论在哲学领域和政治学领域中进行系统阐述的鼻祖，尽管他本人没有使用过“现代性”这个术语，但是他的理论全部都是围绕着现代国家、现代社会和现代政治制度而展开的。黑格尔认为，现代意味着理性时代的彻底到来，是理性主宰世界的时代。随着理性的普及和传播，私人世界受到普遍认可，而私人生活成为现代社会诸多因素当

---

① Henri Lefebvre, *Introduction to Modernity: Twelve Preludes, September 1959 – May 1961*, trans. John Moore, London and New York: Verso, 1995, p. 170.

中必须要获得优先考虑的因素之一，届时更为深刻的社会冲突将会发生，主要是个人利益和国家利益之间的冲突与矛盾。黑格尔指出，解决该问题的关键在于国家而不是市民社会，市民社会从属于国家而不是国家从属于市民生活；国家是道德的整体，也是理性最完满的体现，国家保证秩序的运行，所以国家是决定性的最终权威。现代的国家至上理论产生于黑格尔对现代性的解释，在他的理论框架中，国家是完美运行的机器。它一方面保障了个人的发展与实际利益，实现了主体性的需求；另一方面又催生了现代政治的诞生，这样的国家政治在后来的思想家眼中是造成压抑的根源，国家不但没有发展成为完美运行的国家机器，反而导致了深刻的政治异化。黑格尔的现代性理论显现出现代社会的两种辩证本质：对个人自由的追求和对国家集体的依赖。尽管黑格尔本人认为两者可以合二为一，但是实际上二者之间却存在着难以愈合的断裂和鸿沟。

列斐伏尔批判黑格尔因为对政治异化的视而不见所产生的严重后果，并且指出马克思在对黑格尔的批判中找到了隐藏在现代社会和现代国家表象背后的矛盾本质。[①] 首先，马克思指出黑格尔所谓的国家并非对现代社会的现实本质的准确把握和认知，他认为国家是社会统治阶级的暴力机器，国家的本质实际上代表的是无产阶级和资产阶级之间的无限分裂而并非理性的完满体现，因此在马克思看来，国家只是阶级利益的表现而绝对不会有效地调和矛盾和从根本上解决矛盾。马克思批判黑格尔没有从资本主义的政治经济的运行模式与结构出发来分析现代国家的本质，这造成了巨大的理论谬误和对现代性的错误认识。其次，马克思揭示了与波德莱尔完全不同的关于现代性的一副面孔，它根植在资本逻辑当中，资本逻辑内在固有的矛盾决定了这样的现代国家、现代社会与现代性将会始终处于自我矛盾之中，这样的矛盾是如此的不可调和以至于它必须诉诸强有力的政治手段和国家形态。各种现代性问题层出不穷的原因在于现代的国家形式利用强力的统一手段将本身已经四分五裂的碎片化社会统一在一起，加深并激化了原先固有的社会矛盾。马克思揭露了资本主义国家的内在固有矛盾，他也描绘出关于现代性的多重结构和维度，特别是关于社会矛盾的结

① ［法］亨利·列菲弗尔：《论国家——从黑格尔到斯大林和毛泽东》，李青宜等译，重庆出版社1988年版，第67页。

构。他指认了现代国家和私人生活的不真实性与虚假性，指出异化的关系取代了真实的人的关系的颠倒现实。不过马克思认为，现代性是一个过程，现代也并非一成不变，资本主义国家的矛盾和人类生存的异化都会随着革命的爆发而被解决和扬弃，因此现代性是历史之轮的一段车辙，终将也是会被超越的。

马克斯·韦伯同样对现代性进行了详细的考察并对现代性研究有着独特的理论贡献。他强调西方资本主义社会在这个历史时期中的“理性化”过程，根据理性主义传统而循序渐进构建起来的管理机制和社会官僚机构代替了历史岁月中那个由神殿所主导的“非理性的组织模式”。这本身是一个“祛魅”的过程，是启蒙的胜利，是理性的主导，但是韦伯同样悲观地指出在理性大获全胜并消除了“巫术的思想和实践”之后，价值理性的式微与工具理性的膨胀给这个全新的理性世界蒙上了一层阴影，这种自觉的、自律的和自我生成的理性化过程给现代性提供了永恒批判的主题。“现代生活的理性化，尤其是体现在官僚制组织形式中的理性化，越来越将人们带入了某种‘牢笼’。”① 简而言之，在韦伯看来，现代性和现代社会绝非人类理性的伟大实现和伟大胜利，反而预示了某种无法克服的矛盾和风险。

4. 关于现代性的几个规定性

无论不同的理论家和思想家如何展开并构造自己的现代性理论，无论这些具体的理论之间存在着如何巨大的差异，我们可以肯定的是这些理论都折射出现实的现代社会和现代性的某部分真实的本质和属性，它们既展现了西方理性主义传统在社会组成和文化精神等方面所体现出的强大的塑造作用与影响力，也暴露出了被此前理性主义的必胜主义和乐观主义所遮蔽的某些消极因素和悲观趋势。

综上所述，综合各种现代性的阐释和反思的理论观点，我们得到以下关于现代性的结论：

首先，从理论维度上来看，现代性是西方理性主义在哲学、政治学、历史学、社会学、文化学、艺术等领域的理论产物，理论家们相信它秉承

---

① ［英］安东尼·吉登斯：《资本主义与现代社会理论：对马克思、涂尔干和韦伯著作的分析》，郭忠华、潘华凌译，上海译文出版社 2013 年版，第 233 页。

着自古希腊时代以来发生在西方思想文明中的内在统一性和固有逻辑，将它视为自近代几百年来西方理性所追求的各种理论设想的最终实现，亦是集大成者。在这种对现代性的理论价值判断之下，现代性呈现出绝对积极的肯定性和不可阻挡的扩张势头，由此也引发了层出不穷的理论问题和现实问题。这些问题让众多流派的研究者们形成了两大对立阵营：维护现代性和批判现代性。然而，不论是维护现代性还是批判现代性，现代性绝不是只能囿于文字中的理论问题，它是无数真实具体的事实与现实的有机综合，对现代性的正确理解和把握要求我们必须回归到“现代性的细致的事实判断”，突破普遍的现代性理论，即空泛的、总体性的、过度抽象的和过分宏观的现代性理论。

其次，从社会现实的角度出发，现代性是西方理性化进程的具体结果，它和启蒙运动紧密相连，表现为建立在资本主义经济生产方式和政治传统之上的文化精神与社会生活的组织模式和制度安排，它是一整套社会规范和价值体系的直接体现，它代表了一种关于“现代”这个特定的社会历史时期的态度。社会组织制度的过分强化是现代性最为惹人注意的特点之一，官僚制组织生产各种维护这种现代性所需要的精神产品（意识形态）和人事制度；与此同时，现代性的制度化特征越来越倾向于对微观权力的支配和把控，这些微观权力渗透在现代社会的方方面面而无孔不入，它们共同组成了“现代社会生活”这个庞大的权力体系，形成了这个时代最为特殊的特点与性质。

再次，现代性的本质规定性中包含了自我否定的趋势与倾向性，即“自反性”特征，这种自我否定的趋势与倾向性表现为反统一性、反连续性、反历史主体性、反宏观、倾向于微观的内在本质，与传统思想家们所构想的“现代性与古往今来的思想体系保持高度一致”的理论判断相反，现代性表现出明显的间断性和与过往的历史时期之间的差异性。不得不承认，被视为是理性与启蒙的硕果的现代性具有反理性和反启蒙的本质倾向。造成这种结果的原因大致有二：一方面，由阿多诺和霍克海默所指出的关于理性和启蒙的辩证法给出了很好的解释，即作为心智活动的理性和启蒙自身就包含了走向其反面的可能性，这是隐藏在理性和启蒙隐秘深处的潘多拉之盒。因此作为现代理性和启蒙的成果，现代性也必然会走向反对理性哲学所构建的历史统一性和思想统一性。另一方面，正如福柯所提出的“现代性是一种态度”

那样，现代性的本质内涵绝对不只有经济和政治制度、国家运行模式、全球一体化等宏观层面上的大事件与决策，现代性更是一种文化精神，是一种关于如何思想、如何感觉、如何行动的精神气质。福柯认为这样的文化精神和精神气质从根本上来说即为“哲学反思态度的复活”，是一种“对我们的历史时代的永恒批判”。[①] 它们拒斥某一种一成不变的、拥有绝对连贯性和统一性的理性，因为在“永恒的批判”中并不存在绝对的真理。所以，由理性主义哲学所建立起来的社会历史的统一性和连贯性对于现代性来说已经显得不够充分并暴露出局限性的弊端。

最后，国内学者衣俊卿指出，“现代性是具体的”。现代性虽然在宏观表象层面上具有历史统一性并受到历史规律的支配，但是在现实的历史中现代性“也不是一种中心化的、宏观的、整体性的或总体性的同质的力量结构”，它是“非中心的、弥散的、微观的、内在机理性的异质的存在现象”。[②] 因此，现代性的形成与发展就不可能是某一类单一力量所塑造出来的，也不可能只受到某一种单一规律的统摄与支配。现代性如同庞大复杂的云图一般，尽管从横向和共时的角度来观察它似乎呈现出一种拥有整体性的社会历史表象，但是从纵向和历时的角度对它进行深刻剖析之后我们会发现这个整体性表象的背后是多维度的、多视域的、多层次的、多重路径的和多分支的具体现实。多种历史力量并非整齐划一地凝聚成一股朝着一致的目的和方向前进的洪流，而是这些力量互相角力、纠缠、冲突、交融、模仿、借鉴、消融、整合、重构，它们不断地撕扯着理论理性所构建起来的具有总体性的和受到某种绝对规律支配的美好蓝图，现实的社会历史发展总是表现出多种轨迹互相作用、充满张力和离心力的景象。

综上所述，我们需要对现代性进行细致入微的微观考察来弥补传统理性哲学的宏大叙事理论倾向对人类社会历史展开透视之后所造成的不足和弊端，这是这个新时代对人文科学提出的新要求。

二 列斐伏尔对现代性的理论认知

列斐伏尔的现代性思想集中体现在他的《现代性导论》一书中，该

① ［法］米歇尔·福柯：《什么是启蒙?》，载汪晖、陈燕谷主编《文化与公共性》，生活·读书·新知三联书店 2005 年版，第 430—434 页。

② 衣俊卿：《现代性的维度》，黑龙江大学出版社、中央编译出版社 2011 年版，第 9 页。

书也是列斐伏尔在他的理论生涯中期的时候进行的一次总体性的总结，具有承上启下的作用。西方马克思主义在马克思之后的很长一段时间内陷入了进退两难的困境。一方面，虽然在马克思之后出现了譬如卢卡奇、布洛赫、葛兰西等著名思想家，他们的理论继承了马克思对资本主义的激烈批判精神并且构建了独具自己特色的理论体系，但是这种批判也仅仅是停留在理论层面上的批判，与马克思所提倡的“改造世界”的总体性实践之间依然存在巨大距离，从理论到实践的道路仍然困难重重。另一方面，在马克思之后，马克思主义在面对现代西方思想领域里百花争放的盛况时受到了来自其他思想流派的冲击。存在主义异军突起，存在主义以关怀此在现世中的存在状态为基本的人道主义内涵迅速地在现代西方哲学界站稳脚跟，俘获了大批的信众；科学主义和技术主义在结合了实证主义的诸多理论特征之后继续向世界传递着乐观主义和必胜主义的信念，以科学技术为手段积极地参与到改造世界的活动中来；法西斯主义的出现证明了西方理性主义的彻底失灵，这种孕育了强大而可怕的否定精神和内容的独裁思想为整个欧洲乃至世界投下了阴影，同时引发了人类历史上最大的战争和灾难；后现代主义在波云诡谲的时局之下应运而生，它以解构所有资本主义传统文明成果为己任，但却在解构之后无法有效地重新构建一套有效运作的价值和意义的体系，后现代主义为人们留下了巨大的理论难题。

“解释世界”和“改造世界”是马克思提出的两大理论旨趣和口号，这种理论和实践积极地有机结合的抱负却在他身后走向疲软状态，一时间马克思主义的理论家们找不到一个明确的道路，他们既无法突破原有的、主要由马克思所书写和构建的理论批判框架，又无法结合新时代的诸多本质特征去调整这个理论框架，再进一步去改造世界。就是在这种两难境地中，列斐伏尔将目光转向现代性批判的维度，寻求理论与实践相互结合的突破口，以实现马克思所提出的总体性实践。

1. 一种作为“新生活革命”的现代性

列斐伏尔指出，现代性的神话实际上是一种关于“新生活”的神话，它是将假象和知识结合在一起的表象，同时给予某些特定人群以掌控自己生活的方式。它提供解决他们生活问题的方案并通过强制性的手段强加在他们头上，这样的手段就是“新生活的意识形态”。[①] 在列斐伏尔眼中，现代性所代表的新生活实际上是一个对未来的乌托邦式的美好愿景，也是一种理想化的形象和图式。原因在于它消灭了他者的生活和他性的生活之间的龃龉，也消灭了他者的世界和他性的世界之间的障碍，这样的新生活应当是从内部获取了打破差异性壁垒的力量，并且具有足够的能力重新统摄这些差异性的要素，形成一个内外合一的新世界。这样的新世界和这种新生活应该具有一个同以往的世界最为不同的特征，即异化的彻底终结。“再也没有政治异化和意识形态异化，没有经济异化，当然也不再有宗教异化。”[②] 然而，现代的生活远非如此，异化不但没有被消除反而以无处不渗透的形式让人们无法摆脱，新生活也徒有理想化的标志，它产生出一种意识形态，和其他的异化形式一起强加在个人之上。列斐伏尔的现代性批判并非着眼于宏观的国家制度层面和大写的精神文化层面，他认为现代性是生活的现代性，现代性的本质实际上是一种与此前历史时期的生活相互区别的生活方式和组织生活的各种具体模式。或者换句话说，现代性是一场关于生活的革命。列斐伏尔指出，生活革命的现代性观念始于傅立叶，在马克思那里被发扬光大，获得了充分的理论内涵和分析论证，并现实地带入到改变世界的实践活动当中。因此，列斐伏尔首先对马克思的现代性概念进行了一番考察。

和傅立叶一样，马克思也构想并投射表达了对新生活的设想，他在私人生活和抽象的国家之间建立关系，并指认资产阶级文明与其他历史时期的文明相比具有“极端的分离、断裂和二元性”的特点，“个人与人类并未消失，但不论是什么挡住了他们的去路，都来源于他们自己，那就是他们的另一个自我，他们的替身：他们的异化”[③]。马克思以分析资本主义国家的经济运作模式和规律为前提产生了属于自己的现代性概念。

首先，该现代性概念是一个政治概念，它指向了一种“国家形式”，

---

① Henri Lefebvre, *Introduction to Modernity*: *Twelve Preludes*, *September 1959 – May 1961*, trans. John Moore, London and New York: Verso, 1995, p. 65.

② Henri Lefebvre, *Introduction to Modernity*: *Twelve Preludes*, *September 1959 – May 1961*, trans. John Moore, London and New York: Verso, 1995, p. 69.

③ Henri Lefebvre, *Introduction to Modernity*: *Twelve Preludes*, *September 1959 – May 1961*, trans. John Moore, London and New York: Verso, 1995, p. 170.

这个国家形式被抬升至高于社会的地位，不过却与日常生活和普遍的社会实践相关联。这样的现代性被规定成为将日常生活从社会生活和政治生活中分离出去的现代性，其结果即为私人生活和国家一同落入一模一样的但却相互冲突的抽象之中。①

其次，马克思所指认的现代性又是资本主义社会和资产阶级在世界范围内扩张的现代性，它的发展伴随着资本的积累、世界市场的扩大、资金的世界性流通、商品的大批量生产和劳动力的快速流动而达到了所能触及的峰值，同时它也确立了稳固的政治机构、法律系统、道德体系和价值规范等制度文明和精神文明。资本主义的现代性勾勒了现代世界和现代文明的基本样貌与图式，并且赋予它们以内涵。不过马克思也清楚地意识到，这样的现代性也不过是历史进程的一部分，因为资本主义的现代性具有分离、分裂、表象与实在互相冲突的本质，因此马克思提出革命性实践以解决这种现代性的固有矛盾。然而，历史证明资本主义的现代性并非通过零散的、小范围的革命就能够被终结和被扬弃的，1848 年爆发于欧洲各个国家的革命的失败也证明了“现代性就像一个壳，它遮盖了马克思主义意义上的实践的不在场及其失败：革命性实践和总体性实践。现代性暴露了这样的缺憾。通过革命的可能性挫败和拙劣的模仿，现代性成为投射在资产阶级社会上空的阴影”②。

最后，尽管马克思式的革命遭到挫败，尽管资本主义的现代性如此地顽固，但是马克思一方面依然肯定了这样的现代性对人类社会做出的贡献，他提出了重新构造现代性的构想，欲求通过总体性的革命恢复被资产阶级社会所破坏掉的具有总体性的自然。列斐伏尔指出，“马克思总是在呼吁自然，那个被文化和知识所迷失的、遗忘的、分裂的和扯碎的自然”，“人们必须在某一天经历了资产阶级社会所带来的极端抽象的苦难之后，在改造转化了自然之后，重新发现自然”。③

---

① Henri Lefebvre, *Introduction to Modernity*: *Twelve Preludes*, *September 1959 – May 1961*, trans. John Moore, London and New York: Verso, 1995, p. 170.

② Henri Lefebvre, *Introduction to Modernity*: *Twelve Preludes*, *September 1959 – May 1961*, trans. John Moore, London and New York: Verso, 1995, p. 173.

③ Henri Lefebvre, *Introduction to Modernity*: *Twelve Preludes*, *September 1959 – May 1961*, trans. John Moore, London and New York: Verso, 1995, p. 171.

综上所述，马克思的现代性思想意识到了资本主义的现代性内在具有的本质危机和缺陷，他以摆脱现代生活的虚假性、抽象性、分裂性和双重性为己任，矛头直指资本主义现代生活的异化，要求通过总体性的革命来实现对这种生活的伟大扬弃，要求从资本主义过分抽象的社会实质中解放自然，让人重新回归到充满生命力和创造力的自然中去。这也就是马克思所设想的“新生活”。

2. 一种作为“美学革命”的现代性

对列斐伏尔的现代性观念产生影响的另一位思想家是波德莱尔，列斐伏尔指出波德莱尔为这个时代带来了一场伟大的变革，那就是“关于新事物的意识”，对于波德莱尔而言，“现代”特别意味着瞬息与飞逝。毫无疑问，列斐伏尔汲取了波德莱尔的美学思想，将这种美学思想融入现代性批判理论中是列斐伏尔现代性理论的一大特色。波德莱尔与马克思的不同之处在于，他同样诉求于一场革命，但不是马克思主义式的社会革命，而是通过艺术去反抗资本主义的日常生活异化，重新制定资本主义的审美标准与尺度，创造一个全新的现代审美世界。因此，他要求的是一场关于现代艺术的美学革命。

波德莱尔认为，资本主义社会和资产阶级在世界范围内的无节制扩张和奋力创造的各种物质的与精神的成就实际上暴露出追求永恒性的野心，也就是追求一种永生。这种追求永生的病态心理是造成资本主义的现代性充满压抑和诡谲的基本原因。因此与这种永恒性可以抗衡的就是波德莱尔所诉诸其中的现代艺术的瞬间，在瞬间之中捕捉和感受永恒，同时瞬间又是永恒的一部分，这就是波德莱尔的“永恒和瞬间的辩证法”，也是他展开革命的理论前设。不过，这样的美学革命也具有自身的致命缺点，那就是波德莱尔尽管嘲讽、轻视、批判资本主义的现代性，想要利用艺术的维度去超越这个现代性，但是资本主义的现代性却是他的灵感来源，是他的审美世界的底蕴与素材，波德莱尔无法跳脱出资本主义所构建的世界去寻求武器来对抗资本主义世界，这便是审美革命的逻辑悖论。列斐伏尔同样指认波德莱尔的尴尬处境，他认为“波德莱尔的成果只能在非常糟糕的和赋有模仿痕迹的意义上被人们所理解”，而波氏的实践也是一种狭隘的实践，利用各种表象和虚幻去创造一个理想主义的虚构世界，这个虚构世界所包含的却是那个无法忍受的真实世界，而这个荒谬的实践将会取代那个不仅要解释世界同时还要改造世界的总体性的实践。[①]

然而，波德莱尔的美学革命也深刻地启发了列斐伏尔，在构想扬弃日常生活异化的途径时，列斐伏尔提出了“日常生活的艺术化瞬间”这个口号与观念来对抗由资本主义社会规范所形成的压抑性的社会化规约体系。当列斐伏尔越来越意识到总体性革命爆发的可能性变得微乎其微的时候，当他认识到在20世纪中叶之后想要爆发全社会范畴内的大革命是一种理论空想的时候，他转向了可以观照到每一个具体的个人的日常生活美学革命以探索一条不同于马克思所设想的解放道路。而这种“艺术化瞬间”的概念则带有强烈的波德莱尔式的理论倾向。

3. 列斐伏尔对现代性的认识和态度

通过参照、比较和阐述对列斐伏尔现代性批判理论产生影响的马克思现代性概念和波德莱尔现代性概念之后，我们能够透视列斐伏尔对现代性批判的认知及其理论内涵和理论诉求。列斐伏尔并非从单一的社会要素或理论维度出发去解释现代性，他看到了现代性的复杂性和多重性，强调现代社会多维度的、多轨迹的、复调形式的社会现实。一方面，列斐伏尔完全赞同马克思所剖析的资本主义社会的内在矛盾性，即抽象性、分裂性、虚假性和双重性共存，也就是异化。另一方面，列斐伏尔也认可波德莱尔在艺术领域内所完成的现代性批判的理论内容，以反抗资产阶级所确立的审美系统为波德莱尔的理论旨趣，与马克思所提倡的社会革命遥相呼应，相互印证。

综合马克思和波德莱尔对现代性的认知与阐释，列斐伏尔对现代性的认识和态度包括以下几方面内容：

第一，列斐伏尔指出事实上存在着现代性和现代主义两种不同的理论问题，然而在实际的理论研究和应用时这两种理论问题往往是不加以区别地、相互混淆地使用在一起。简单而言，在列斐伏尔看来，现代主义是现代性的意识形态，它是关于新奇事物的扬扬自得的必胜主义意识，它沉淀在历史当中，经过连续不断的时代、时期和一代又一代的人的积累，现代主义得以生存。而现代性是这种意识和态度在具体的社会历史空间中的具

---

① Henri Lefebvre, *Introduction to Modernity: Twelve Preludes, September 1959 – May 1961*, trans. John Moore, London and New York: Verso, 1995, pp. 173 – 174.

体表现，我们不能说现代性是关于新奇事物的简单综合与叠加，但是“新奇”确实是现代性所追求的核心特征之一，用来区别于“古代”和“陈旧”。此外，列斐伏尔亦将现代性和现代主义看成是相互对立的两个概念，他赋予现代性以反思的功能，是“反思过程的开始，是批判和自觉批判的或多或少的进步性尝试，是努力获得知识的尝试”①。也就是说，列斐伏尔给予现代性以反思现代社会种种矛盾和弊端的可能性，同样也蕴含了改造现代性和现代社会的诸多可能性。与此同时，列斐伏尔指出在现代性和现代主义大行其道的现代世界里，有两种冲突对立的趋向和两大敌对的态度面对面地遭遇了，那就是过分自信的深信不疑和心神不安的不确定性、傲慢与恐惧。② 因此，现代主义和现代性包括了看似不可兼容的两个方面，即对变幻莫测的此时此地的过分崇拜和一种新的古典主义。列斐伏尔认为，这两种相互矛盾又激烈碰撞的认识态度构成了现代社会的基本解释框架，也塑造了现代世界光怪陆离而又矛盾丛生的基本面貌。

第二，马克思在分析透视现代世界的基础之上构想了一个全新的世界，这个世界是现代世界的延续，也是对现代世界的超越。在西方哲学进入20世纪之后，特别是经历了以斯大林主义为首的教条主义对马克思主义的改造之后，马克思的哲学思想被不断地简化，降格成为经济主义和历史主义的教条学说，而马克思本人的理论思想似乎也被简化成为一种单一的学问，即政治经济学。列斐伏尔指出，这是对马克思主义思想的极大破坏和对马克思本人的哲学理论的一种玷污。他指认马克思主义具有两个不容忽视的特点：内外一致的完整性和有资格担当胜任的人道主义。这意味着马克思对资本主义社会的批判并不止于当下和目前，他更预示了一条人类社会前进和发展的可能性道路，指向了一种可能性的未来生活。通过马克思的著作，列斐伏尔对新生活和新世界进行了简单的概括，那就是一个由“总体的人”所构成的联合体，一个扬弃异化的具有普遍性的日常生活。这是一种乌托邦主义的未来构想，是对崭新的现代性的理论设计。“这种乌托邦的形象是某种鲜活的东西，它是某种可能事物的形象，并且

① Henri Lefebvre, *Introduction to Modernity*: *Twelve Preludes*, *September 1959 – May 1961*, trans. John Moore, London and New York: Verso, 1995, p. 1.

② Henri Lefebvre, *Introduction to Modernity*: *Twelve Preludes*, *September 1959 – May 1961*, trans. John Moore, London and New York: Verso, 1995, p. 2.

比这样的形象所蕴含的更多：它是将可能的事物转化成为现实的形象。”① 而为了实现这样的伟大转化，列斐伏尔坚持要砭庸针俗般地清除掉蒙在现代性之上的虚假内容和意识形态，保留理论的想象力中最积极的和最具有活力的成分，以便更好地指导并开展由马克思所设想的乌托邦主义的新生活。

第三，列斐伏尔同样警告人们要时刻警惕现代性所营造出的扭曲的理性，它构成了一种绝对的话语权，在现代世界里广为传播。列斐伏尔用“被钉在十字架上的太阳”做隐喻来描述这种受尽折磨的理性，他也利用这个形象来谴责现代性对人类的本质生存结构的入侵和破坏。太阳是理性的象征，而钉在十字架上的太阳特别指认的是现代理性，“钉在十字架上的太阳是分裂、羞耻、失败和无望的象征”②，它散发出黑暗的光芒笼罩在大地之上。在这种理性支配之下，“异化的象征变成了生活的象征，人们的异化成为了他们的生活”③。这便是现代性的危机，列斐伏尔利用这个象征传递出他对现代性最为强烈的批判和厌恶之情，他甚至流露出某种悲观主义的情绪，因为扭曲的现代理性的威力是如此之强烈以至于无人、无物可以幸免它的影响。“当我和你在大街上相遇时，被钉在十字架上的太阳就是你所传递出的信息，它在层层高墙上显现出来，简化成你最基本的表达内容——一个圈，两条直线——它在那些我所憎恶的人（那些人也同样憎恶我）的手中繁殖蔓延。”④ 现代性的扭曲理性是导致种种现代性危机的根源，也是人们在这个时代的最大敌人。列斐伏尔发出疾呼呐喊就是希望人们能够提起足够的重视，欲想改造现代性，我们必须要先扬弃这种无孔不入的可怕的现代理性。

第四，列斐伏尔同样呼吁人们要捕捉到任何一种可以对现代性和现代世界进行艺术化改造的可能性。受到波德莱尔的现代美学思想的影响，列

---

① Henri Lefebvre, *Introduction to Modernity*: *Twelve Preludes*, *September 1959 – May 1961*, trans. John Moore, London and New York: Verso, 1995, p. 91.

② Henri Lefebvre, *Introduction to Modernity*: *Twelve Preludes*, *September 1959 – May 1961*, trans. John Moore, London and New York: Verso, 1995, p. 96.

③ Henri Lefebvre, *Introduction to Modernity*: *Twelve Preludes*, *September 1959 – May 1961*, trans. John Moore, London and New York: Verso, 1995, p. 96.

④ Henri Lefebvre, *Introduction to Modernity*: *Twelve Preludes*, *September 1959 – May 1961*, trans. John Moore, London and New York: Verso, 1995, p. 98.

斐伏尔认为现代性的改造不只局限在国家层面和社会层面之上，同时也应该付诸日常生活瞬间的“星丛”。随着列斐伏尔对现代社会的研究程度加深，他越来越认为马克思式的总体性革命只存在理论发生的可能性，因为现代理性强大的整合能力和刚性逻辑，想要从总体层面上扬弃资本主义制度和现代性给现代人所施加的强制力，其机会越来越渺茫。因此，列斐伏尔转向另一种截然不同的革命道路，即日常生活艺术化，希冀于从美学和艺术的角度来将现代人从现代性的牢笼中解放出来。

综上所述，列斐伏尔对现代性的态度是辩证客观的，他既不是要对现代性做出绝对的辩护，也不是要无限抨击现代性。他阐释现代性的目的在于剥开包裹在现代性之上的重重外衣，这些外衣让现代性变得失真而不能被人们所正确理解，它们是由现代理性所支配主导的、以现代主义为基本外观和表象的、隐匿在现代性本质深处的固有矛盾，也就是现代社会里无处不在的普遍异化。列斐伏尔号召一种基于现代性的反思精神，他注意到现代性不是无限沉沦下去的人类现实，而是拥有反思能力的社会实在，列斐伏尔要求在理论领域内发展这种具有反思性的理论过程，从而实现现代性在现实社会领域内的反思性改造。此外，他同样要求人们警惕现代主义所营造出来的各种虚幻的假象，消除某种绝对乐观的必胜主义信念，透过现象来分析现代性的本质矛盾。与此同时，列斐伏尔和马克思一样，努力探索一条通往新世界和新生活的道路，构想一种乌托邦主义的社会蓝图。总而言之，对现代性所开展的批判和反思是列斐伏尔在其理论生涯中期时所进行的一次具有总体性意味的理论总结，其中既包含了为此前的日常生活批判、辩证唯物主义研究和对马克思主义思想的理论匡正研究寻找到落脚点，更是为之后的空间批判理论、节奏分析、城市地理学等新的理论领域指明了研究方向。而列斐伏尔所有具体的理论研究都指向了一个共同的理论议题，即如何扬弃并消除现代社会中纷杂繁复的异化形式，这也是列斐伏尔现代性批判的最高理论目的。

第二节　微观权力转向：操控社会的权力类型的转变

除了现代性的进程，列斐伏尔所观察到的另一个重大的人类社会变化就是操控社会的权力类型的转变，即这种权力类型从传统的宏观权力向现代的微观权力进行转变。列斐伏尔处在西方马克思主义理论研究的总体视域发生转向的时代，发生这样的理论转向的根本原因在于西方资本主义社会全面进入到一个新的社会历史发展阶段，那就是以“一”作为社会构建模式的资本主义社会在20世纪之交前后的历史阶段中已经得以实现，从而进入到以“多”作为社会构建模式的历史时期。具体表现为以经济和政治为基础的中心化的、总体化的、全球化的、宏观政治的社会构形样态转向至以微观权力和差异性结构为基础的非中心化的、弥散的、文化的、边缘性的、微观政治的生活方式和社会组织模式。

这种新的社会发展模式与传统的宏观政治社会模式互相关联、互为基础，形成了有别于经典的马克思主义所分析的实践模式，提出了关于转化社会历史学科研究范式的新要求。面对这种自觉的或不自觉的理论新要求，列斐伏尔有意识地去探索那些容易被传统宏观理论视域所忽视的社会实在。特别是当列斐伏尔异化理论的批判对象从经济、政治、国家转向日常生活、都市、空间、节奏等带有强烈的微观色彩的内容时，这既证明了列斐伏尔非凡的理论创造力和对社会历史变化的敏感洞察力，同时也作为一个有力的佐证证明了新世纪的人类社会越来越将非传统的微观权力结构视为社会生活和社会实践的核心范畴。

一　宏观权力与微观权力的交替嬗变

微观权力转向的理论研究是如何产生的？为了厘清这个问题，我们首先需要简单地梳理宏观权力和微观权力在人类社会历史中的相互关系以及二者之间主导性地位的变化过程。

在传统社会里，人类的生活相较于现代资本主义的生活是分散而简单质朴的。其经济生活以自然经济为主，无论是在东方还是西方，凡是农耕文明的社会，其生产单位均以家庭为基础，生产力被牢牢地束缚在土地上，生产工具也极为有限。其政治生活多以氏族统治和神权统治为主，这两种政治类型往往是合一而同构的。在这样的社会组织和运作模式的背景下，人与人之间的关系纽带主要是通过以下方式联结在一起的：血缘、氏族、婚姻、家庭、风俗、禁忌、惯例、乡约等。在传统世界里，我们当今所讨论的政治、经济、自然科学、国家决策等宏观领域的问题尚未分化出来。在这个世界里，“以及那时尚未从日常生活世界中彻底分化出来的政治、经济以及精神生产等非日常生活世界，都主要是由异常丰富的、日常的、微观的文化权力和政治权力编织而成的”①。这个世界是充满惊奇和想象力的，列斐伏尔指出传统世界的社会空间是“神圣空间”，在这样的空间里，神明和具体的象征与形象占有主导性的地位，这是一个意义丰富的世界。

然而，随着社会的发展，在技术的推动下，人与自然之间的分裂越来越大，人在拥有神性的自然面前越来越显现出显在的主体性。自然科学从日常生活中分离出去，理性也从神性的手中夺取了话语权，确立了以理性为核心价值的、以自然科学为先锋手段的新的社会组织模式。

一方面，理性在启蒙运动的推动作用下，在精神生产领域中占据了绝对的统治地位，理性所分化而出的意识哲学与思辨哲学在理性的扩张过程中起到了完美的理论辩护功能。用理性取代了上帝，将理性的绝对支配作用应用在解释社会历史发展的统一性和连贯性的合法性上，为消除差异的、异质的、多元化的、多层结构的社会实在做好了理论准备。另一方面，在自然科学的思维逻辑指导之下，政治、经济和国家等宏观领域越来越趋向于集中的、中心化的、强力控制性的权力场域进行转变，伴随着技术的一点一滴的渗透，国家权力悄然地对整个社会生活发挥出强大的统治作用，而对每一个具体的个人自身也显示出越来越无法摆脱的控制作用。由此，以经济权力、政治权力和国家权力等为代表的宏观权力长久地占据着世界的历史舞台，对它的分析、阐述、探索、应用从近现代开始就是西方思想界的主要内容和国家决策的基本准则。

但是，宏观权力的膨胀式发展并没有消除微观权力的存在；相反，随着资本主义生产方式和社会制度在全世界范围内的扩张，资本主义在把宏观权力模式推广到世界的各个角落时，它同样也促进了世界内各种不同维度的、不同文化的、不同侧面的和不同形式的微观权力的交流与整合，形成了一个暗潮涌动的微观权力世界。而这个微观权力的世界也逐渐地从宏观权力的制霸中显现出来，在日常生活领域、文化领域、政治和经济领

---

① 衣俊卿：《自觉地开启社会历史理论的微观视域》，载衣俊卿《现代性的维度》，黑龙江大学出版社、中央编译出版社 2011 年版，第 7 页。

域、国家层面、医疗及教育场所等多元场域里涌现而出。“当微观化的权力已经泛化到政治分析的所有领域，微观权力的文化逻辑已经成为普遍化原则贯穿所有日常生活时，必然进入哲学的视野。”①

进入20世纪之后，微观权力成为理论研究和社会实践不得不去考虑，甚至不得不将其视为核心内容的对象，其原因是和社会现实密切相关的。

第一，西方资本主义国家开启国家微观权力操控的新时代。和以往的宏观经济政策与宏观政治决策不同，国家的微观操控视日常生活、知识系统、文化、空间、传媒等领域为主要操控对象，具体表现为一种文化模式的介入，深入到人们如何工作、如何娱乐、如何消费、如何衣食住行等日常行为模式领域，与传统的宏观操控共同构筑一张密不透风的权力网络来统摄并整合所有的社会因素和国家组织成分。

第二，技术的发展进一步加速了这种微观操控的实现。与资本主义社会在近代的发展时期对待技术的目的与态度不同的是，20世纪的资本主义社会不再以生产活动、资本流通、构建全球化市场、殖民统治等经济目的和政治目的为技术的天职，反而转向日常通信、日常媒介、支付手段、监控系统等方面，进而渗透到人们的日常生活方式和思维方式里。

第三，各式各样的针对一元文化模式和同质社会结构的反抗运动在20世纪大规模爆发，形成了20世纪独具特色的社会面貌，女权主义运动、新民主主义运动、环境保护运动、少数民族、少数种族和性别少数者的抗议活动等均体现了多重结构的异质文化和特殊群体的生存要求与夙愿。这些反抗运动不同于传统的政治斗争之处在于它们是围绕着微观权力和微观领导权而展开的，并且以自觉自主的形式展开斗争。这些新的社会历史现象在呼吁着新的社会历史科学研究范式的出现，而这种新的研究范式就是围绕着微观权力而展开的人文科学微观视域，也就是微观政治学。

二　宏观权力与微观权力的辩证关系

在梳理了宏观权力和微观权力的交替嬗变过程之后，另一个问题出现

① 赵福生：《福柯微观政治哲学研究》，黑龙江大学出版社、中央编译出版社2011年版，第15页。

在列斐伏尔面前，即如何正确地评价宏观权力和微观权力在历史社会科学中所扮演的角色及发挥的作用，包括二者所代表的“宏观领域”和“微观领域”在人文科学里的地位。回答这个问题便涉及宏观权力与微观权力的辩证关系问题。

在面对传统的历史社会科学所展现出的“微观”和“宏观”两种不同的层面之间的理解时，列斐伏尔批评了二者表现得互相不可化约的理论倾向，他认为这是极端危险的并产生严重的后果：如此做来我们既拒斥了把行为转变成为实体的亚里士多德式的认识论，也拒绝了利用简单的事物去构建复杂的事物并认为一种彻底详尽的分析导向完全的综合是可能的笛卡尔式的认识论。①

列斐伏尔认为，无论是微观还是宏观均具有真实性。在日常生活里，在微观的社会科学层次上，人与人之间未经调解的关系（通过血缘纽带，或者邻里关系和在社会上因情况而定的各种关系）被传递着，人与人之间的关系因为直接的依赖性和竞争的纽带而变得复杂，这种未经调解的人事关系是微观社会科学的第一手素材，但却是模糊的和模棱两可的。宏观的社会科学层次为其提供了一种“普遍秩序”，这种普遍秩序的原型来自数学性的自然科学在人文科学内部的应用，笛卡尔的“普遍学科”的概念为现代人文科学的基本构想寻得了彻底的哲学依据。“普遍学科的世界，作为一个秩序与尺度的世界是概括了并穷尽了一切知识的。它自身是完全地为自律的；它不待任何支持，而且，除了那些它能不假求于外而于其自身中能够发见的事物之外，它不接受其他任何东西作为其支持。”② 因此，宏观层次的真实性在于它是抽象的，它所体现出的人与人之间的关系是调解之后的观念与价值，但是它也有可能成为虚假性和迷信的王国。对微观层面的再发现和重新认识是列斐伏尔在日常生活批判理论中所提倡的新时代要求，他指认到关于一种试图通过“宏观”去把握“微观”的步骤会把我们带到一种经不住推敲的危险的社会学那里，这种社会学会利用整体来绝

---

① Henri Lefebvre, *Critique of Everyday Life*, *Volume II*, *Foundations for a Sociology of the Everyday*, trans. John Moore, London and New York: Verso, 2008, p. 139.

② ［德］恩斯特·卡西尔：《人文科学的逻辑：五项研究》，关子尹译，上海译文出版社2013年版，第9页。

对化地规定日常。[①] 这种复兴微观的基本理论认知与20世纪西方总体的微观政治学转向不谋而合，也为列斐伏尔的异化理论奠定了理论基调。

微观权力与宏观权力之间的辩证运动共同塑造了现代世界的现时面貌，不可否认的是人类社会的精妙与复杂决定了我们不能偏废这两种不同类型的权力的任何一方，然而对微观权力的认识和掌握，我们还处在初级阶段，相较于宏观权力我们了解的还太少。因此很多思想家将微观与宏观之间存在的距离和差距视为不可逾越的鸿沟，为了避免不必要的麻烦而不予理会，将其看成是无伤大雅的和微不足道的差异而加以忽视。实际上，“微观层次和宏观层次一样复杂，但却是以不同的方式呈现出来”[②]。此外，微观权力的分散性、离心性、多重性、多维性和异质性也造成了它本身的不稳定性与不确定性，它在具体的社会历史空间中会随着诸多因素的变化与迁移而发生转化、整合、融合、衰落、分裂和消解。与宏观权力相比，微观权力缺乏整体性和系统性，结构与层次也并非像宏观权力和宏观领域所体现出的那么显在和具有可分析性。因此，微观权力自身的某些本质与特征确实造成了不小的理论难题与困扰，然而这依然不能阻碍微观权力和微观视域在新时代的理论探索中的中心地位以及它所产生的巨大影响。

三　关于微观权力的规定性

至于何为微观权力，国内学者赵福生对其进行了较为精准的概括，他指出：“微观权力的谱系是我们自身‘历史存在’的具体处境，现时的存在论是现时代的生存论，是哲学以它自己独有的方式面对现时的集中体现，表明我们自身超越历史存在的现代性态度，表征人自身对现时代显在的资本逻辑一元统治和潜在的文化逻辑多元操纵共谋的挑战下的自觉应战精神。”[③]

---

① Henri Lefebvre, *Critique of Everyday Life*, *Volume II*, *Foundations for a Sociology of the Everyday*, trans. John Moore, London and New York: Verso, 2008, p. 140.

② Henri Lefebvre, *Critique of Everyday Life*, *Volume II*, *Foundations for a Sociology of the Everyday*, trans. John Moore, London and New York: Verso, 2008, p. 140.

③ 赵福生：《福柯微观政治哲学研究》，黑龙江大学出版社、中央编译出版社2011年版，第6页。

首先，宏观权力是作为大写的人物、大写的事件、大写的政治和大写的结构的真实体现，虽然宏观权力是社会与国家赖以存在的基本要素与条件，但是在理论和实践的领域里，宏观权力不免要落入过分抽象的窠臼之中，一切具体的、细致的、分散的、现实的异质社会实存在宏观权力结构之下都会受到冷落和忽视，被排斥在社会历史理论研究的视野之外。然而微观权力的谱系和机理研究弥补了传统社会历史理论研究范式的局限性，它从观照个人和群体的具体历史处境入手，重新构建人文科学的人道主义精神，以微观权力作为书写历史的主题和主线向人们展现一个不同的人类社会历史进程面貌。

其次，关注微观权力、重构微观权力在社会历史中的地位与作用是现代性得以反思与改造的必要条件。列斐伏尔着重强调了现代性与作为一种意识形态的现代主义之间的差异，并指出现代性内部所蕴含的引向一种新生活的可能性。福柯也指认现代性是一种反思由理性主义所支配的启蒙、希冀于重新构建一种新时代的启蒙的态度，“要使根植于启蒙的哲学反思态度复活”①，让反思的哲学承担起超越现存的现代性的历史重任，而其起点就是回溯到由微观权力所主导的、以日常生活为主要场域的社会历史的微观视域中去分析微观权力在具体的时空之中的结构和层次。

最后，微观权力不仅仅是人类社会历史的静态表征，对微观权力的研究不能只停留在理论层面上的描述工作，微观权力同样包括了具有反抗性质的行动力量。正如赵福生所指出的那样，微观权力的谱系是对抗资本逻辑一元化和潜在的多元文化逻辑共谋操纵的应战精神，对微观权力的这一独到的把握精准地指明了微观权力在改造世界过程中所具备的巨大潜力，在资本主义社会抽象的社会同质结构与思辨哲学和意识哲学所构建的社会历史统一性的笼罩下，散落在世界各个角落内的各式微观权力形成了反抗这种刚性逻辑的、解构这种由启蒙的理性主义所确立的社会规约的“星丛”。所有看似孤立的微观权力中心都是这种反抗力量和精神的必要构成要素，它们既是与传统的宏观权力一同共谋成庞大的权力网络的参与者，同时也是最具有反抗倾向的反叛者。

马克思曾经在对“无产阶级争夺政治领导权”的分析中做出了经典的

① 衣俊卿：《现代性的维度》，黑龙江大学出版社、中央编译出版社 2011 年版，第 6 页。

示范：他指出，无产阶级在资产阶级所主导的资本主义社会里始终处于被剥削、被压榨和被忽视的处境，作为资本主义社会这座高耸入云的大厦的基石，无产阶级无疑是被粗暴地整合在资本主义宏观权力网络之中的一种不容小觑的特殊群体，他们所构成的微观权力场域在马克思看来是推翻资产阶级统治的有力武器，无产阶级因为自身的完全被剥夺也让他们成为最具有反抗精神的阶级。尽管马克思所规划的关于无产阶级夺取政权的理论构想是在国家和社会的宏观层面上来实现的，但是其理论构想的起始点却是以无产阶级为中心的特定的微观权力。

在现代性进程和宏观权力向微观权力进行转向的双重社会变化的影响之下，列斐伏尔发展了一套独具特色的异化理论。列斐伏尔异化理论在发展的历时维度和整体的共时维度上均呈现出这个双重社会变化的深刻烙印。从理论发展的纵深来看，列斐伏尔异化理论经历了较为明显的嬗递演进过程。在早期，列斐伏尔根植于现代性批判，将异化分析和异化批判的目光投放在现代资本主义制度之上。受到马克思及西方马克思主义的其他哲学家的影响，列斐伏尔天然地认为异化是现代理性过度发展的结果，人们承受着来自经济、政治、国家、大众文化等宏观社会现实层面的压抑和束缚，反抗异化和扬弃异化的进路必然要借助宏观的社会权力才能完成。在后期，列斐伏尔改变了这一理论态度，他敏锐地捕捉到20世纪西方资本主义社会对现代人的操控手段和宰制形式的微妙转变，跳脱出传统的异化理论框架，将研究的触角深入到日常生活、空间、都市、节奏、身体等微观权力中去。从理论整体的共时来看，正如列斐伏尔自己解释的那样，宏观权力与微观权力是他从未偏废其一的两大基本问题域，对异化现象的理解必然要从宏观层面和微观层面双管齐下方能展开科学的透视与分析。无论是经济、政治、国家，还是日常生活、空间、节奏，它们都是列斐伏尔基于现代性批判和资本主义社会批判的丰硕理论成果而进行的再发现与再阐释的对象。

第三节 列斐伏尔异化理论与现代性和微观权力转向的关联性

列斐伏尔在现代性和微观权力转向的双重社会变化的影响下逐渐发展

了自己的异化理论，他的异化理论既是对这两个发生在20世纪西方人文科学内的重大议题和转向的积极回应，也是列斐伏尔对西方马克思主义的总体异化理论的推进和发展。无论处于什么阶段，列斐伏尔异化理论都带有浓厚的现代性批判和强调社会历史现实中的微观权力的理论色彩，这是该异化理论显在的理论特征。

一　现代性和微观权力转向在列斐伏尔异化理论中的体现

不难发现，现代性和微观权力转向的理论独特性在列斐伏尔的异化理论中得到了比较完整的展现：

第一，20世纪是西方各国现代化进程发展的特殊历史阶段，无论是资本的积累、贸易的全球化、技术的革新与跃迁，还是经济体的膨胀或萎缩、政治体的角力或融合、文化的扩张或被入侵，抑或是空间的城市化、社会范围内的消费主义、现代艺术上的虚无主义等，均暴露了现代化的诸多问题和弊端，它们不仅没有证明以理性主义和必胜主义为核心精神的现代化进程取得胜利，相反，它们在一定程度上是其失败的证据。这种失败也代表了现代性的失灵，因此，对现代性展开彻底的批判是这个时代理论家的任务。列斐伏尔注意到，在这样的时代里，异化无处不在，受毒害最深的便是生活在这样的时代和社会中的现代人。所以，列斐伏尔异化理论体现出现代性批判的强烈特点，他分析并透视现代性当中的异化现象，希冀于找到扬弃被打上现代性烙印的异化的方法。

第二，与传统的马克思式的异化理论相比，列斐伏尔的异化理论在研究对象上发生了变化：其异化理论所关注的对象从宏观领域（如国家、经济、生产方式等）转向了微观领域（如日常生活、语义场、身体、空间等），从决定社会历史走向的宏观权力转向了渗透在每一个个体周围的并且难以反抗的微观权力，从显在的异化形式转向了隐性的异化形式。一方面，列斐伏尔指明了异化的实际存在范围远远地超出了前在的理论家们所指认的范围，这并不是他本人的有意夸大，而是结合具体的社会时代背景之后对异化问题的再思考；另一方面，列斐伏尔更加关注发生在显性的社会现象背后的那个隐秘世界，它是人类的历史性存在的具体处境，和那些发生在宏观领域的诸多现象相比，微观领域内的微观权力更接近人类社会历史的真实性，更加关系到每一个人的具体存在。因此，发生在这个领域内的异化也就具有更重要的现实意义。

第三，就20世纪的西方哲学界和其他人文学科而言，对现代性批判和微观权力及微观场域的重视表征了人文科学理论建树的新起点和新高度；就西方马克思主义而言，不只是列斐伏尔，其他的思想家也表现出类似的理论旨趣和研究兴趣，他们不仅仅在西方马克思主义内部展开激烈的批判，他们的理论成果同样也影响了后续的后马克思主义和后现代主义的理论议题。可以说，现代性进程和微观权力转向是现代人文科学共同的理论背景与素材来源，它们形成了一个交叉的网络或坐标。从历史历时性的角度而言，现代性批判提供了一个时间的维度，它既联结传统与古代的优秀文化遗产，又不断地反思当下的社会历史现实的功绩与过失，也为人类未来的发展指明了方向。从社会共时性的角度而言，微观权力视域提供了一个空间的维度，它提醒人们存在着一个广为人知却鲜为人解的社会实存领域，在这个领域内，所有的权力、关系、结构、现象更加贴近每一个人的具体生存境遇，同时它们也更加错综复杂和难以捕捉，它们更加具体而非抽象。

二　现代性、微观权力转向和列斐伏尔异化理论的内在关系

现代性和微观权力转向的现实影响是列斐伏尔异化理论的支柱和基础，双方形成了综合有机的内在关系。探究这种内在关系是阐述和分析列斐伏尔异化理论的必要前提条件。

首先，列斐伏尔异化理论是西方总体性的现代性批判的有机组成部分，它既深化了人们对现代性问题的理解，同时又迎合时代的新变化进而提出了新问题和新要求。推动列斐伏尔想要发展自己的异化理论的是现代性批判自身的理论与现实之间的固有张力，现实的变化导致了产生理论更新的需要。先前的社会历史批判理论在面对新的时代问题时出现了部分失效的情况，这个时候原有问题域的相关理论就需要更新和发展。

相较于马克思与列斐伏尔二人所处的不同时代，异化与现代性之间的关系出现了很大的不同点。现代性是资本主义现代化进程的必然结果，它也等同于资本主义自身发展的写照。马克思身处的19世纪是西方资本主义的扩张时期，资本主义以一种暴力性的、显性的和宏观整合的方式来实现自己的扩张。资本主义的扩张就是现代化和现代性得以实现的过程。异

化伴随着资本主义政治经济制度开始向社会的每一个缝隙和角落进行渗透，也是在这个时期，马克思注意到异化与资本主义社会制度相生相伴，异化也是现代性的必然产物。此时的异化也如此时的资本主义一样，是显性的、可感知的、可观察的和可对抗的，它所发生的场所、人群和方式均是相对固定的。

但是列斐伏尔身处的20世纪是西方资本主义的稳定时期，这个时期的资本主义的主要任务不是夺取社会的主导权，而是维护自身的统治。同样地，现代性和资本主义一样，它们一齐采用一种规范性的、隐性的和微观控制的方式来维护自己所取得的地位。异化进而也取得了这样的特点，它悄然地与资本主义社会制度和现代性的发展进路相互配合，变得难以捕捉却不易察觉。列斐伏尔指出，对异化的再认识和再思考就是对现代性的再认识和再思考，建立在现代性批判框架内的异化理论既是对传统的异化理论的发展，也是对总体性的现代性批判理论的补充。

其次，列斐伏尔异化理论推动了20世纪发生在西方众多人文科学中的微观权力视域转向，他与同时期的其他相关理论家一起将哲学的注意力拉向了此前被哲学家们所轻视或遗忘的微观的人类社会现象与实存。最能体现列斐伏尔异化思想与微观权力场域之间的辩证关系的理论体系便集中在列斐伏尔的日常生活批判当中。

列斐伏尔因为其日常生活批判理论而被西方学术界所熟知，他继承胡塞尔和海德格尔的生活世界思想，将日常生活与生活世界从形而上学的维度带入到社会历史的批判空间当中来。重新发现和考察日常生活既是一种哲学上的需要，也是一种人类总体性实践的需要。而列斐伏尔对异化所开展的透视和阐释从一定程度上来说均发生在日常生活的场域内部。无论是人们日常的衣食住行，抑或是现代人赖以生存的职业工作，还是现代人日常的休闲方式，在列斐伏尔看来都被异化所染指；除此之外，异化进一步攫取了现代社会的空间与时间，由此带来的更为严重的后果便是异化夺取了现代人的身体，这也是以日常生活为基础才能实现的；意义世界和交流媒介同样逃不过被异化的命运，日常语义场在信号的宰制之下越发得死气沉沉，语义价值的塌缩成为现代社会新的哲学社会学议题。

列斐伏尔注意到，尚待解决的异化问题层出不穷，但是这些异化问题具有类似的共同性，那就是它们不再属于那种必须要由譬如国家那样的宏观强制力才能解决的社会性问题，而是微观领域的社会实在，代表着无处不在和难以遁逃的微观权力。这种微观权力不只是制造压抑和规范的来源，同时也催生了人们自觉的革命性精神。所以，列斐伏尔异化理论与微观权力视域转向相呼应，列斐伏尔客观而辩证地看待异化与微观权力的关系，二者互为表里。

再次，现代性进程和微观权力转向的二者结合也为列斐伏尔在异化理论的建树过程中提供了丰富的现实素材和启示，与此同时，二者也体现了列斐伏尔异化理论的人本主义关怀和人道主义精神，列斐伏尔认为扬弃异化的方式就隐藏在现代性和微观权力当中。

如前文所述，现代性进程和现代性的相关理论为列斐伏尔异化理论提供了基本的理论态度和学理视野，关注现代，特别是资本主义社会在 20 世纪的新变化与新发展，是列斐伏尔全部的哲学社会学批判理论的基调。此外，由无数微观权力所形成的场域是列斐伏尔在具体分析异化问题时的具体对象。这样的双重社会深刻变化给予列斐伏尔异化理论以下特点：以最严谨的学术态度来观察现代人的日常生活，其目的在于寻求一条将现代人从被异化了的生活方式中解放出来的理论道路，并积极地与社会实践相配合，以求最终实现现代人扬弃异化的伟大目标。在异化理论的构建过程中，列斐伏尔体现出作为一名思想家对当下时代的关心和寄托在现代人身上的期许，他从现代性和微观权力中寻找对抗异化的武器，即现代性所包含的革命性和微观权力所蕴含的反抗力量。

在开展关于列斐伏尔异化理论的细致的分析和研究之前，梳理该异化理论和现代性、微观权力转向的内在关系为后续的理论工作打下坚实的基础，是必不可少的环节之一。现代性和微观权力转向有助于我们更好地理解列斐伏尔是在何种语境和背景之下布展对现代社会异化现象的批判的。

第四章

列斐伏尔对发达资本主义社会全面异化的总体性批判

前两章我们讨论了列斐伏尔对异化理论的基本认知和理解，即关于异化的一般理论，以及现代性和微观权力转向这两个人类社会深刻变化对列斐伏尔异化理论的影响，这些都为列斐伏尔展开发达资本主义社会全面异化的总体性批判做好了理论和现实的准备。因此，列斐伏尔资本主义全面异化的总体性批判是以现代性和现代社会所呈现出的种种危机与矛盾为依托，并以各种社会领域内的微观权力为对象的社会批判理论，其落脚点在于探讨现代资本主义社会内的神秘化现象和虚假的意识形态以揭示现代人非本真的存在状态。

列斐伏尔的异化理论继承了西方马克思主义思想家关注异化现象的理论传统，并在此基础上将对异化的探索推进到全社会范围内，以“全面的异化”为理论视野、以日常生活为基本对象开展细致的异化批判，积极地寻找扬弃异化的理论途径。总体而言，列斐伏尔对发达资本主义社会全面异化的总体性批判可以从三个大的方面入手逐一展开，即日常生活层面、社会现实层面和空间生产层面，这三个层面的异化批判较为完整地展现了列斐伏尔异化理论的样貌和内容。

第一节 日常生活的异化批判

一提到列斐伏尔，就算对此人的理论思想并不熟稔的人都一定知道他的“日常生活批判”。日常生活批判是列斐伏尔作为西方马克思主义的著名代表人物和创始人之一在理论建树上所作出的独一无二的贡献，也是他对马克思的哲学思想和社会学思想的再发现与再创造。日常生活批判对列斐伏尔是如此的重要，以至于国内外的学者均将日常生活批判视为列斐伏尔整体理论思想的准绳与基线，强调日常生活批判的基石作用。伊丽莎白·勒巴指出，“从二战前的那些第一批文本……到他的最后一本书《节奏分析》……日常生活批判（因为该理论永远是一种批判）是列斐伏尔全部著作的生命力”①。

列斐伏尔对日常生活的研究和探讨是西方马克思主义思想史上的一个重大事件，三卷本的皇皇巨作在时间跨度上长达35年，充分证明了列斐伏尔超凡的理论构建才能和对时代变迁的敏锐洞察力。研究日常生活批判理论时，我们可以感受到列斐伏尔强烈的问题意识，即我们现代社会的日常生活是如何一步一步沦为今天的这种局面的。日常生活的问题不是一蹴而就的，它是人类历史的和现实的生存空间，而现代世界的日常生活在经历了工业社会和资本主义社会的冲刷之后呈现出光怪陆离的样态。特雷比西在《日常生活批判》第一卷的序言中指出列斐伏尔日常生活批判的缘起：列斐伏尔对日常生活的思考源于他对黑格尔和马克思的作品中对异化概念的发现。这一发现在他早期的文本作品中就早有涉猎，在《被神秘化的意识》当中，列斐伏尔注意到“经济拜物教”，并指出现代人异化的整个范围，同时在《辩证唯物主义》中发展了“总体的人”的概念，即从异化和经济拜物教中解放出来的人。② 因此，我们可以断言，走进列斐伏尔日常生活批判理论的切入点就是异化，而日常生活异化的问题域还涵盖了他对现代性、空间、时间、总体性实践、人的解放运动以及美学等领域的思考。

考虑到日常生活批判与异化理论之间的关系，我们会问以下的问题：日常生活批判的全部批判精神是否是列斐伏尔对异化问题进行观照的集中体现？抑或是，传承自马克思的异化理论到底对列斐伏尔日常生活批判理论具有怎样的基础性作用？再或是，异化理论可否成为列斐伏尔日常生活

---

① Elizabeth Lebas, "Introduction", in Henri Lefebvre, *Key Writings*, New York and London: Continuum, 2003, p. 69.

② Michel Trebitsch, "Preface", in Henri Lefebvre, *Critique of Everyday Life*, *Volume I*, *Introduction*, trans. John Moore, London and New York: Verso, 2008, p. xv.

批判的统摄力量并在其中居于主导地位？毫无疑问，日常生活批判是列斐伏尔异化理论在探索及解决日常生活问题域时具体应用的体现，它承载着列斐伏尔对现代世界异化现象在理论层面上的思考，也积极地将异化融入日常生活的社会学中去。“列斐伏尔在《日常生活批判》中，继续以异化问题为主题，揭示了人的生存异化，进一步对存在主义与马克思主义进行综合，并开始了批判现代日常生活的异化之旅。”① 马克思的经济异化理论揭露了资本主义制度运作中异于人的支配性力量以及人在资本主义社会中被剥夺的、分裂的和疏离的生存状态。列斐伏尔将经济异化理论大胆地推进到人们日常生活的每一个角落里，他指出，现代人的异化不是单一的、和经济相关的异化，而是多重的、多方面的、难以被扬弃的综合性异化，经济异化只是其中的一个层面。

造成如今日常生活异化的局面的原因在于资本主义内在固有的结构和本质。资本主义是生产物的体系，即商品的体系，当物被转变成商品的时候它便与自身相脱离。物的使用价值被交换价值所取代，在商品背后自动生成一整套价值体系与人相对立。由此物与物之间的关系掩盖了人与人之间的关系，人类的社会存在只能通过他们的产品的抽象存在得以实现。物似乎获得了属于它们自己的生命。市场是商品能够流通、交换、买卖、移置的有机综合，一切商品和物都要在市场内部进行评估之后才能被赋予价值，所以市场支配人的活动及其活动的范围，成为一个机器和一种不可阻挡的命运。在这样的背景之下，大机器生产和劳动分工把人从自身剥离出来，转变成资本主义生产不可分割的一部分，而这种将人进行工具化的改造也让人与其本质相疏远。“劳动分工、劳动本身、个人的角色和功能、工作的配置、文化与传统，所有的这一切都是束缚。每一个人都在经历着作为一个异化力量的社会的共有成就。”② 异化的社会制度和社会关系必然会衍生出异化的文化、规范与组织机构，它们的共同目的在于掩饰其社会全面异化的本质和存在，而这个社会的每一位成员又能切身地感受到异化带来的压抑和紧迫。列斐伏尔从不同的角度阐述了异化在日常生活中的具体表现，日常生活批判的全部内容涵盖在现代资本主义社会中的人的解放

① 吴宁：《日常生活批判——列斐伏尔哲学思想研究》，人民出版社 2007 年版，第 128 页。

② Henri Lefebvre, *Key Writings*, New York and London: Continuum, 2003, pp. 82 – 83.

运动里，异化侵蚀着日常生活，但是异化也在塑造着日常生活。没有异化对人和社会的辩证作用，日常生活或许真的就是一潭死水，停滞不前。

一 日常生活的异化形象：卓别林与布莱希特

鳞次栉比的摩天大楼是现代世界的骄傲与象征，繁华的都市如同晴朗夜空中的璀璨星辰迸发出耀眼夺目的光芒。现代承载着古往今来人类共同的美好愿景，展现出了无穷的活力与财富：这是最好的时代，人类第一次凝聚成一股相对统一的力量推进着历史和社会朝向某个明确的目标涌进；这是最坏的时代，这个世界被表象和实质一分为二，光华艳丽的外表之下隐藏着一个更为真实的世界，这个世界充满矛盾，一切看似不可融合并相互排斥的形象竟然彼此糅合在一起，在这个世界里悄然发生。宏伟且渺小，富裕且贫乏，先进且落后，自由且束缚，这是现代世界的真正写照。“在过去的几个世纪不断前进的过程中，尽管它意味着进步，但却产生了丑陋、陈腐和平庸的东西。而这些在历史上都能看到它们伟大之处的几个世纪，尽管它们的产值显而易见，然而却产生了各种各样的陈词滥调。”①日常与非日常之间的断裂是现代社会内在固有的矛盾，人们在工作中疲于奔波，但在生活里却无所适从，艺术不能代表自发性的能动创造，休闲变成逃离现实和日常的手段，不再是我们放松身心的方法。种种现实都指向了一个怪异的形象，这样的形象在历史上从未出现过，它在保留真实内容和真实需要的同时也保留了虚假的形式和具有欺骗性的表象。它是异化，是在日常生活中普遍弥漫的异化，这种异化普遍地塑造了现代世界里的日常生活的异化形象。

列斐伏尔着重分析了卓别林和布莱希特的现代戏剧思想，他认为两位戏剧大师通过自己的肢体语言和文学语言共同揭发了现代资本主义社会的秘密，即真相与虚假的冲突、奇异与平庸的冲突、自由与压抑的冲突，这些冲突不可调和又相互附庸，形成了光怪陆离的现代景观。

卓别林的喜剧电影在给人们带来欢笑之余却引发人们的深刻思考和紧张感：电影中那个被现代机器和运作制度耍得团团转的人不就是日常生活

① Henri Lefebvre, *Critique of Everyday Life*, *Volume I*, *Introduction*, trans. John Moore, London and New York: Verso, 2008, p. 44.

中的你我吗？当卓别林用幽默而僵硬的肢体行为向人们表演了一位迷失在摩登都市里的可怜人的时候，他的幽默却激发了人们接踵而来的不安，他的喜剧伴随着一出悲剧。列斐伏尔指出，卓别林喜剧的秘密不在于他的身体和肢体表演，而在于身体和其他事物之间的关系，即与物质世界和社会世界的关系。卓别林的喜剧揭露的就是“现代日常生活神秘外观所掩盖的异化特征”①，在一个被技术所统治的社会里，每一个人都将面临一种被支配的命运。在一个被物所环绕包围的世界里，人的身体和物的强权之间展开无休止的斗争，这个时候物忽然变得陌生而难以靠近，曾经熟悉的、被掌握在手中的日常之物成为了人的最大敌人。人在这场斗争中并没有取得显著的胜利，反而被贬低成了“小丑”。小丑的意义存在于荒诞不经的日常生活以及自我和自我相互疏离的存在状态，在这个非人而又异己的现代世界里，人的生存和物性、他性密不可分，人在与机器展开生存的战争，人的对手不再是自我和他人，而是冰冷的技术和无情感的机器。列斐伏尔指出，“卓别林的电影在与已经建立起来的资本主义世界对抗，在与不断完善自己和封闭自己的徒劳尝试相对抗”②，因为资本主义世界必须要产生机器和人形机器，因为资本主义社会生产变异物，人成为了这种社会制度首当其冲的受害者，人性也面对着无尽的挑战。就此，通过卓氏电影，人们可以窥探到现代日常生活的异化形象——“流浪汉”，外表光鲜的资本主义社会和都市里蜗居着无数的流浪汉。他们一边为当代的神话所沉醉，一边又要和他们所迷信的东西作斗争。在列斐伏尔看来，卓别林所揭露的表象和实质的分裂是他所有电影最辛辣讽刺的地方，也是足以构成日常生活批判精神的所在。“日常生活批判取得生动的和辩证的双重形式：一方面，‘摩登时代’（资产阶级、资本主义、科技、技术性等），另一方面，流浪汉。”③ 就这样，喜剧和悲剧相生相伴，喜剧永远都是显性的存在，它的价值是刺穿假象的迷雾，用让人捧腹大笑的方式敲碎粉饰在表象之上的

---

① 刘怀玉：《现代性的平庸与神奇——列斐伏尔日常生活批判哲学的文本学解读》，中央编译出版社 2006 年版，第 117 页。

② Henri Lefebvre, *Critique of Everyday Life*, *Volume I*, *Introduction*, trans. John Moore, London and New York: Verso, 2008, p. 11.

③ Henri Lefebvre, *Critique of Everyday Life*, *Volume I*, *Introduction*, trans. John Moore, London and New York: Verso, 2008, p. 13.

装饰，暴露出其悲剧的本质。

如果说卓别林的电影是站在人与资本主义制度之间的激烈对抗的角度去揭示日常生活的异化形象的话，那么布莱希特的文学就是利用一种贴近日常生活、展现日常生活中不足以让人注意到的“熟知”、在尽可能消除各种偏见的情况下把读者带入设定好的场景里，用“让他们自己做判断”的方式向人们展示异化的存在。

首先，列斐伏尔认为，布莱希特的戏剧都是贴近日常生活的，古典戏剧中的“英雄”在布氏作品中消散，哪怕是诸如伽利略这样的历史名人，在他的戏剧里也以最日常的形式出现。因为日常包围每一个人，身边的人与物均以熟知的面貌出现。可是即使在我们所熟悉的日常生活里，我们难道就对一切了如指掌吗？列斐伏尔指出，布莱希特的戏剧就是对这种观点和态度发起挑战。列斐伏尔在这里借用黑格尔的名言“熟知非真知”作为日常生活批判的座右铭，他指出，“那些与我们熟悉的人或物掩盖了人类，并且给人类一个可以识别出来的面具让彼此难以了解……面具贴在我们的脸上，贴在皮肤上，血与肉都变成了面具。我们所熟知的人都是我们所识别出来之后的样子”①。熟知阻碍了我们对客观世界进行理性的进一步分析与观察，我们会为身边的人选取角色以便更“熟悉地”与他们相处，反过来我们自己也会被他人安排成某种角色。列斐伏尔指出熟知并不是一种幻觉，它是真实的，不过只是现实的一部分。在我们熟知的面具之下隐藏着更大的幻觉和假象，一张张脸谱的背后是我们所忽视的作为真实的人与他人之间的社会性关系，面具越是牢固，熟知越是难以打破，那么异化随着这些面具渗透到任何一种社会关系中去。布莱希特所揭露的异化关系是看上去再平凡不过的关系，包括夫妻、母子、朋友、同事、顾客等，这些日常关系的真实内涵被熟知的面具所遮蔽，角色融入我们的内在，我们也由他人的期许所塑造，因此人们时常难以区分什么是虚假的，什么是自然的。

其次，因为面具的存在，“含糊”是日常生活的一个必不可少的范畴。熟知提供给我们一个认识世界和做出选择的依据，但是这个依据是不可靠

① Henri Lefebvre, *Critique of Everyday Life, Volume I, Introduction*, trans. John Moore, London and New York: Verso, 2008, p. 15.

的，人们对自己的动机和动机的原因往往并不真正了解，这正是“含糊”的定义。如何做选择和下判断成为日常生活中每个人的首要难题。列斐伏尔指出，布莱希特在他的生活史诗中敏锐地观察到了其内容：“行动和事件的艰难，判断的必要性。”为了达到这样的目的，布莱希特在日常中加入了异化意识。异化意识是假象慢慢被剥离之后逐渐浮现出来的，它是现实的意识。为了认清人群，我们要在人群之间置放一段合理的距离，从一个异化的观点真实地看待事物和人群。这便是异化意识的吊诡之处，“异化的意识从异化当中解放了我们，或者开始解放我们。这就是真相”①。布莱希特的戏剧为我们呈现一个尽可能消除任何前在偏见的场景，而消除偏见的方法就是让剧中的人物各抒己见，每一个人均表达出带有特定偏见的结论，只有在众多的声音面前事实的真相才会最大限度上地被还原。观众需要自己下判断，他要让自己变成目击者之一，体会到选择的艰难和做出判断的不易。一切都发生在日常生活里，布莱希特消解的是古典戏剧的透明性、持续性与连贯性，他的史诗戏剧让自己沉浸在日常生活当中，也沉浸在繁多的层面上。这不仅仅是个人的繁多，同样也是瞬间的繁多和场景的繁多。人们只有在碎片化的情景中去理解整体性，通过异化的意识去探寻真实，这是现代社会的窘境，也是现代人必须要去正视的现实。

综上所述，卓别林和布莱希特这两位戏剧大师通过自己独特的戏剧形式以现代戏剧的方式辩护日常生活批判的合法性，聚焦于日常生活中的人的异化形象。不同之处在于卓别林以夸张的肢体表演手法关注的是日常生活的“反面形象”，即与大机器竞争生存空间、被技术统治之下的社会制度折磨得疲惫不堪的流浪汉和小丑；布莱希特则以日常生活的史诗戏剧为己任，以波澜不惊的平实文学表达方式向观众和读者展开一幅实则暗潮涌动的日常生活画卷，这是一种掌握事实的形象，在细小的事实里人们面对的是异化最大化的日常。无论两者之间存在着怎样的差异性区别，他们都是对日常生活的异化形象的戏剧化写照，从戏剧到哲学再到日常现实，我们一步一步地接近这个形象，了解异化在现代世界的支配地位才能更好地做出应对措施并有可能扬弃当下阶段的异化。

---

① Henri Lefebvre, *Critique of Everyday Life*, *Volume I*, *Introduction*, trans. John Moore, London and New York: Verso, 2008, p. 20.

二　异化劳动：日常生活的异化之核

谈到异化劳动，西方马克思主义的思想家们在将近一个世纪的时间里不断地在理论层面和革命实践上与之作斗争。异化劳动首先不是一个理论问题，它是一种社会现实，青年马克思在剖析资本主义社会制度的时候首次意识到了发生在工厂和劳动车间里的神秘化活动，并把它引入到哲学和社会学的视野下进行分析讨论，埋下生生不息的理论源泉和火种。异化劳动对资本主义世界的塑造作用是根本性的，它最终导致了社会财富的逆向分配，产生了社会各种不平等的根源，也侵害了人类世界的总体性。列斐伏尔对异化劳动有一段精彩的描述："工人生产的财富越多，他生产的产品在力量上和广度上越是增长，他就变得越是贫穷。工人生产的商品越多，他自己就变得越廉价。人类世界的贬值是与物品世界的升值直接成比例的，物品世界越升值，人类世界就越贬值。"①

总体来说，物化在现代世界里是必然的，人的价值不是由人的内在本质属性所主导和建立的，而在于人能够提供何种功能。根据功能来建立社会秩序，是物化世界和异化世界的基础。被认为对社会提供不了实际功能的人群面临着生存的威胁。社会需要的最根本的功能就是劳动和繁衍，然而，现代社会秩序的矛盾之处就在于对社会贡献最大的人群却在此丧失了基本的权益和保障，产生这种逆向社会秩序的原因是这是一个由阶级构成的社会，统治阶级并非工人。这一切都发生在机器大工业生产时代和资本主义社会里，这是一个需要物品极大丰盛的社会，并以此作为该社会的目标和立足点。资本主义社会在政治经济学的理论辩护下获得存在的合法性，工人的异化劳动被理所应当地看作谋求幸福生活的必经之路。与政治经济学不同，马克思是最早意识到社会财富和产品的"镜像配置"并对此进行全面分析的思想家，他发现工人付出的社会劳动最多，但是被剥夺得最甚；工人被物品的海洋所环绕，却要为生活的基本保障努力打拼。在马克思眼里，这是资本主义社会矛盾诞生的根源，这种劳动本质上是工人实在性的缺失，劳动的客观化实则为物品的缺失。最严重的是，物品开始奴

① Henri Lefebvre, *Critique of Everyday Life*, *Volume I*, *Introduction*, trans. John Moore, London and New York: Verso, 2008, p. 59.

役工人，商品作为工人劳动的外在化表现形式与工人相疏离，劳动不再是工人彰显自身本质创造力的活动，而是工人沉重的社会枷锁。与工人的实在本质相悖的劳动和商品将工人视为宿敌和异类加以排斥，工人同时也被迫内化这种与自己相异的劳动，让其变成自己本质的一部分，由此工人与工人之间的社会关系也感染了物性。

列斐伏尔一针见血地道破资本主义社会的神秘化表象："事实就是，劳动创造了财富的各种奇迹，但它却造成了工人的贫穷；它可以制造出宫殿，但也制造了工人的贫民窟；劳动产生了智能，但也产生了工人的愚蠢与弱小。"[①] 马克思与列斐伏尔共同指出了资本主义社会的内在的二律背反，即创造与操控、丰富与贫瘠、积累与剥削、塑造主体性与破坏主体性并存。一切看似不可融合的对立事物在这个时代彼此依附，它们表面上互相缠斗、角力，是历史舞台上不可或缺的角色之一；它们看似是以平等的身份和姿态来展现自己作为一种历史事实的质与量，划分地盘，互不相让。不过这就是异化的把戏，它在历史中所呈现出的那些难以理解的神秘事件实际上就是在掩饰自身的存在，以"不在场"的身份来达到真正在场的目的。异化即被割裂的表象和本质，表象可以和本质看似敌对，表象也可以千变万化，然而本质却只能有一种。

马克思以商品为核心提出了"商品拜物教"的概念，然而商品只是生产活动的一个方面而已，它是生产活动总和的缩影，它凝聚了生产活动既抽象又具体的本质。分析作为劳动产品的商品是分析异化的开端，如果说商品是异化的话，那么生产劳动也一定是活跃的异化。所以，要想认清这个异化世界，仅仅对商品展开分析是远远不够的，商品背后的异化劳动才是关键所在。至于劳动的异化是如何形成的，列斐伏尔给出了以下的答复。

首先，"劳动是外在于工人的，即劳动不属于工人的实质性存在；因此工人无法在他的工作中肯定自己，只有否定自己，感到可悲和不开心"[②]。工人把自己的劳动转化成为商品进行销售，势必会对自己的劳动产

---

① Henri Lefebvre, *Critique of Everyday Life*, *Volume I*, *Introduction*, trans. John Moore, London and New York: Verso, 2008, p. 59.

② Henri Lefebvre, *Critique of Everyday Life*, *Volume I*, *Introduction*, trans. John Moore, London and New York: Verso, 2008, p. 60.

生厌恶的感觉。劳动不是为了满足工人的需求，工人在劳动里注入的精力与时间越多，他就越觉得卑微和弱小。列斐伏尔以宗教为例，指出人越是在疏离而异己的对象身上投入得过多，就越会贬低自己的价值与存在，最后该对象会成为人自身主体性和实在性缺失的铁证，它从人的主体性中分离出去，对人施展强大的统治力和支配力。

其次，劳动分工也是异化劳动的一个起因。马克思并没有将所有“罪恶”的起源都归咎于劳动分工，劳动分工也不是洪水猛兽，它只是社会辩证发展的产物，人类从劳动分工当中取走所需，但是它也必将辩证地作用于人类身上。因为劳动分工，特别是资本主义社会制度下有组织的、成体系的、由国家所主导的劳动分工的出现，人类社会开始了全速发展的历史阶段。在这几个世纪里，分工的效率明显可见，社会积累了大量的社会财富。然而最深刻的异化也从此处产生，伴随着生产力永无止境地向前推进，异化笼罩在日常生活的全部领域内，它是全面的异化。如此便可以说明“日常生活全面异化与社会全面进步的辩证统一关系”①。

关于以劳动分工为特征的异化劳动到底何时会彻底终结，列斐伏尔指出，生产关系的革命和社会主义革命都办不到。他认为，在共产主义接替劳动分工之前，马克思实际上并没有特指某个在生产关系层面上的革命或国家政体的革命可以有效地结束异化的现实，他只是预设了一个非特指长度的过渡期，这个过渡期没有以某个具体的历史事件为标志来提醒人们人类的历史已经全面地进入到非异化的状态里。“过渡期”对于异化劳动来说是一个至关重要的概念，甚至对人类的全部异化历史来说，马克思和列斐伏尔都将过渡期视为人类活动的历史时刻和历史统一性此消彼长但却互相确证的总体性舞台。以往的理论家们对过渡期的所有期待均集中在道德维度的层面上，对经济、政治、生产力和国家的种种设想也以道德为核心与基础。列斐伏尔对此种理论态度率先发难：难道美学维度就不值得人们重视吗？为什么这样的期待会轻易地放弃美学和审美的重要性呢？在过渡期的发展进程里，在从异化向整体的去异化的演进过程中，列斐伏尔坚决反对只强调道德而牺牲美学的理论倾向。过渡期不是某个专门化的、技术

① 刘怀玉：《现代性的平庸与神奇——列斐伏尔日常生活批判哲学的文本学解读》，中央编译出版社2006年版，第137页。

性的或由专家所掌控的领域的独角戏舞台，它是日常生活的总体展现，既是艺术的又是庸俗的，既是美学的又是道德的，既是技术性的又是前科学的。总而言之，在漫长的过渡期阶段里，“那些不可持续性和可持续性的诸多因素，那些历史起落的大量要素，那些复杂的众多问题，它们会全部交织在一起”①。如果单纯地利用道德去衡量过渡期里人类活动的优劣而摒弃了美学，那么过渡期内的人类将要面对另外一种难以摆脱的异化困境。

对列斐伏尔而言，很多经典文献中那些基于数量和质量的社会跃进观点过于简化，这种简化的、乐观主义的、从必然性向自由的“跳跃”实际上也是一种神秘化的意识，他敏锐地意识到，这种意识的盛行满足于某些经济的和政治的需要并且控制了一切的社会生活。这种绝对的进步主义思想其实是一种现代的扭曲的意识形态。马克思清楚地表明“有一个因素是在能够控制一切社会生活的非人力量中起到了决定性的作用的，这个因素就是国家”②。国家在过渡期阶段里不断扩张自己的势力范围，向人们灌输一种优先于任何社会生活的生活，这个生活将某些强劲的意识形态当作存在的必要条件，模糊了表象与本质的界限，以刚性的需求和逻辑瓦解了日常生活的本真面目，让生活变成了晦涩难懂的东西。而国家的存在成为了劳动异化得以延续的有力保障。从本质上来看，由现代国家所主导的日常生活必然会忽视异化劳动乃至整个异化范畴的存在与作用：资本主义国家利用政治经济学为异化劳动做合理化的辩护，而社会主义国家认为异化是资本主义制度之下的产物，通过某一场“跳跃式”的革命，社会可以成功地摆脱异化。对此，列斐伏尔不以为然，他指出过渡期是一切新老要素、积极的和消极的事物以及正在生成的和即将消失的历史因素相互碰撞的场域，新的异化从旧的异化中诞生，而被扬弃的异化又会重新获得形式而得以存在。经典文献中所提到的各式革命实际上就是在过渡期里寻找“断裂”，即私人生活和公众生活的断裂、个人意识与集体意识的断裂、国家政体与国家机构在演进过程中的断裂和艺术与现实的断裂。不过，列斐伏尔认为，在日常生活批判的话语范式下，过渡期内的断裂应该属于异化的

① Henri Lefebvre, *Critique of Everyday Life*, *Volume I*, *Introduction*, trans. John Moore, London and New York: Verso, 2008, p. 65.

② Henri Lefebvre, *Critique of Everyday Life*, *Volume I*, *Introduction*, trans. John Moore, London and New York: Verso, 2008, p. 63.

矛盾处于顶点并且即将爆发的断裂。“障碍、令人心烦的困难、焦虑不安、无法解决的问题、处于爆发定点的矛盾，这些都是进步的运动：前进的脚步、现实的诞生、通过解构存在而获得的高度反省的意识。积极就是消极，但是最消极的也是最积极的。”① 在断裂中谋求进步的力量，这是一切革命成功的基础，也是异化的双重性的完美展现。因此，劳动异化所代表的全部的异化范畴是日常生活批判的核心，它呈现了社会进步与社会危机的双元运动，这正是辩证唯物主义的基本内涵。

三　工作与休闲的断裂：日常生活的矛盾性与两面性

异化（劳动异化）在日常生活里产生的另一个特征即工作和休闲的分裂与对抗。列斐伏尔将工作和休闲的矛盾看作现代人在现代社会里所遭遇的普遍化境遇，现代社会构建一种“工作—休闲”二元统一的假象，但实际上工作和休闲之间的矛盾从来没有像在现代社会中那样处于如此紧张激烈的拉锯状态之中。人们工作是为了赚取休闲的时间和场所，而人们休闲则是为了更好地逃避工作，所以时间被分配成“工作日”和“休息日”。社会根据性别、年龄、阶级、技术、能力等因素去规划不同的人所适合的不同的工作，休闲也根据诸如以上的差异被划分为各个不同的领域，差异化的休闲方式是现代世界一大重要特点。然而，正如差异化的工作一样，差异化的休闲不过是众多表象的一种，它所掩饰的是差异化表征背后的无差异化的社会整合，这种整合机制是不加以任何区别地把人们从工作的网罗里转移到一个所谓放松的、具有创造性的、与世俗暂时分离的和彻底自由的乌托邦里。现代人达成一个基本的共识，即工作和休闲是不可调和的，二者不可兼容。从历史的角度来看，从个人的特征发展与现代社会之间的关系来看，工作和休闲之间的关系经历了一个过程，主导“工作—休闲”关系的是生产活动与日常生活在资本主义社会里的地位变化，是劳动价值的绝对化，是人们在逃避片断式的劳动时所形成的心理机制。

第一，列斐伏尔指出生产活动（即生产力）在不同历史时期与日常生活构成了不同的对应模式，生产力一步步从日常生活中凸显出来，最终在

① Henri Lefebvre, *Critique of Everyday Life*, *Volume I*, *Introduction*, trans. John Moore, London and New York: Verso, 2008, p. 72.

资本主义社会里生产力变成了支配一切的统治力。在前资本主义社会中，人们的生产与日常生活并没有明确的分界线，即便是在今天，农民和手工业者在一定程度上依然保持着由传统所赋予的生产与日常生活的统一。这样的统一决定了私人生活、家庭生活与社会生活的组织形式，也决定了其他非生产活动的社会内容。列斐伏尔认为，这样的生活方式与其说是个人的，不如说它属于一个群体，该生活方式在群体的继承与发展下获得了顽强的生命力。资本主义社会的出现打破了这种生活方式的平衡，一系列孤立的、碎片化的和专门化的生产要素导致了生产力和日常生活之间的关系的颠覆性后果，技术在其中也发挥了不可小觑的作用。

资本主义的生产模式促进了原子化的个人，劳动分工的加剧让个人变得内向而孤独，与此同时个人还要不得不处理复杂的社会关系。在这个过程中，个人的意识分裂成为私人的意识和社会公共意识，原本整合统一的日常生活被一分为二。“在一个人作为‘个人’和作为‘工作的人’这两者之间出现了一种区分（在资产阶级中比在无产阶级中更加清楚明显）。家庭生活变得与生产活动互相分离，休闲也是如此。”[①] 资本主义制度的出现打破原有生活模式的各个环节，从生产方式到生产关系，从个人意识到公共意识，一切均带有资本主义社会的烙印。工作成为了生产力与生产关系集中体现的维度，而日常生活的其他残余则转向了满足工作所不能满足的其他需求。因为生产力从日常生活中脱颖而出，逐渐从日常生活中凸显出来，工作与休闲的分裂在所难免。

第二，劳动的价值在资本主义社会里受到了前所未有的强调和重视，围绕着劳动价值，资本主义社会建立了关于劳动的道德秩序和美学价值。在工业社会和资本主义社会里，对劳动的需要达到了人类历史各个时期的最大值，作为人类各种实践活动之一的劳动也在这个时期被社会视为“第一实践活动”。

关于劳动的绝对价值的形成，很多思想家从多方面的视角对这一现象进行过分析和解释：

福柯认为，从文艺复兴之后在欧洲普遍出现的“大禁闭”开始，人们

---

① Henri Lefebvre, *Critique of Everyday Life*, *Volume I*, *Introduction*, trans. John Moore, London and New York: Verso, 2008, p. 31.

对疯人、愚人、乞丐、游手好闲的人的驱逐逐渐转变成了集中圈禁，这种禁闭并非出自治疗病人的考虑，而是出于一种完全不同的考量，即“使禁闭成为必要的是一种绝对的劳动要求”[①]。该禁闭的目的与具体的历史现实有着紧密的关系，它主要是为了应付17世纪以来出现在欧洲的普遍严重的经济危机，为了摆脱经济危机，那些因为各种各样的原因而不劳动（进而也就是不具有经济价值）的人必须面对来自社会的惩罚，也就是强制性的劳动。与此同时，强制性的劳动又获得了道德的意义，该道德意义与宗教息息相关，不劳作的人被视为是傲慢的并且强求上帝的施舍与仁慈的邪恶存在。所以福柯指出，“禁闭的实践与必须工作的主张之间的关系不是由经济条件规定的。远非如此。是一种道德观念维系和推动着这种关系”[②]。因此，在工业社会的最初阶段，一种关于“劳动即美德”的道德规训在欧洲生根发芽，并且以不可阻挡的势头蔓延至社会的所有角落。

马克思同样注意到劳动在工业社会里所产生的不可取代的作用，不过与福柯不同的是，马克思以经典的经济学和社会学观点阐发了劳动在现代社会中的价值。福柯的“大禁闭”劳动针对的是被社会认为不愿意劳动并且道德败坏的边缘人，而马克思所谈论的劳动则是在人类共同体的立场上给予劳动以扬弃人类异化的功能和意义。由此来说，马克思的劳动概念不仅仅关涉到道德秩序的建设，它更是一种美学上的需要，即扬弃异化和获得解放的劳动美学。因此，列斐伏尔认为，马克思语境下的劳动和工作是人类的首要需求，人们将这样的作为一种客观需求的劳动和工作转化成为必需的主观需求以达到实现自身价值和消灭异化的目的。

然而，现实并非如此，现代工业社会的劳动是一种极其顽固的异化形式，马克思对劳动的种种设想与准则在与现代片断式的现实劳动的碰撞中显得是如此地格格不入，而他所提到的能够消除异化的工作并非现代片断式的工作。这样的劳动与工作只是建立了普遍的道德秩序，却放弃了本身固有的美学维度，毋宁说它确立了另外一种美学，这种美学只具有经济的和政治的价值意义。因此，工作和劳动是现代社会必然性的集中体现，生

① ［法］米歇尔·福柯：《疯癫与文明》（修订版），刘北成、杨远婴译，生活·读书·新知三联书店2012年版，第48页。

② ［法］米歇尔·福柯：《疯癫与文明》（修订版），刘北成、杨远婴译，生活·读书·新知三联书店2012年版，第58页。

产过程掌握着生产力和生产关系之间的微妙变化，而技术性的教育又服务于社会大生产的终极目的。这一切都是一个闭合的循环，在这个循环里，除了劳动之外别无其他美德和满足，工人身陷劳动的泥潭之中，因为“在任何情况下，劳动的这些零碎的特征都不能被看作是对个性发展有利的，不管社会的和政治的环境如何，它始终在‘异化’”①。在面对这般异化的劳动时，工人们选择逃避。

第三，在必然性中寻找自由的突破口是休闲的发展与需要的深刻意义，现代社会面临着一个尖锐的矛盾，我们在上文已经对这个矛盾进行了简单的阐释，在这里我们再次围绕着这个矛盾去展开关于工作与休闲的二元结构。

列斐伏尔认为，工人们渴望与他们的工作发生一次尖锐的断裂，从某个角度上来说，这个断裂是如此的彻底以至于不需要任何前提的考量和任何后果的顾虑，它是一种纯粹的飞跃，从必然性到自由的飞跃。休闲和工作在资本主义社会制度下产生不可逆转的对立趋势，工人们在日复一日的重复性劳动当中体会不到任何满足，他们以被异化的和压抑的工作为生，而且忍受着工作。无论是作为动物性的生理需求还是作为面向高雅艺术的精神需求，工作都不能满足人的如此复杂的需求体系，因此工人转向另外一个领域，一个关于休闲的绝对领域应运而生，它是一个完整的产业，以提供可以让人们逃离自己的工作的一切手段为己任。

但是马克思已经指出，必然性不会在自由中消失，自由也依赖于必然性，我们不能把它们的关系想象成外在于对方的，而是彼此相对的。这是必然性和自由的内在固有的辩证关系。在辩证唯物主义的观点看来，绝对的自由是不存在的，休闲的自由观念也只有在一定的限度上是有效的。当我们不顾它背后的具体条件和语境而将它视为一个绝对真理的时候，我们就要警惕它所带来的风险，即休闲之中也有异化，这和工作乃是如出一辙。一方面，现代的技术为人们创造出无数的休闲机器，比如电视机、手机、电脑，人们结束工作之后进而会逃避到这些机器里以求得放松；另一方面，自发性的休闲逐渐被人造的休闲所取代，人们从被设定好的工作中

---

① Henri Lefebvre, *Critique of Everyday Life*, *Volume I*, *Introduction*, trans. John Moore, London and New York: Verso, 2008, p. 38.

逃离出去，又坠入另一个被设定好的休闲当中，这是另一种必然性。“工作—休闲”的社会结构和表象掩盖了真正的矛盾，那就是既不能通过工作也不能通过休闲去扬弃的日常生活的普遍异化。“所以我们工作是为了赚取我们的休闲，而休闲只有一个意义：逃离我们的工作，这是一个恶性循环。”①

工作与休闲确证了两种辩证运动的存在，二者也证明了资本主义社会里的一种矛盾性和两面性的存在。

首先，从必然性到自由或者从自由到必然性的运动并非无条件的跃进，尽管技术为这样的跃进提供了看似无限的可能性，但是技术依然不能取代横亘在必然性和自由之间的实践性鸿沟。与此同时，这样的跃进绝对不是单向度的和一劳永逸的，我们需要明确的是这样的运动将会处在无尽的循环之中。

其次，积极和消极的复合与统一就这样在日常生活的领域内被建立了起来，这种复合体在日常生活里其实随处可见，它的存在证明了任何欲想将积极和消极的界限绝对化的企图均为理论上和实践上的偏执与幻觉，而积极和消极之间的辩证运动是自发性的，社会科学研究人员必须要着眼于批判这些现象才能够有效地描述和分析这些现象。这两种辩证运动包含对日常生活的深刻的自发性批判，它们批判的对象就是日常生活里普遍存在的异化。异化可以掌握真实的内容，同时它也符合真实的需要，然而它保留了虚假的形式和具有欺骗性的表象。

四　社会语义价值的塌缩：社会语义异化与日常生活的衰落

在发达资本主义社会全面异化的总体性批判中，特别是在日常生活异化的批判中，列斐伏尔特别地引入了“语言学现象”，其原因有二。一是现代理性是一种“祛魅”的理性。从启蒙运动开始，一切不符合理性思维的社会内容都被排斥成为“迷信”和“蒙昧”，消除这些现代理性所不能分析和处理的社会现象就成为理性的首要任务。因此，受到现代理性主导的资本主义社会天然地把“可读性”和“透明性”视为社会构建的基本目

① Henri Lefebvre, *Critique of Everyday Life*, *Volume I*, *Introduction*, trans. John Moore, London and New York: Verso, 2008, p. 40.

标和最高的现实价值。二是在这种现代理性的指导下，现代社会将日常生活改造成可理解的、可分析的、易掌握的社会实在。因此，一个普遍化的社会语义场在日常生活内部悄然生成，它在人们无意识的状态下指导着社会实践。现代理性、社会语义场和日常生活三者之间形成了密不可分的社会化整体，共同构造了一个具有普遍意义的问题域。

存在于社会语义场中的异化是何种类型的异化？这种异化对日常生活有何影响？我们该如何理解语义场这个更为广阔的领域和日常生活之间的关系？或者说，日常生活的异化与语义场的变化与跃迁是否存在某种必然关联？现代社会的语义场演化是否导致了一种语义规训？这些问题都需要我们在一个更加抽象的层面上作出答复。列斐伏尔认为，信号在现代理性的推动下成为社会语义场的主导要素，这直接导致了语义异化的产生和语义价值的塌缩，而语义异化进一步加快了日常生活衰落的步伐。

1. 社会语义场的主要构成要素

列斐伏尔指出，社会语义场主要是由形象、象征、符号和信号四种要素构成的。

与符号和信号相比，形象与象征诞生于现实性的层面，是语义场最初产生的交流手段和信息载体，也是语义场最古老的家族成员。它们具有情感性、想象性和表达性三个主要特征。首先，形象和象征是具有情感作用的，可以直接唤起人们情感上的共谋和约定，它们通过把情感放置在环境中并激发人们的情感共鸣，从而让自己被人们所理解。对列斐伏尔而言，相较于符号和信号，情感性是形象和象征的首要属性。此外，形象与象征难以构成逻辑连贯而严谨的体系，它们本身拒绝踪迹可寻的逻辑线索，它们的独特之处在于承载着创造性、自发性和修养深厚的诗性品质，而并非纯粹习得的知识。其次，形象与象征需要想象的参与，它们面向的不只是过去，也趋向于未来。想象之于形象与象征所呈现出来的是一种功能，它在所能预见到的并且能够参与进来的未来里发挥作用。想象的目光在过去的某个意义的古老王国里搜寻可以投射到现在和未来里的已习得之物，在这样的过程里，想象深谙创造未来的必经之路，它在人们的头脑中展现可能性和非可能性的最遥远的领地，同时逐渐驱使人们将这些头脑中的非现实的虚幻转变成为现实，让它们具有效力。最后，形象与象征也是表达性的，只有当它们是表达性的时候才是最活跃的。如果形象与象征所激发的只是一种情感的话，那么它们各种具体的表征依然是一团模糊不清的东西，只会处于日常生活中的不利地位，慢慢地被人们遗忘。但是形象和象征的表达与使用始终带有滞后性，这也是那些采用它们的人和被它们的行动所影响的人之间的滞后性。

总而言之，形象和象征是人们在日常生活里所进行的自发性创造，它们以情感作为动力穿透时间与空间的龃龉和阻隔，以最大限度地呈现出一个意义的世界，这个世界蕴含着无数可能性的丰富内涵。从某个角度来看，形象和象征排斥理性的构建与整合，它们带有非理性的特点，用鲜活的、多重的和在场的方式去创造真实的状态，而这种状态是理性所不能赋予的，也是被理性加以清除的。

符号的应用要比形象和象征普遍而宽泛得多。列斐伏尔指出，符号的原型显而易见就是语词，但是人们却依然不容易规定符号。列斐伏尔所论述的符号并非纯粹视觉上的符号（涂鸦、简易的图画、具有某类明确倾向或常识性的图案），而是一类接近语言的符号。无论是在视觉上还是在听觉上，这一类符号都形成了较为严密和谨慎的体系，时刻传递着信息与意义。符号产生于人类的实践操作，它需要环境和语境的配合，一旦从其中分离出去，符号就只剩下抽象。与此同时，符号与能指和所指的关系更为紧密，如果能指和所指之间的连接链条发生断裂，符号也只能留于纯粹的形式。意指、能指和所指构成了符号的三重性，这样的三重性质将符号和信号区别开。“尽管符号和信号之间存在着类似，但是符号是不可以被化约成为信号的。”① 符号通过逻辑上的排列构成语篇，语篇是符号的高级形式，形象与象征在语篇里的应用为符号开启更多的可能性。语篇的形成从根本上来说是符号在既定的结构框架内的形式次序。尽管结构化的形式的主要目的在于排除不确定的因素，优化信息的明确度，尽可能地传递更为丰富的意义，但是结构并非坚不可摧的堡垒，它会受到来自内部和外部的影响。

信号是逻辑所产生的另外一种产物，相较于形象、象征和符号，信号比它们出现得都要晚。从现代开始，信号逐渐在日常生活中被人们深刻体

---

① Henri Lefebvre, *Critique of Everyday Life*, *Volume II*, *Foundations for a Sociology of the Everyday*, trans. John Moore, London and New York: Verso, 2008, p. 281.

验到并且开始排挤符号，占据主导地位。列斐伏尔指出，“在每个人的经验里，两种光（红和绿）是信号的原型”①。因此信号是二进制的和选言的，它们严格遵循着逻辑的规则。另外，信号只可以指向单一的目的，要么停下，要么前进，要么是，要么否。信号也只和单一的感官相关，灯光、声音和气味都能激发一种单一的感觉器官，指向具体而明确的内容和行动。最让列斐伏尔感到担忧的是，信号活跃在意识之外，主体在信号面前失去能动性，并且信号的存在目的之一就是让主体客观化和被动化，让主体居于惰性的状态，就像客体一样。因此，“完美的信号是彻底非人格化的”②，它们绝对地排斥传统哲学家所赋予给主体的一切品格和特征，它们为人所用，但是本质上却是非人的存在。

形象、象征、符号和信号形成一个巨大的场域，这个巨大的场域就是语义场。它是人类在不同时代、不同社会和不同文化之下可以进行有效交流的保障。这个巨大的场域和日常生活之间的辩证运动塑造出我们今天现代社会的风貌，它从日常生活中汲取养料，在日常生活里发展、消亡、整合、再生，反过来也深刻地影响着我们的日常生活。这个辩证运动源源不断地为哲学家、思想家、艺术家和诗人提供灵感和批判的对象，让他们在思想和实践之间开展心智活动。因为这个辩证运动不仅关涉到一个时代的精神，更关乎到一个时代的症结。列斐伏尔的语义场理论为我们提供了一种批判现代理性的进路，不同于现代理性的工具理性批判、文化批判和权力批判，列斐伏尔语义场理论实际上是一种现代理性的语义价值批判。它着重从意义交流和信息交流的维度出发，从“社会文本学”的角度将现代理性对现代人的宰制手段揭露得鞭辟入里。

2. 针对现代理性的语义价值批判

从列斐伏尔的语义场理论中可以发现，现代资本主义社会的语义场是现代理性作用在社会语义要素之上所产生的逻辑结果和现实状态，它直接体现了现代理性强大的社会塑型能力和改变人们日常生活的本质属性。列斐伏尔并非孤立地讨论形象、象征、符号与信号的社会功能和语义场原则

---

① Henri Lefebvre, *Critique of Everyday Life*, *Volume II*, *Foundations for a Sociology of the Everyday*, trans. John Moore, London and New York: Verso, 2008, p. 278.

② Henri Lefebvre, *Critique of Everyday Life*, *Volume II*, *Foundations for a Sociology of the Everyday*, trans. John Moore, London and New York: Verso, 2008, p. 279.

的运行模式，而是将语义场和资本主义社会自近现代发展的历史与社会现实内容紧密地结合起来，并吸收了现代理性批判的诸多理论成果，指认语义场和工具理性之间的辩证关系。本质而言，列斐伏尔语义场理论是针对现代理性的语义价值批判。

要想展开具体的语义价值批判，就要首先梳理社会语义场在发达资本主义社会里的演变过程，以及现代理性在这个过程中是如何发挥作用的。

列斐伏尔首先考察了语义场和现代工具理性的辩证关系。语义场的演进是受到自启蒙运动以来不断合理化的工具理性的影响和支配的，可以说，现代资本主义社会的语义场是工具理性的现实结果。一方面，资本主义社会的语义场在逻辑层面上和工具理性同源同构，它符合工具理性诸多抽象的本质规定性；另一方面，它是随着工具理性在资本主义社会发展的历史进程中所发挥的作用逐步加深的产物。韦伯对工具理性的解读和批判有助于我们更好地理解资本主义社会语义场在演进过程中的深层运动机理。

韦伯指出，资本主义的立足之基便是将现代理性所不能理解和不能计算的一切社会内容从人们的视野中清除出去，只留下一种理性，那就是以实证科学和技术为主导的工具理性。韦伯同时将这个理性化过程称为“祛魅”。“再没有什么神秘莫测、无法计算的力量在起作用，人们可以通过计算掌握一切。而这就意味着世界除魅。”[①] 就此，所有不能被理性理解和掌握的东西都被理性贬低成为迷信或蒙昧。而韦伯认为，在“世界的解咒”过程里，那些最终极的、最高贵的价值都被排挤到神秘生活的超验领域里，不再是人人可以共享的宝贵的文明财富。所以韦伯认识到，自近代开始被西方世界鼓吹的理性实际上是一种非人的异己力量，现代理性导致的直接结果就是社会的一切都要用效率和生产力的实际价值加以衡量。而语义场作为资本主义社会现实的一部分势必受到工具理性的改造。

此外，工具理性的介入改变了传统语义场的组织结构和构形成分，在一个愈加理性化的世界里，语义内容也倾向于理性化，倾向于更加容易被理性所掌握。由此，工具理性有规划、有步骤地展开对语义场的改造和重构，既包括了语义要素在量上的改造，也包括了其在质上的改造。远离工

---

① ［德］马克斯·韦伯：《学术与政治》，冯克利译，商务印书馆 2018 年版，第 17 页。

具理性的形象和象征在理性化的世界里丧失了稳固的自发性根基；符号介于形象、象征和信号之间，工具理性巩固了符号的指令作用和内在的结构框架，但却割裂了符号与自发性情感之间的天然纽带；而信号因为自己亲近纯粹逻辑、身处情感性和自发性之外而受到工具理性的青睐，在现代世界里大受推崇。信号的强化、符号的弱化和象征、形象的衰退共同构成了现代语义场的基本特征。

再者，社会语义场在现代工具理性的侵蚀下不断遭到贬值和扁平化，丰富具体的语义内容和语义载体逐渐地被抽象乏味的信号所瓦解，语义价值单一化是现代资本主义社会所面临的严峻的社会危机。语义价值直接关系到日常生活的活力与动能，是列斐伏尔日常生活批判的重要组成部分。列斐伏尔指出，日常生活在现代世界里丧失了“家园”的意义。人们在工作和专业化生活结束之后本应该回归日常生活，在日常生活里获得精神和心灵的人文关怀，因为节日、仪式、风俗、祭典（这些社会内容含有大量的象征和形象的功能）等日常生活要素能够赋予人们充分的存在意义。但是现代工具理性一边将这些晦涩难懂和晦暗不明的社会内容从整体的语义场里加以排除，一边将信号的逻辑化语义灌注在语义场内，这就导致了对原生语义场的破坏和消耗。

3. 信号的全面胜利

列斐伏尔语义场理论所表现出的现代理性批判的内容集中体现在他对信号的批判上。毋庸置疑，列斐伏尔敏锐地捕捉到现代资本主义社会的语义场的重要变化，信号代替符号成为现代语义场的主宰力量，并将象征和形象压制到日常生活的角落里，最终导致了工具理性对人文精神的侵蚀。

第一，列斐伏尔认为，信号以可读性为最高价值，虽然可读性具有很重要的品质，但是代价也极高，那就是它会让部分信息或内容丢失。可读性是信号追求严密性和连贯性的具体操作和体现，它用“非此即彼”的僵化选择抹杀感性事实，它所带来的明晰和秩序是强制性的，以牺牲社会语义的可能性和丰富性为前提。经过信号的重新整合，社会语义场更像是一个庞大的冰冷机器，信号不只是变得数量众多，它们还一点一滴地拆解了语义场。“它们侵蚀象征并减轻表达和意指这两个极点之间的张力，语义场变得简化而统一，辩证（在表面上）被逻辑所代替。”① 凡是不能被信号所整合的语义内容都被排挤到语义场的边缘地带里。不难看出，在这一点上列斐伏尔的信号批判与韦伯的工具理性批判之间拥有很高的互文性。

第二，象征和形象是被信号消耗和排挤得最为严重的语义要素，因为前两者属于情感自发的语义范畴。象征和形象难以被逻辑和理性所整合，它们时常游离于理性之外，以独特的方式进行创造，创造是它们的本质属性，而非机械化的重复。在这个过程中，象征和形象产生了与理性的可读性和透明性相悖的“阴影地带”和“断层”，这些阴影地带和断层恰好是文化丰富性和多样性的发源地与始基，它们是动摇线性节奏的信号机械过程的关键所在。信号以强有力的刚性逻辑让这些文化的始基在现代工业社会里难以维系，导致了现代文化的枯竭和衰落。

第三，信号是精心设计过的指令系统，它有效地规约了现代人的社会行为和社会实践。“在工业社会中，城市生活充斥着无数的信号传输。每一个信号规定了一个例行公事，就像一个计算器似的，规定着举止和行为的模式。”② 简单来说，信号是社会规训的一种手段，是权力的表征之一。在信号面前，人们过着单调乏味的生活，一切都是由信号所设定好的。更糟糕的是，信号隐蔽而不容易被察觉，更难以被扬弃，现代人不知该从何处进行反抗，也不知该如何反抗。列斐伏尔的语义场理论和信号批判有效地为人们展现了现代理性的运作机制，展开了针对现代理性的强烈批判。

信号的全面胜利所产生的直接现实后果便是一个以社会语义场为基础的社会化规训手段得以构建。在这个具体的规训方式里，信号承担着主要的实施者身份：一方面，信号把现代资本主义社会整合得井井有条、秩序井然；另一方面，它却一直无限地消耗着那个自发而有机的意义世界，现代社会在信号规训的塑造之下变得片面而单向度，进而索然无味。

4. 信号规训和语义异化：加速现代日常生活的衰落

根据列斐伏尔的社会语义场理论，发达资本主义社会自觉地生成了简单易懂的信息群和意义群，像是一本书、一幅画，现代将明晰、易懂、简

---

① Henri Lefebvre, *Critique of Everyday Life, Volume II, Foundations for a Sociology of the Everyday*, trans. John Moore, London and New York: Verso, 2008, p. 300.

② Henri Lefebvre, *Critique of Everyday Life, Volume II, Foundations for a Sociology of the Everyday*, trans. John Moore, London and New York: Verso, 2008, p. 300.

约、高效奉为社会运行的第一类法则，然而这样所造成的结果就是以牺牲丰富性、多样性和自发性为代价，日常生活不断地向内塌缩，降维成一个“平面”。现代人就生活在这个“二维”的平面里，日常生活只是现代人的驻足之地，丧失其“家园”的内涵。诸如马克思一样的思想家们很早便意识到，物质的极大丰富并不能被当作一个文明社会的绝对尺度，单纯地占有物质只会造成社会的严重“滑坡”，人会变成物的奴仆，一切的人类活动都会围绕着“如何制造更多的物”来展开，社会信息的简化导致日常生活的内在虚弱，最终让其变成一片荒芜之地。

信号的流行和宰制指向一个灾难性的后果，那就是脱离了信号的管制，现代资本主义社会将会陷入接近瘫痪的运行状态。因此，信号是现代资本主义社会具体而细化的组织原则，它构成了现代人在社会语义场内部的规训手段。一切人的行为都要听命于信号的支配，人变成了信号化的生命存在。

关于信号规训的具体规定性，列斐伏尔总结出以下内容。信号是现代工业社会最伟大的发明，它以前所未有的整合组织能力将散漫在社会空间中的劳动力与个人凝聚在资本主义的生产模式中，它积极地与已经确立起来的经济、政治和文化制度相配合，保持效率和秩序，城市的日常生活在信号的作用下变得井井有条；信号亦是现代工业社会最糟糕的发明，它颠倒了人的日常生活的本真存在状态，信号的无孔不入将城市简化为信号体系。列斐伏尔以“街道”作为典型样本分析了现代城市的重复与单调，街道不知疲倦地重复着自身，来往的车辆、匆忙的行人、随着昼夜更替的路灯、不停闪烁的交通信号灯，街道成为一个景观，人们参与其中但却不自知，对这个景观内的运行规则也不甚了解，任由其摆布。这种景观是如此具有强制性和不可控性，以至于人们难以停下来去思考它的真实内涵和本质，任何事物也不可阻挡其永恒性的重复性运动。

列斐伏尔较早地观察到由普遍的日常生活异化所造成的日常生活景观化的这一现象，在列斐伏尔看来，景观的形成是因为丰富的社会文本的缺失和原本处于平衡状态的语义场遭到了破坏，景观看似是动态的，其目标实则是制造永久性的静态画面，它的最终目的是支配和掌控人们的日常生活，驱散任何可能性的丰盛内容，将人们生活于其中的日常生活改装成精密运行的社会机器。情景主义国际的创始人居伊·德波继承了列斐伏尔的日常生活批判理论方向，并发展了关于景观的批判理论，他指认现代社会景观的制霸地位以及人在面对景观时的软弱无力。德波所讨论的景观绝不受限于街道，他谈论的景观是在现代日常生活中具有本体论意义的一大现象，这种景观是日常生活全面沦陷的证据，也构成了现代人最大的生存困境。“人在景观中是被隐性控制的，不得不无意识地臣服于景观制造出来的游戏规则，从而也就遮蔽了现实中真正出现的分离。”①

日常生活的异化在这种情况下达到了最大化，纵然在资本主义社会制度之下诸如劳动分工、大机器工业生产、商品拜物教等众多实在已经将人们的日常生活撕扯成碎片并占领了这个领域，然而日常生活还是留有尚可革命的余地的；真正让日常生活的革命概率变得微乎其微的诱因并非如经典马克思主义学者们认为的是那些发生在经济领域内的各种要素，而是那些发生在更加抽象的，但同时也是最为具体的领域内。这个领域就是信息交流的场所，是意义传递的场域，是信号、符号、象征和形象彼此撕扯争斗的空间。我们很难用一个独立的特殊概念去概括这个场域，因为它实在过于复杂，总体来说它是基于语义场原则的、建立在日常生活之上的并以社会文本的形式表现出来的意义世界，这个世界保证了日常生活的活性和动力来源。

与生产性生活不同，在列斐伏尔看来，日常生活承担着完全不同于“生产”的其他任务，它是人类最后的庇护所，它是前概念的和前科学的，是充满自发性的，一句话，日常生活要给予人们以存在的意义。然而，在语义场和社会文本不断地遭到破坏的情况下，日常生活也无计可施，面对着资本主义社会在新时代的自觉的自我生成，日常生活面临着前所未有的危机和挑战。列斐伏尔敏锐地捕捉到新历史时期之下的资本主义社会所发生的新变化和新的转型方向，传统马克思主义所关注的物质生产领域于此刻居于社会组织结构的次要地位，反之消费变成社会的基础性结构。在一切都可以快速流通的社会背景下，社会的各个层次均发生分离和断裂，丰富的意义和价值被抹去；信号支配着日常生活的主体，象征偷偷溜走，躲在角落里盼望着人们的察觉，符号因为能指、所指和意指之间的牢固联系

① 张一兵：《代译序：德波和他的〈景观社会〉》，载［法］居伊·德波《景观社会》，张新木译，南京大学出版社 2017 年版，第 35 页。

被破坏而泛滥成灾；视觉代替了听觉和触觉，在这样的日常生活里，我们只能去“看”，看城市所搭建起来的各种景观，看他人与他人之间表演性的交往，看自己的生活被操控在作为精准机器的社会框架内。由此，日常生活变得干瘪而荒芜，古老文明的传统在现代城市的强大简化作用下消失殆尽。日常生活的衰落加速到来。

综上所述，列斐伏尔通过对日常生活的异化形象、异化劳动、工作与休闲的断裂和社会语义价值的塌缩四个方面的分析进而展开日常生活层面上的异化批判，日常生活的异化批判是列斐伏尔对发达资本主义社会异化的总体性批判的一部分，而这一部分的异化批判却是全面异化总体性批判的基础。除了日常生活，社会现实层面里还存在着其他类型的异化现象，这些异化现象同样与日常生活的异化现象相互融合，共同形成一张压抑现代人的异化之网。

第二节　社会现实的异化批判

列斐伏尔对发达资本主义的社会现实的理解主要集中体现在“控制消费的科层制社会”这一概念里，这个概念既是重新定义发达资本主义社会的社会类型，也是对现时的资本主义社会现实的摹写与描述。通过这个概念，列斐伏尔对发达资本主义社会的本质进行了重新认识，“控制消费的科层制社会”既可以视作列斐伏尔进行现代性日常生活批判的“政治经济学”基础，也可以视作列斐伏尔对发达资本主义社会的概括性理解，指认现代世界的社会现实的主要特征。那就是以“消费”作为取代“生产”的社会主导性因素的时代已经到来，并且在一个更加严格的理性化组织模式里，将原本是自发性的、分散的、微观的、具有象征意义的诸多社会现实整合在高度理性化的科层制之下，与此同时这种高度组织的科层制社会对现代人的生存产生了严重的威胁。

基于列斐伏尔的“控制消费的科层制社会”这一概念所涉及的各项内容，以及这一概念在社会现实中涉及的各种可能的异化形式，本小节将会以异化的发达资本主义社会、消费异化、政治异化和发达资本主义社会人的生存异化为主要内容，一一展现列斐伏尔对社会现实所做的异化批判。

一　异化的发达资本主义社会

在列斐伏尔眼中，在现代世界的地平线上冉冉升起了众多的“星丛”，人类得以立足的生存之基——日常生活就被这些星丛所环绕：现代性、科学主义、男性化、女性化、技术、青春、时尚、城市化、狂欢等。[①] 数不尽的各类价值、社会现实、发展方向和前进目标不断地粉饰着现代世界的地表样态，而列斐伏尔做出这般形象化的比喻绝对不是要表达一种盲目的乐观主义和进步主义的态度，而是对这个充满异化的发达资本主义社会的直接描述。他借此指出他对现代世界的两个方面的担忧。

首先，以往的理性哲学和思辨哲学所追求的总体性的历史进程和统一性的社会结构在现代多元的价值体系冲击之下走向终结，尽管前者同样受到思想家们的批判与反思，指出由理性哲学和思辨哲学所主导的精神产物的局限性与弊端，但是不得不承认的是，在缺乏这种具有主体自觉性的社会历史建构的指导下，“只有流行的消费导向和盲目从众的文化无意识”[②]。无论是理论体系所宣传的各种主义也好，还是社会上空中飘浮的各种价值也罢，列斐伏尔认为它们都只是构成现代世界乱象丛生的砖瓦而已，均反映了现代日常生活平面化的事实，日常生活的丰富内涵与无限意义在被盲目而无导向功能的精神产物不断冲刷的作用下走向枯竭。主体消解，历史终结，社会也趋向于分裂，现代世界看上去经历了无可挽回的危机，并以不可阻挡的碎片化过程解构了人类在此前的历史阶段中所积累的文明成果。

其次，在表象丛生的现代世界里，列斐伏尔却意识到，实际上，新的“巴别塔”已经矗立在旷野之上，确立在城市之中，我们的社会或许真正地经历了分解与消亡，传统社会的遗产在消失，然而有一种新的力量将破碎的社会现实重新整合并统一，再次统摄各个散落在社会角落里的散漫的社会因素，筑造成我们这个时代的“巴别塔”。这个所谓的“巴别塔”消解了社会与人类的潜在可能性，以现代资本主义所创造的辉煌成就为障眼

① Henri Lefebvre, *Everyday Life in the Modern World*, trans. Sacha Rabinovitch, New Brunswick and London: Transaction Publishers, 1984, p. 109.

② 刘怀玉：《现代性的平庸与神奇——列斐伏尔日常生活批判哲学的文本学解读》，中央编译出版社 2006 年版，第 266 页。

法，置换了现实与非现实二者的地位，影响社会话语的形成，塑造我们今天的话语地貌样态。

在列斐伏尔看来，发达资本主义社会呈现出一种独特的社会样貌，那就是整个社会被众多看似具有凝聚力和统摄力的力量联结并整合在一起，看上去是一个整体，但是实际上在这种虚假的统一性之下隐藏的是现代社会真实的碎片化。现代社会的这种独特特征代表了存在于整个社会范围内的一种异化，即统一性与碎片化并存，虚假的整合与真实的分裂并存，由此衍生出各种相互矛盾的社会实存。因此，对这种社会现实的异化的分析变得尤为重要。

1. 巴别塔和碎片化

巴别塔和碎片化是这个社会异化现象首先产生的一对社会矛盾，巴别塔是发达资本主义社会不断趋于将各种零散的社会要素强力整合在一起的产物，而碎片化则是在这种强大整合力之下各种社会要素难以抵挡地趋向于分散和分裂的过程。二者的同时存在导致了社会异化的进一步加深，不可调和的矛盾不断生成。

到底什么是“巴别塔”？在历史上，巴别塔的形象总是和宗教相关，它作为一种带有强烈隐喻的象征最早指代的是人类借以挑战上帝的权威。而在神话里，巴别塔最初具有可操作性的原因是人类操持着统一的语言，在上帝打乱人类统一的语言之后，巴别塔便不了了之了。所以，巴别塔是人类世界坚持趋同性和统一性的象征，它的存在意味着差异和多样性将会消失。

在现代社会的神话里，巴别塔已经不再代表人类挑战上帝的证物，但是在古代神话里没有成功建造的巴别塔却在现代神话里随处可见。它是权力，是结构，是话语，是无所遁逃的压抑，它依然保持着古代神话所赋予它的那份权威，即它在人类生存的深层结构层面上得以施展的具有强制功能的统一性和凝聚力，这种统一性和凝聚力既是来自他者物性所编织而成的表象网罗，也是作为主体的人类个体和人类群体在现代世界里进行自我消解的结果。现代世界的巴别塔塑造了一个全新的社会话语系统，它既排他又散漫，既微观又宏观，它看似漫不经心地作用在人类的生存结构和社会的各个领域之上，实则却呈现出一种难以摆脱的暴力性构序和精心安排的规训整合。列斐伏尔注意到了“现代巴别塔”的存在，他认为正是这些巴别塔在很大程度上深化了现代人的异化，让原本可以通过多重路径得以扬弃的异化在新时期的资本主义社会发展阶段里变得机会渺茫，因为现代巴别塔无视社会内部碎片化的真正根源而一味强化作用在社会表象上的统摄力。

巴别塔是知识的中心、权力的中心和话语的中心，它们是现代资本主义社会在现有的政治经济模式的基础上利用技术和知识所构建起来的一种自觉自为的社会规范体系，它们贯穿于现代社会的每一个阶层和每一个场域，随处都能找到它们的影子。巴别塔彰显了现代资本主义社会在整合与统筹众多社会要素时所利用的三大秘密武器，那就是知识、权力和话语。

首先，知识是巴别塔的砖与瓦，是它们的物质原料。知识自启蒙运动之后被寄予了改造世界的重任，特别是当知识在与现代工具理性合谋之后成为了通往文明世界的大门。所以现代世界的巴别塔先要获得知识，将知识体系化，被体系化的知识形成了一个个坚固的知识壁垒，想要进入的话就要经过专业化的训练，接受专业的规范。其次，权力是构成巴别塔的骨架，在每一个巴别塔的内部，根据权力的等级划分出了内部结构的等级次序。巴别塔不是无差异的图式，而是处处体现了高低秩序，权力场的存在保证并强化了巴别塔所能施展的影响力的强度，也巩固了自身的存在。最后，话语是巴别塔之间进行交流的工具，也是彼此之间相互竞争和倾轧的武器，一种话语的强或弱是该巴别塔能否在现代社会里得以长久立足的根本。简单来说，巴别塔所争夺的便是一种话语的绝对权威，在一种话语的领域内，不允许出现其他的声音和选择。因此，以知识为外衣、以权力为组织模式、以争夺话语为最终目的的巴别塔是现代社会同质化倾向和趋同化倾向的根本原因，与此同时，它们导致了更为严重的社会后果，那就是它们撕裂了社会的整体性和有机性，让现代世界变得碎片化且难以愈合。

社会的整体性和有机性并没有因为巴别塔的存在而得到加固；相反，巴别塔进一步破坏了社会的整体性，消解了社会结构的有机关联。所以，现代社会朝向碎片化的社会现实迈开步伐。这种碎片化的结果是无序的，我们得到的是文化的碎片，是专业化科学的碎片，是体系和子体系的碎片。

列斐伏尔认为，碎片化的社会现实导致了两个严重的后果：

第一，社会碎片化催生了众多的社会子体系的产生。子体系和巴别塔是现代社会碎片化过程的一体两面，巴别塔是社会碎片化产生并形成的原因，而子体系则是社会碎片化不可逆转的结果，二者在特定语境下可以相互替换。

社会子体系实际上是新资本主义社会的普遍符码，大量隐性的子体系的网络构成了现代社会真正的支配力量，而原有的社会符码的编码原则在很大程度上失效。该方面的后果不止如此：专业化的子体系以专业化的技术为依托，它们是流动而隐性的消费体制，进而促进了“新价值”的生成。新价值看似像天边逐渐升空的“星丛”，令人感到绚烂夺目。但是列斐伏尔却提醒我们，依附于众多子体系的新价值也是社会碎片化无序的直接反映，它们的存在既指认了传统马克思主义所着重研究的同质化的社会整体在体制和结构上的终结，也宣告了现代社会进入到由杂乱而异质化的子体系所堆砌而成的历史时期。

第二，社会碎片化促进了科层制的生成。社会碎片化催生了一种与其相反的社会化进程，这个逆向生成的社会现实不仅在整合社会精神和社会文化这两个方面展现了不可阻挡的统摄力量，更是在社会机构和社会制度层面上直接体现了作用力。这种逆向生成的社会现实是一种制度产物，更是一种精神产物，它表征了一种社会价值，列斐伏尔指出，它是“科层制”。科层制与分散的子体系有着千丝万缕的关联，它需要子体系为其提供结构化的组织要素，然而其本身却是一种刚性的逻辑原则。列斐伏尔认为，越是维持着实质内容的价值就越是倾向于将它所掩盖的事物排除在外，消灭在摇篮之中，因此每一个国家科层制的完美典型都是道德上的刚正不阿，它越是腐化越是堕落，就越强调这个完美典型。[①]

由此可见，巴别塔和碎片化催生出发达资本主义社会异化的另一对矛盾，即科层制和子体系。列斐伏尔对二者展开细致的批判。

2. 科层制和子体系

虽然“科层制”在列斐伏尔的文献中是重要概念，但是在其表述的过程中依然是一个相对含混不清的概念，直到 80 年代列斐伏尔再次对现代世界的日常生活做进一步的洞察与分析时，这个曾在 60 年代占据列斐伏尔思想体系关键地位的概念才逐渐清晰。科层制是一种具有强制性的刚性

---

① Henri Lefebvre, *Everyday Life in the Modern World*, trans. Sacha Rabinovitch, New Brunswick and London: Transaction Publishers, 1984, p. 71.

逻辑和组织原则，是现代世界里的“大巴别塔”，无数的子体系不论是如何在日常生活里运营并发挥作用的，它们都被整合在科层制中。科层制内部看似相互矛盾但却保持着高度连贯性的本质规定性，即科层制以异质化的和碎片化的子体系为依托，以暴力性的构境方式将人和其他事物粗暴地整合在以现代理性的管制为绝对判断标准的评价体系里，该体系囊括了行为规范、道德规约、价值取舍等指导人的个体行动和社会实践的全部领域。与此同时，科层制消解了由子体系之间内在固有的差异所造成的结构性空隙，进而也消除差异本身，并将消除差异视为科层制的终极目的，实现全面的同质化。

科层制即能够整合现代世界碎片化的社会要素的社会性强制力，它表现为多重的中心化体系，它既是一个独立存在的社会现实，也是众多社会现实彼此叠加和相互作用的产物。从某种意义上来说，科层制和巴别塔类似相近，但是二者依然有区别：巴别塔所展现的更加趋向于一个专业领域内的具体运作机制，它是逻辑和规范的产物，同时它也体现了严格的纪律性，是一种具有可操作性的空间；科层制在实践层面上也具备巴别塔的以上特征，除此之外，科层制是一种道德价值体系。如果说巴别塔利用的是知识的实用、权力的秩序和话语的权威把现代人制约在专业化的规范里进行活动的话，那么科层制则是利用散落在上至职业生活、下至日常生活中的各种价值规范把现代人圈定在一个看似平衡而稳定的社会图景内，同时它联结了不同类型的巴别塔，构建了一种有机的关系。这种价值体系相较于实践层面上的专业的运作体系更具有整合力和规约力，正是因为科层制的存在，现代资本主义社会才能表现为一个整体，只不过这样的整体具有欺骗性和虚假性。

科层制所遮蔽的是社会里真正活跃的创造性场域，这个场域是一切意义和价值的源出地，也就是日常生活。列斐伏尔指认到，比起科层制在政治和经济等宏观领域内所施展的作用，科层制对日常生活这个微观领域的全面入侵和渗透才是现代社会的独有特征，它是社会在经历了碎片化过程之后的必然结果，因为无论是理论家观察现代资本主义社会结构以便总结其转换进程的规律还是国家机构的官僚人员展开对社会的管理与调节，无序的现代社会现状召唤一个强有力的组织模式出现。碎片化的社会要求将日常生活殖民化，一旦将日常生活合理地组织化之后，科层制便会为日常生活提供一个闭合的循环环路（生产—消费—再生产），由此日常生活成为现代理性的理性思考的一个客观对象，是被抽离了主体性的组织化场域。①

然而，在科层制的组织模式之下却存在着多重体系，这些复杂而又多维的体系反抗着由科层制所强力整合在一起的庞大结构。这种语境下，列斐伏尔意识到，如果把现代社会只看作一个单一的社会化体系的话，那么其结果将会是致命的：这是对结构的盲目崇拜，其弊端已经在以哲学和社会学为代表的众多人文学科内暴露无遗，它会导致我们放弃一个关于体系的“星丛”的意识，放弃现代社会隐秘的复杂性与多样性，最终导致我们对现代社会一系列的错误认知。因此，引入“子体系”的概念至关重要，它会终结结构的权威和整体性，终结一个绝对体系的各种特权。列斐伏尔指出，子体系的概念已经在黑格尔式那无所不包的哲学—政治学体系里隐含，层层相连，环环相扣。它们是社会构型成分中重要的一部分，或者说，社会的构型离不开各种各样的子体系的参与，它预示着正统的马克思主义理论所追求的总体性的人类社会历史规律正在走向瓦解，同时也宣告着一个崭新的、以现代社会的微观领域为基本视域的社会学研究正在全面开启。

子体系的存在是需要具体的社会条件的。

首先，它需要特定的、特殊的和专业化的社会活动作为子体系存在的先决条件，这样的社会活动为人们提供了活动的对象，并且社会活动和对象之间的关系决定了社会场景，将人与物囊括在这个场景之中，建立起关于人与物的体系，使其成为一个不可分解的整体。在这些社会活动里，技术始终是第一要素，专业化也就是技术的专业化，而技术作为无人称的中性化社会实存在这些活动中消解了人的主体性和物的客观性，这也就意味着专业化的社会活动往往是缺乏人的在场的，进而缺少人的监督和管理。因此，“子体系注定是围绕着某种特定的抽象社会空间而展开的意义中心的结果，它获得了吸引和排斥的力量；语言的中心吸引着活动，剥夺了它的自发性，把行动和技艺以适应作为代价转化成为符号和意义，而这一过

① Henri Lefebvre, *Everyday Life in the Modern World*, trans. Sacha Rabinovitch, New Brunswick and London: Transaction Publishers, 1984, p. 72.

程发生在假想的领域里”①。

其次，子体系还是在国家的层面上或者在一个由国家所代理的和资助的机构上相互辩护的组织和制度，这样的制度将组织视为操控社会活动的手段与工具，所以一种具备足够胜任能力的科层官僚制度被确立起来，以控制整个社会活动为己任，人与物在这个制度中再一次被抽象化。

最后，子体系还需要一种社会文本，这些文本能够保证活动的交流、组织化行动的参与和相应机构制度的影响与权威。换句话说，子体系需要的是彼此沟通的媒介，而这些起到沟通桥梁作用的文本有的时候是编码，有的时候是通过文档、著述、手势或公众性宣传的讲解和文学性表达来实现的。这些文本保证了以科层制为存在空间的国家机构之间的联络与沟通，它们是现代社会的修辞方式，也是重要的信息载体。

在列斐伏尔看来，这一整套围绕着操控与塑型的子体系的系统既体现出结构化的特征，同时也是反结构化的，社会是由众多子体系构成的整体，然而子体系也破坏了社会的统一性。另一方面，子体系本身也承担着文本的重要作用，它们的共同作用一起书写了现代世界的符号编码原则。尽管子体系之间存在着千差万别而又细致入微的差异，这些差异也同样建立在各种专业化的社会活动的基础之上，它们形成了专业的技术壁垒和沟通屏障。但是它们却具有以下共同点，那就是具有强制性的抽象化符码特征，以可读性和清晰性作为自身追求的终极目标，加快其成员之间的地位定位和身份认知，建立起“一个清楚的、直接的和具有普遍性的社会识别符码”②。

国内学者刘怀玉认为，列斐伏尔对子体系所作出的相关论述和钻研实际上是对现代社会异化现象的一种改写，抑或是，子体系的存在是列斐伏尔所寻找的现代人异化的社会学意义上的基础。与马克思主义其他的思想家不同的是，列斐伏尔在探究异化产生的根源时既没有只着眼于资本运营、社会关系和组织制度等宏观领域对现代人所施加的异化压力，也没有只分析和透视现代人的异化心理结构，而是把微观的日常生活视为一个涵

---

① Henri Lefebvre, *Everyday Life in the Modern World*, trans. Sacha Rabinovitch, New Brunswick and London: Transaction Publishers, 1984, p. 100.

② 刘怀玉：《现代性的平庸与神奇——列斐伏尔日常生活批判哲学的文本学解读》，中央编译出版社 2006 年版，第 299 页。

盖了社会、群体和个体三重维度的平台，从日常生活的角度出发来追问异化产生的真正原因，这势必会是一个综合的、多维度的、多层次的、非排他的、具有相对性的学术研究。因此，将子体系看作现代人异化的深层原因和表现形式是列斐伏尔开展的理论探索，这既体现了列斐伏尔对异化问题的理论传承，也彰显了他的理论创新。

刘怀玉指出，列斐伏尔的子体系实际上是“控制现代日常生活世界的最高物神”①，不难看出，如此规定子体系的内涵是对马克思的“商品拜物教”的改写与重新定义，而子体系不仅包括了对物的崇拜，还指明了其背后所隐藏的专业化的和形式化的社会活动。无论是服装、烹饪、汽车、健康、住房还是高科技电器，都是各个专业化的社会活动和子体系的概念化的名称，其内在的规定性不只是指向了相关的物，更是指向了一整套抽象的价值链条，这个价值链条便是一种普遍性的符号，是身份的象征，是一种以最为简洁明了的方式向他人展示自己社会地位的名片。所以，在具体的社会活动中，吃什么、穿什么、用什么都是具体的消费行为，而消费的核心却不再是物的使用价值本身，而是物背后所呈现出的符号价值。列斐伏尔认为，这便是控制消费的科层制社会的异化根源，即符号泛滥和符号消费的无节制化。每一个物和产品都需要一个双元的存在，即可感知的存在和假想的存在；所有可以被消费的物都变成了消费的符号，消费者也依赖符号而生，灵巧和财富的符号，幸福和爱的符号。

3. 社会化的假想之地

发达资本主义社会在巴别塔与碎片化、科层制与子体系等矛盾的共同作用下，形成了社会化的假想之地，使发达资本主义社会的异化达到了最大值。

列斐伏尔指出，控制消费的科层制社会拥有两个有力的武器。其一，这样的社会类型培育出一片社会化的假想之地，它区别于个人的想象或者幻想，具体而言，它是一种社会化的策略，在一个更高的层面上，社会化的假想生成了一种虚假的统一性。其二，子体系以结构化的组织模式将分散在社会四处的构形成分重新整合，它们是社会赖以生存的基本条件，但

① 刘怀玉：《现代性的平庸与神奇——列斐伏尔日常生活批判哲学的文本学解读》，中央编译出版社 2006 年版，第 295 页。

同时也破坏了社会的统一性，让现代世界跌入分裂的深渊中，让现代人陷入茫然无措的境遇里。

社会化的假想是个人的和集体的一种社会化的策略，也是社会神秘化产生的根源之一。假想利用语言和修辞等媒介来掩盖真实的社会关系和价值体系，修饰在具体的社会背景中现代人所面临的强制力。国内学者刘怀玉认为，列斐伏尔所指出的“假想之地”与马克思的“伪客观物世界”和德波的“景观机制”有异曲同工之妙，它们都是“一个将外部的图像幻觉‘误认’作惟一‘真实’的‘超现实’的社会”，是“现实世界和景观机制在自身之外建立起了一种被认为是‘真实的’世界，而其实是思想幻想的物化所构成的、被颠倒了的非现实世界”。[①] 不同的是，马克思的伪客观物世界揭示的是物的客观形式取代了人与人之间的社会关系的社会现实，是发生在人的内部交互活动中的异化表现；而列斐伏尔和德波的“假想之地”与“景观机制”则更倾向于强调作为人的外部世界的社会所强加在人身上的某种镜像作用，这种镜像对人的生存结构产生了更大的破坏力，因为在诸多现代异化形式中最难以扬弃的就是对镜像的迷恋与崇拜。

列斐伏尔以女性杂志为例，论述了当假想与生活经验以某种方式合二为一的时候将会对人造成彻底的困惑。女性杂志以服装、烹饪、家居、妆容、室内布置、举止仪态等内容为主导，换句话说，“时尚”与“流行”是此类杂志的永恒话题。列斐伏尔在此受到罗兰·巴特的流行符号体系理论的影响之后，他指出，这些受人追捧的杂志内容实际上是精心安排的一种操控系统：它具体表现为在日常生活的层面上，大众传媒作为行之有效的手段传播并制造人们对某一类商品的欲望，并以此转化成为实际的消费行为，在这个过程里，代表着时尚与流行的符号实则脱离了物本身成为了人们真正的消费对象，这就是“公众欲望的虚假化——‘社会性的假装’或‘社会化的信以为真’”[②]。杂志中精美的图片里所呈现出的迷人笑容和充满诱惑力的商品推波助澜，它们吸引着读者的眼球；更糟糕的是，越来越动听的广告语以话语符号的形式配合着图像符号将消费从日常生活中除

① 刘怀玉：《现代性的平庸与神奇——列斐伏尔日常生活批判哲学的文本学解读》，中央编译出版社 2006 年版，第 286—287 页。

② 刘怀玉：《现代性的平庸与神奇——列斐伏尔日常生活批判哲学的文本学解读》，中央编译出版社 2006 年版，第 287 页。

名，赋予消费以仪式感和神秘感，让它成为一种超越了日常生活的社会实存，并有能力使日常过渡成“非真实的真实”。它们“采纳宣传的办法，实践着让无足轻重的东西变得令人着迷的比喻性功能，将日常生活转化成为假想，以此让消费者的脸上挂上满足的微笑”①。列斐伏尔分析道，这不是一个单一的假想，而是一个由充沛繁多的各类符号所编织而成的错综复杂的假想王国，任何想要针对某一个或者某一类单一的假想的理论分析都是不可能的，我们的分析只能理解并认知那些交互重叠的领域，包括服装、餐饮、家具、旅游、城镇、都市化等，而每一个领域都由一个体系所支配并形成一类社会实体。

由此，列斐伏尔通过对假想的具体化分析之后总结出假想的双重虚化特征：

首先，假想建立起一套完整的话语体系，其中包括术语的使用。术语是假想得以实现的基本要素，在假想的表述中，这些术语获得了比喻性的功能，并在书写和口头的表达里占据了相当重要的份额。值得注意的是，这些功能并非真正的功能，而是一种抽象化的功能概念，或者说是关于功能的意识形态，这样的意识形态便是假想颠倒现实的秘密武器，它营造了一个与真实密切相关的想象世界，偷换了现实的价值与意义。

其次，假想构建了修辞层面，修辞把词语、图像和物连接在一起，让特定的社会场景与意象联系在一起，让原本属于自然性的和自发性的能指与所指之间的联结以自觉的和理念的稳定结构固定下来。可以说，这是自动生成的符码编写原则，比如世界著名的珠宝品牌戴·比尔斯的著名钻石广告语“钻石恒久远，一颗永流传”便一手打造了钻石珠宝商品的神话与传奇。该广告语将钻石与爱情、婚姻捆绑成为一个不可分割的整体，让钻石代表爱情和婚姻的坚贞不渝与持久永恒，进而将钻石功能化和符号化，并使得这个符号变得自然而合理，渗透在人们的社会心理结构之中稳定下来，指导人们具体的社会行为和实践，变成切实的法则和律令。这是符号的胜利，也是假想颠倒虚像与现实、能指与所指的具体手段。令人感到沮丧的是，假想不仅发生在流行与时尚的领域，还遍布日常生活的各个方

---

① Henri Lefebvre, *Everyday Life in the Modern World*, trans. Sacha Rabinovitch, New Brunswick and London: Transaction Publishers, 1984, p. 86.

面。饮食、医疗、健康、教育、旅游、出行方式、居家条件等领域都存在着数不胜数的符号，它们共同组织成一个看似结构松散实则逻辑严谨的等级体系。列斐伏尔指出，“假想在与日常经验（强制力和适应力）的关系中扮演一个独特的角色：它必须要隐瞒强制力的优势地位和我们适应力的有限性，掩饰冲突的苦果和‘真实’问题的分量”[①]。然而假想最大的危害在于它为现代人提供了一处避难所，或者说是一个伪乌托邦，所有现实的和真实的问题在假想之地里都会得到解决。但是这种解决办法却埋下了一个永久的隐患，那就是日常生活在假想与符号的侵蚀之下不再是价值和意义的源出之地，日常生活作为“生活世界”的角色根基也被撼动，因此现代世界的社会精神和社会文化呈现出“无意义”的虚无主义倾向。

此外，列斐伏尔还提醒我们应该注意的是，这种多维度的、多层次的、微观的假想之地也是公共性宣传的结果。列斐伏尔指出，公共性宣传不只是提供了一种关于消费的意识形态，还创造出一个“我”这个消费者的形象，这个形象在行动中自我实现并与他自己的理想相吻合。[②] 公共性宣传基于对物的想象性的存在激发了消费者主体的出现，同时它在消费的技术性活动和形象中牵涉了修辞和诗性表达，这种修辞并不局限在语言当中，它还入侵到经验中，它以物的展示所构成的景观为载体向消费者传递着物的语言。列斐伏尔警告人们，在这个过程里，自我意识在全社会的范围内普遍丧失，各个阶层的人在广告语的宣传中成为了社会化假想的奴仆。这是新一轮的社会阶层的重新划分，只是这次的重新划分的场所和依据与以往不同：发生的场所是日常生活，依据也不再是经济地位和政治地位，而是根据社会化的假想所营造出来的“形象”各居其位，工人阶级、中产阶级、青少年、女性、知识分子等社会众人皆沉迷在假想所提供的满足之中而迷失了自我。

正是在这种社会化的假想之中，在由公众性宣传所塑造的公共话语之下，现代社会实现了一种社会化的统一，即假想的统一。它是一个庞大的虚像工厂，它制造人们对无足轻重的事物的欲望并让人们将其视为生活的

---

① Henri Lefebvre, *Everyday Life in the Modern World*, trans. Sacha Rabinovitch, New Brunswick and London: Transaction Publishers, 1984, p. 90.

② Henri Lefebvre, *Everyday Life in the Modern World*, trans. Sacha Rabinovitch, New Brunswick and London: Transaction Publishers, 1984, p. 90.

本真；它以一种无意识的律令（广告）向现代人施加强制力，同时在强制力中提供些许的满足使人们混淆什么是物品，什么是对物品的欲望。与此同时，它也是一个制造欲望的工厂，现代人在其中无法区分什么是真实的需求，什么是虚假的需求，因为对虚假需求的满足已经内化在现代人的日常生活当中。由此，一个以消费为主导的、以假想的镜像为颠倒之后的现实的生存之境便塑造了现代人的日常生活的基本样态。列斐伏尔还注意到，假想的统一预示着资本主义在新历史时期的剥削方式的转变。马克思在分析资本主义的财富积累和经济增长的过程时指出资本主义的剥削方式是暴力性压榨，以一种公开而粗暴的手段掠夺工人阶级的财富，然而进入20世纪之后，特别是20世纪中叶开始，资本主义转变了传统的剥削方式，即转向了个体主体的自我管制和自我强制，这是对现代人的生存构境的改造，同时也造成了巨大的生存威胁。正是因为假想的统一的实现，控制消费的科层制社会才能在一个总体的层面上得以维系，但是这样的统一性并不能彻底掩盖现代社会内在碎片化的分裂事实。

总体而言，列斐伏尔提出的“控制消费的科层制社会”所指认的是一种异化社会的现代类型，这并不意味着该社会类型之前的社会不存在异化，而是重点强调异化在这个社会类型中对人的生存构境所造成的不可泯灭的影响。无论是努力维护社会表象的虚假性统一的巴别塔、科层制还是假想，还是代表着社会真实性的分裂现实的子体系，现代社会伴随着现代性所带来的层层危机将人推至深度异化的沼泽地里。

二　消费的异化

伴随着“控制消费的科层制社会”概念而来的还有另一个发达资本主义社会的异化问题，那就是消费的异化。

与经典的马克思主义异化理论相比，列斐伏尔所关注的“消费的异化”再次证明了他深入到现代资本主义社会的深层内部机理当中，以日常生活的微观理论视域为基本对象，进而展开了关于现代人生活方式的根本性转变和社会物质生产实践活动的主导性转变的社会批判研究。异化消费在列斐伏尔总体的异化理论中之所以占据着不可替代的重要地位，是因为它主导了列斐伏尔后期理论发展的一条主线，那就是对新资本主义社会的社会类型转型和如何定义20世纪资本主义社会的新社会类型等相关理论问题的研究，简言之，即对一个新型的异化社会的研究。此外，作为较早关注现代社会的消费现象的现代思想家之一，列斐伏尔同时开启了具有后现代主义哲学色彩的问题式，其学生鲍德里亚继承了列斐伏尔关于消费社会理论探索的衣钵，进一步将异化了的资本主义消费社会批判得入木三分。

在发达资本主义社会里，消费超越生产成为社会第一实践活动可谓是人文科学界内的一个普遍共识；不过思想家们同样意识到，消费和生产一样，尽管它在一定程度上取代了生产的优先性地位，但是并未解决由先前生产所引发的一系列社会性问题，相反它在某些方面深化了社会的矛盾，导致了更加难以终结的异化形式。列斐伏尔集中反思了消费给现代资本主义社会的社会客观领域带来的主要变化，也省察了消费对现代人的生存结构和生活方式所造成的某些异己性和非我性的改造，他从两个不同的向度出发来揭露现代资本主义社会的消费异化。

列斐伏尔对消费异化进行了以下几点规定性的描述：

第一，列斐伏尔指认到，消费是现代资本主义社会最为突出而显性的社会实践活动，它是现代资本主义社会在 20 世纪最重要的新变化与新特征：资本主义的社会运作机制已经从以物质生产为核心的工业社会模式转向至以商品消费为核心的消费型社会模式。列斐伏尔认为，认识到这种社会类型的转变对于 20 世纪的人文科学的发展至关重要，它从以下三个方面体现出消费与现代资本主义社会之间的辩证关系。

首先，发达资本主义社会基本完成了物品的社会化大生产的历史任务，留给资本主义社会的下一个问题便是如何消耗这些物品并且让物品的社会化大生产得以维持和延续，因此资本主义社会对一种普遍化的社会化消费模式变得前所未有的渴望和急切，一场消费革命应运而生。

其次，为了实现社会化的消费，现代资本主义社会有意识、有计划地刺激人们的消费欲望，这种消费欲望是欲望的虚假性刺激，是人造的欲望。真实的消费欲望是以真实的需求为基础的，是对物品的使用价值的追求，然而虚假的消费欲望通常情况下是对物品的交换价值和隐藏在交换价值背后的符号价值的追求，所以异化的消费也是符号的消费。

再次，消费的兴起证明了社会性生产的基础性地位的衰落，曾经作为社会生产实践的一个环节的消费一跃成为超越生产的核心，获得了某种总体性的社会意义。而资本主义社会赖以确立和发展的生产却遭到降格，这不得不引起理论家们的关注，因为现代资本主义社会存在的合理性需要进行重新考察。

第二，消费异化是商品拜物教直接的逻辑结果和现实结果，因为消费是商品的消费，存在于经济领域中的商品异化必然会通过消费行为获得进一步的扩张和延展。而消费所带来的异化是面向日常生活中每一个人的异化，和生产相比，消费活动是微观的、日常的和无处遁逃的。附着在消费上的异化形式必然也是对日常生活中的个人影响最为深刻的。商品拜物教所指向的商品在本质上是异化劳动的外化形式，其批判的异化对象不是真实的商品，而是凝结在商品之上的异化劳动。马克思的异化理论为之后的异化理论提供了一个分析原型，即从日常生活中最平常的和最琐碎的现象入手，以小见大，由此可以窥探到人类社会的某些总体性内容。列斐伏尔采纳马克思的异化分析方法，可以说列斐伏尔全部的异化一般理论都是建立在对日常生活微观对象的考察和反思的基础之上的。而消费是人类日常生活最常见的社会行为之一，是其他社会活动坚实的磐石，所以消费的异化必然会引起全社会范围内的异化。

列斐伏尔对消费异化的研究既是对现代资本主义社会消费行为本身的透视，与此同时他也认识到消费仅仅是这种新型异化的特殊化载体，隐藏在消费背后的异化本身实际上是异化了的社会生产关系和由这样的社会生产关系所衍生出来的各种异化了的后果。这种异化了的社会生产关系是根植于资本和私有制的刚性逻辑之中的，资本和私有制遮蔽了人与人、人与物和人与社会之间的本真状态，而通过消费，由资本和私有制所产生的神秘化的意识形态则再一次将真实的社会生产关系隐藏起来。

第三，消费异化创造的是一个意义的世界，这个意义的世界指向的是一个新社会和一种新生活。它是符号化的消费，所以也是颠倒了的现实与虚像的真实关系的异化形式。与商品异化这种显性的异化形式相比，消费异化更让人难以察觉，因为商品异化的主要载体依旧是商品，而消费异化的存在之基则是无形的价值和意义。它与某种身份或地位的象征保持一致，已经不再是单纯的经济领域内的异化。现代人对消费有一个普遍的共识，那就是消费的能力和水平代表了真实的社会地位和阶层身份，而有能力对某类特殊商品进行消费则更是对自己在新社会中存在的一种有力确证。“消费的体现（在日常生活中），消费在现代社会中的重要性：相对贫困的农民或是上班族需要购买电视来证明他们在一个全新的社会中的存在。”[①] 消费已经不再是满足人的需求的行为活动，它从符号消费向意义消费跃进，在这个过程中，消费呈现出一种自为化的倾向，构成一个闭合的循环，在这个循环中的每一个人都受到异化消费的影响。

现代社会的消费问题式是资本主义社会发展到新型的社会形态之后全体现代人共同面临的挑战，如何解决异化的消费所引起的相关问题是新世纪的思想家们共同关注的理论旨趣。列斐伏尔对异化消费问题的探索并未止步，在20世纪60年代他推进了消费在社会批判理论中的主导性地位，并将异化消费和社会广泛存在的科层制结合起来，推导出一种全新的异化社会的概念，即“控制消费的科层制社会”。至此，一个以消费为结构核心的异化社会得以确立，围绕着这个社会所布展的社会批判理论是列斐伏尔后期异化理论的关键。

三　政治的异化

作为一名法国左派思想家，列斐伏尔的理论体系的另一大贡献在于对现代国家机器的构成和运作进行了深刻而尖锐的批判，该批判内容构成了列斐伏尔的政治异化思想。总体来说，列斐伏尔继承了马克思的国家政治理论，在此基础上结合现代国家的发展运行模式总结出现代社会的基本特征，以此作为其政治异化思想的基点，也是他本人针对发达资本主义社会的政治状况展开的异化批判。

1. 现代政治概念和政治生活的历史演进

政治生活的扩张是现代世界独有的特点之一。在古代社会，政治作为一种生活方式尚未和日常生活分离，无论是古希腊的城邦民主制度还是古罗马的元老院议会制度均体现了政治生活和政治学是追求最高的善的一种活动和学问。“它是最权威的科学或最大的技艺的对象。而政治学似乎就是这门最权威的科学。”[②] 从亚里士多德对政治和政治学的定义来看，古代贤者对政治的定义是大大不同于我们今天现代社会对政治概念的理解的。

---

① Henri Lefebvre, *Critique of Everyday Life*, *Volume I*, *Introduction*, trans. John Moore, London and New York: Verso, 2008, p. 9.

② ［古希腊］亚里士多德：《尼各马可伦理学》，廖申白译，商务印书馆2003年版，第5—6页。

对亚里士多德而言，政治是日常生活所能开出的最美丽的花朵，也应该由政治结出最丰盛的果子，它以谋求最高的善和最幸福的生活为己任。然而随着时间的推移，政治的概念几经发展与波折，政治生活也从日常生活中脱离而出。政治已经不是追求至善的行动和学问，在现代资本主义制度建设的过程中，政治逐渐演变成一种专业化的职业和技巧。特别是在马基雅维利政治学的改造下，政治彻底沦为一种工具性的学问，现代政治体系在很大程度上都是这种政治概念在实践中的具体操作和衍生物。到了黑格尔，政治概念和国家概念第一次紧密地捆绑在一起，国家概念也从“共同体”的内涵上升至“民族国家”的内涵，黑格尔赋予国家以绝对的价值和至高的地位，由此政治生活和国家生活的地位不停攀升。在马克思眼里，这形成了现代国家独有的异化方面，即政治异化。在马克思的文本中，他清楚地表达了以下观点：有一个因素是在能够控制一切社会生活的非人力量中起到决定性作用的，这个因素就是国家，国家巩固了这种非人力量，同时支持着这种力量的存在。列斐伏尔接续马克思的观点，对政治异化展开毫不留情的揭露和批判：“从一种意义上来说，政治异化是一种政治迷信，是国家实际上灌输给人们的一种生活，这种生活是优先于社会生活的；政治异化是异化类型中最严重的一种。在另一个意义上，政治异化也决定了反抗异化、激进的批判和它的附属机构的运动在什么范围内是最有效的、最必要的和最具有直接可能性的。”①

对现代世界的人来说，政治是既远在天边又近在咫尺的生活方式和生活样态。说政治远在天边是因为尽管现代民主制度宣称公民对国家的事务和决策享有与生俱来的权力，政治的烟雾弹营造出人人均参与其中的政治生活假象，然而实际上国家的诸多决定权依然保留在极少数人的手里，因此民众们的政治参与在多数情况下并非有效。说政治生活近在咫尺的原因是现代政治和国家以日常生活为基础，建立在人们的日常之上，以这样的方式强行灌输给人们一种本不属于他们的生活，并且这样的生活逐渐地趋向于主导性的和支配性的地位。传统的马克思主义理论观点使生产力和生产关系成为意识形态和政治上层结构的基石，但是列斐伏尔认为，如今再

---

① Henri Lefebvre, *Critique of Everyday Life*, *Volume I*, *Introduction*, trans. John Moore, London and New York: Verso, 2008, p. 63.

继续持有这般观点已经是一种简化主义并且不够充分了。在列斐伏尔看来，政治的宰制关系以及这种关系的再生产强制夺取了生产关系的优先地位，这是一种很严重的颠倒倒置。“日常生活和身在其中的人们一直都会察觉到他们头顶上那个繁复庞大的机构大厦。”①

此外，列斐伏尔对当代国家的构成做出分析，当代国家主要包括三个方面，即“管理和统治机构；安全——作为保卫者的国家要确保安全……军队和武器，政策与司法，压抑和镇压”②。这三个方面也是现代国家的主要功能，即管理统治功能、安全功能、防卫与规训功能。我们无须多余论述去证明国家的扩张和政治的控制，这是不言而喻的，但是列斐伏尔提醒我们要厘清两种不同的对现代政治和国家的批判，即右派批判和左派批判。因为各种现实的政治计划和决策，二者之间的差别变得越来越模糊。右派批判指责国家机构的官僚主义式的冗余笨重、在实施国家干预时的低效以及这些干预的巨大开销等；左派批判指责政治家们努力强化国家形态，以渗透到社会整体性当中来为手段去破坏社会组织结构，政治家们表现出压抑他人的一面，并有倾向性地使用信息等。③ 列斐伏尔指出，这两种控告都不足以撼动国家的根基，因为国家已经发生转变，国家的矛盾也从未如此之多，任何一种单一的理论都不能穷尽。

2. 以“信息垄断”为表现形式的政治异化

现代资本主义国家利用技术统治和技术结构来掩盖官僚机构的武断和专制，国家对技术的垄断和把控体现在诸多方面，例如国防建设、生物技术、医疗保健、资源开发等。但是和现代日常生活关系最为紧密的也是最具有新时代特征的技术垄断即为“信息垄断”，列斐伏尔称之为“数据的国家垄断”，其中还伴随着“在一个跨国体系内由这种国家垄断所巩固的信息全球垄断的相对风险”④，而信息的来源就是日常生活。

---

① Henri Lefebvre, *Critique of Everyday Life*, *Volume III*, *From Modernity to Modernism*, trans. Gregory Elliott, London and New York: Verso, 2008, p. 123.

② Henri Lefebvre, *Critique of Everyday Life*, *Volume III*, *From Modernity to Modernism*, trans. Gregory Elliott, London and New York: Verso, 2008, p. 124.

③ Henri Lefebvre, *Critique of Everyday Life*, *Volume III*, *From Modernity to Modernism*, trans. Gregory Elliott, London and New York: Verso, 2008, p. 124.

④ Henri Lefebvre, *Critique of Everyday Life*, *Volume III*, *From Modernity to Modernism*, trans. Gregory Elliott, London and New York: Verso, 2008, p. 144.

由此一种关于信息的消费和信息的意识形态便应运而生，这是现代国家的新现象：信息形成一种市场运营模式，并通过诸如广告、宣传、传播等手段积极地推动着其他的市场运行，所以信息变得和金钱一样，它是交易和市场运作的核心要素，信息技术使现存的生产模式得以完善；至于信息的意识形态，它以各种方式将信息表现成为“实证知识”，而实证知识再进一步地简化成为信息，列斐伏尔指出这个过程具有非常严重的后果，信息的意识形态“终结批判性思想和概念性思想，而最终将会终结所有的思想”①。信息技术所营造出的乌托邦世界也会无视新旧矛盾，其目的在于巩固和强化既有秩序。不过，信息的意识形态不只满足于维持现有的秩序，它还谋求建立新的标准和价值，那就是终结暧昧和不可穿透性，从而实现“全景透明”。

全景透明的社会是不存在阴影与暗处的社会，是能够形成绝对真理的社会，它在实证知识的美化下伪装成历代哲学家和思想家所追求的世界，也就是一个“真善美”的世界。但是实际上“全景透明”却是一种严重威胁人类存在的异化形式，它清除掉秘密和隐私，把“晦暗不明”和“含混不清”当成绝对不能被容忍的社会实在而加以消灭，忽视在那些所谓的阴影地带里所孕育的可能性和多样性，以维持现状和既有秩序为己任，利用技术手段与国家媾和得以实现自身。国家利用信息技术和信息的意识形态维持国家表面上的一致性和连续性，实际上国家机构却不断逼近破裂和碎片化，逼近一个分裂的社会，而这个社会被强制保存在已有的政治框架内。因此，列斐伏尔通过研究现代资本主义国家的政治异化，总结出现代国家和社会的三大基本特征：同质性（一个无限趋向于无差异的社会，以连续性和一致性作为社会发展的最高价值）、碎片化（隐藏在表面现象之下的社会本质，解决不了的各种矛盾将社会分割成一座座“孤岛”，各自为界）、等级制（官僚主义制度和机构的必然结果）。

3. 以管理日常生活为宗旨的政治异化

在列斐伏尔眼中，政治异化最大的危害还是在于它干预人们的日常生活，它直接地或间接地管理并支配着日常生活，发挥着“规训与惩罚”的

---

① Henri Lefebvre, *Critique of Everyday Life, Volume III, From Modernity to Modernism*, trans. Gregory Elliott, London and New York: Verso, 2008, p. 147.

国家职能。从直接的角度来说，国家通过各种条例和法则、无数的禁令和行政机构的神圣行为等来维护国家的权威和至尊地位，国家的完整性不容破坏；从间接的角度来说，国家利用媒体的操纵、税收、司法制度等手段对人们加以约束和管教，在这个过程里人们往往处于不自知和不自觉的状态里，并对这些手段表示认同或保持沉默。与此同时，列斐伏尔也指出国家在管理日常生活时也会出现不能面面俱到的情况，国家无法确保对整个社会的掌控，即对每一个个体和群体的掌控，因此国家在确保了多样形式和“子体系”的叠覆和等量的前提下发挥功能，例如教学、药品和健康组织、对时间和空间的组织，等等。① 现代人的日常生活不再是一种自发性的生活样态，国家处处规约人们的行为和活动，离开国家的管理，日常生活难以维系。也正是出于这个原因国家与政治生活和日常生活紧密地捆绑在一起，所以列斐伏尔说，“实际上，国家操控日常生活，因为国家创造了日常生活，它浇筑了日常生活，它塑造了日常生活”②。

那么是否有什么东西可以逃离国家呢？列斐伏尔的答案是那些微不足道的决定和选择，它们是直接的日常经验，也是最为真实的自由：穿什么样的衣服，去坐一趟公交车，买什么东西，与什么人说话。这些微小的决定汇聚成为自由的瞬间，政治与国家并不关心无意义的琐事，而这些琐事恰好是日常生活最本真的面目，也是日常生活可以维系的最后一根稻草。不论国家的功能是什么，不论是新的还是旧的，我们不能确定的是所有的国家功能都会得到强化，有一些在历史的进程里出现波动起伏，而有一些则面临消亡的命运。造成国家功能波动和消亡的根本动因在于两个方面，首先是不可预测的发展和革新，其次便是日常生活如同流水一般的冲刷作用改变了国家的内涵和效力。所以，现代国家为了避免自身的功能被削弱，有一个功能必须得以加强，即“管理日常生活的功能”，并在此基础上建立“总体知识的国家”。总体知识的国家需要实现的即为“过去、现在和未来的每一个社会成员（无论个人还是群体）都要通过万无一失的信息服务项目被登记、被描述和被规定，包括最小的行动、最不起眼的支付

① Henri Lefebvre, *Critique of Everyday Life*, *Volume III*, *From Modernity to Modernism*, trans. Gregory Elliott, London and New York: Verso, 2008, p. 126.

② Henri Lefebvre, *Critique of Everyday Life*, *Volume III*, *From Modernity to Modernism*, trans. Gregory Elliott, London and New York: Verso, 2008, p. 126.

行为以及最不重要的社会和个人行为”①。

列斐伏尔所预测的“总体知识的国家”和福柯的“全景式的社会”有着异曲同工之妙，它们都是现代资本主义国家在新的发展趋势之下所形成的产物，它们是现代人最现实的生存状态，却也遮蔽了现代人最本真的存在。奥威尔的小说《1984》为读者呈现了一个想象中的压抑社会，一个没有死角的、由技术所操控的透明社会，尽管该小说写于20世纪初，但却和列斐伏尔等一众思想家们不谋而合，共同在文学和哲学的领域里对现代社会做出相似的预测与判断。由此可见，政治异化是发达资本主义国家共同面临的艰巨挑战。

四　发达资本主义社会人的生存异化

无论是源自日常生活的异化，还是源自社会现实的异化，发达资本主义社会所包含的所有异化形式都对生活在其中的现代人的生存境遇造成了巨大的影响和压抑。因此，对发达资本主义社会人的生存异化的探讨是列斐伏尔异化理论的重要方面之一，也是列斐伏尔继承马克思的人道主义思想的集中体现。

在列斐伏尔看来，现代人经历着前所未有的异化困境，层出不穷的异化形式让现代人的生存境遇愈加艰难，无论是日常生活的异化、空间的异化、节奏的异化还是社会语义场的异化，这些外在的异化形式首先产生的严重后果便是对人的生存境遇的扭曲和管制。重重异化如同枷锁一般制造了一个牢笼将现代人制约在其中，对发达资本主义社会人的生存异化的透视和解读是列斐伏尔异化理论的首要任务。

1. 生存异化的产生根源：个人与社会之间的严重分裂

发达资本主义社会人的生存异化具有一个普遍化的社会根源，这个根源可以追溯到现代资本主义社会赖以实现的经济基础和现实条件：劳动分工。劳动分工是生产力发展的必然结果，也是资本主义社会从形成到发展再到在全世界范围内得以确立的原动力。马克思指出，劳动分工作为历史发展和社会跃进的动力从一开始便被划定为异化表现形式的一部分，换句

---

① Henri Lefebvre, *Critique of Everyday Life*, *Volume III*, *From Modernity to Modernism*, trans. Gregory Elliott, London and New York: Verso, 2008, p. 127.

话说，资本主义社会的快速发展得益于这种异化的人的活动形式在经济领域内的广泛应用。“因为劳动只是人的活动在外化范围内的表现，只是作为生命外化的生命表现，所以分工也无非是人的活动作为真正类活动或作为类存在物的人的活动的异化的、外化的设定。”① 此外，马克思还指出，当这种劳动分工与私有制相结合之后就推动了现实的社会化财富生产并将其变成可能。“关于分工的本质——劳动一旦被承认为私有财产的本质，分工就自然不得不被理解为财富生产的一个主要动力。”② 因此，资本主义社会成功的关键在于以劳动分工为表现形式的异化劳动。这是资本主义社会得以延续的秘密所在，但是马克思对劳动分工的担忧不仅仅体现在这种劳动对原有的生产关系的破坏和对前资本主义社会的肆意改造之上；更重要的是，异化的劳动分工所产生的不只是经济结果，它切实地改变了劳动者的生存状态和与社会之间的关系。劳动分工造成了个人与社会之间的严重分裂，同时这样的分裂在不加以补救和弥合的情况下进一步扩大，最终导致社会朝向一个“无人在场”的自为之境大步向前。个人与社会之间的冲突越来越激烈，人的生存异化日益凸显，这为列斐伏尔进一步反思人的生存异化提供了现实的理论土壤。

列斐伏尔认为，个人与社会之间的严重脱节和割裂是现代资本主义社会需要应对的艰难挑战，原子化的个人生活和过度组织化的社会生活之间的矛盾冲突是现代性的独有特征。“个人的孤独与大城市中的人群或大众之间的矛盾，以及个人的孤独在大型商业公司中、在大型办公室里、在军队中、在政治党派中所呈现出的矛盾是真正的‘新的’和真正的‘现代的’。”③ 很多思想家都承认，现代世界的文化精神一方面倡导的是以人类共同体为基本价值观的理性精神，世界范围内的人类在资本主义的现代文明之下以多种多样的方式被整合在同一个存在空间当中，受到这一价值观的影响，大写的人类群体和社会成为现代理性所关注的第一对象。另一方

① ［德］马克思：《1844 年经济学哲学手稿》，中共中央马克思恩格斯列宁斯大林著作编译局编译，人民出版社 2014 年版，第 131 页。

② ［德］马克思：《1844 年经济学哲学手稿》，中共中央马克思恩格斯列宁斯大林著作编译局编译，人民出版社 2014 年版，第 131 页。

③ Henri Lefebvre, *Introduction to Modernity: Twelve Preludes, September 1959 – May 1961*, trans. John Moore, London and New York: Verso, 1995, p. 189.

面，这种理性精神也导致了对个人的存在状况的忽视和冷落，私人生活和社会生活在这种条件下进一步增大差距，直至不可弥合。

列斐伏尔指出，在现代性的大背景之下，“社会的社会化”表现为全球化、技术化、生产方式的日新月异、经济关系和社会关系的激增和过度组织化，而在这个过程中，个体的焦虑与孤独感倍增，既渴望被社会化到这个社会里，又想彻底地逃离任何组织。[①] 与此同时，占据着绝对主导地位的社会在这样的文化精神和本身所固有的社会组织模式相互结合的情况下便形成了一个“过分压抑的社会”，对“过分压抑的社会”的批判构成了列斐伏尔对现代资本主义社会人的生存异化的解读的重要部分。“过分压抑的社会”是现代资本主义社会对现代人的生存构境和生命经验所施加的强制性管制手段的总和，它既是人的生存异化的直接推动力，也是人的生存异化的外在表现形式。过分压抑的社会有规划、有步骤地去实现人的生存异化，其实现生存异化的手段便是社会化的规训。

2. 生存异化的实施手段：社会化的规训

列斐伏尔并没有明确提出“规训”概念，但是对规训的关注却和异化理论一道是列斐伏尔总体理论思想中不可或缺的组成部分，占据着重要的理论位置。社会化的规训是现代资本主义社会实现人的生存异化的具体方式和执行手段，通过规训，现代人被整合在一套经过精密设计的社会机制当中，为了让每一个个人都安居其位，现代资本主义社会发展出切实可行的规训方法，以便实现资本主义社会的“长治久安”。因此，作为生存异化的实施手段的社会化规训便是列斐伏尔展开资本主义社会异化批判的有机构成。

法国后现代哲学家福柯针对社会化的规训展开过非常翔实而深刻的分析，将福柯对规训的阐释作为列斐伏尔规训思想的理论参照有助于我们更好地理解列斐伏尔规训理论的具体内涵及其独特性。福柯敏锐地观察到，在现代资本主义社会里，资本主义社会形成了一种新的权力和统治方式。最典型的就是对肉体的有形惩罚被无形的训诫所取代，曾经作为一种公共景观的肉体酷刑不见了，取而代之的是针对隐藏在身体内部更为深层次的

① Henri Lefebvre, *Introduction to Modernity*: *Twelve Preludes*, *September 1959 – May 1961*, trans. John Moore, London and New York: Verso, 1995, p. 198.

生存结构的训诫。对社会规训的理解，福柯认为，“不同于专制权力的外部强制，资产阶级将现代社会控制方式演化成为一种支配的艺术，这种隐性奴役的本质就是规训，即形成以一种自觉被遵守的纪律为生存原则的自拘性”[①]。而这种支配的艺术即为列斐伏尔关于人的生存异化的具体表现形式，它作为资本主义社会的规训手段一方面集中呈现出弥散的、隐形的、自愿的、非暴力的和非强制性的特点，渗透到人的生存结构和认知结构的内在机理当中，另一方面它也表现为多维度、多层次、多向性、难以被察觉和难以被扬弃的隐性奴役的本质。根据福柯的规训理论我们可以得知，社会化的规训涉及一个双元的运动，即它是从身体的训练到认知的主体性构建的双元运动。一方面，在现代资本主义社会里，被训练的身体承担着来自外部世界的压迫和改造，作为具备反抗能力的主体可以清楚地认识到这种外在力量是源自差异性权力的施加并给予抵抗；另一方面，主体性的构建过程也会内化这种外部力量，将其转化成自觉的、主观的、自我认同的和自我合理化的主体构建方式。至此，资本主义制度下的现代人便难以对这样的规训手段做出积极的回应和反抗，只能消极地接受和内化。

福柯对规训所做的阐释和规定性为了解列斐伏尔的规训思想提供了宝贵的方向和范畴，以供借鉴。列斐伏尔对规训问题的思考从早期理论研究延展至后期的社会问题意识，尽管其规训理论并不是专门化和集中式地展现在人们的面前，但是对于理解现代资本主义人的生存异化这个时代问题来说却具有极其重要的理论价值。简单来说，列斐伏尔的规训思想体现为日常生活规训、社会语义场规训、空间规训和节奏规训四个主要方面，分别针对的生存异化表现形式为以压抑为主的社会类型、语义均质化、以身体为对象的规训手段和实现对规训的自我认同。

首先，列斐伏尔根植于日常生活的微观领域，指出资本主义社会对日常生活的操纵已经从原有的来自上层建筑的权力压迫转向了一种隐性的抽象权力支配。由此，一种以日常生活殖民化为重心的新资本主义社会确立起来，这个社会把宰制的触角从经济领域和政治领域伸向日常生活领域，以人为对象的科层制组织技术和管理操纵技术取代了以物为对象的生产技

---

① 张一兵：《回到福柯——暴力性构序与生命治安的话语构境》，上海人民出版社 2016 年版，第 363 页。

术和分配技术；曾经围绕着真实的需求而展开的身体控制进而转向了以刺激虚假的需求为根本目的的欲望精神控制。这样的社会是全面压抑的，是弥散到日常生活的每一个角落的，这种压抑的社会在整体上构成了现代资本主义社会的日常生活规训。

其次，考察日常生活与普遍的社会语义场之间的关系是列斐伏尔进一步推演规训思想的关键步骤。列斐伏尔注意到，规训需要一个语言体系，除了身体的训练和精神的宰制之外，规训的语言能够进一步扫清阻挡在可读性和可理解性前面的意义障碍，从而实现“语义均质化”的目的。信号体系在语义场规训里担任着核心的角色，它以史无前例的整合组织能力将散落在社会空间中的劳动力与身体凝聚在资本主义的生产模式中，保持效率和秩序，日常生活在信号的作用下变得井井有条。但是信号颠倒了人的日常生活的本真存在状态，信号的四处蔓延将人简化成为信号体系的消极受动者。在以信号为具体的规训方法之下，身体和思想被无差别化地统一在一起，深化了现代社会的约束性。

再次，发达资本主义社会的空间遭受到普遍异化，加剧了人的生存异化的步伐，以身体为对象的空间规训将现代人牢牢地制约在空间的自我生产和社会关系再生产的网罗里。列斐伏尔对处于空间中的身体的思考实际上是一种普遍的“身体隐喻”，目的在于指出空间和身体之间的有机而自发的关系，即身体是通过自身来塑造属于自己的空间的。在这个过程中，列斐伏尔特别强调了生命经验，他是从广泛的生命经验入手来寻找身体和空间之间的微妙纽带的。身体是构成生命经验的直接来源和参与者，生命经验是身体的内在能量向四周的空间扩张和延展时所体现出来的全部活动形式的总和。身体和生命经验创造空间并生产空间，身体和空间本质上同属一体。可是到了资本主义时代，空间成为社会产品，而抽象空间是资本主义社会发展的必然结果。资本主义制度下的抽象空间受到来自资本的同质化逻辑的主导而变得内在无差别化，更为重要的是国家机构和国家体制的介入和参与强化了空间的同质化倾向。抽象空间把所有挡在自己前面的各方力量、所有会对自己造成威胁的东西都变成了一块“白板”，也就是清除了“差异”。抽象空间与所有真实的或潜在的差异为敌，一切生产活动在抽象空间里都受到了统一化和同质化的鞭策与整合，不同的生产活动在相同的生产模式下呈现出一体化的趋势。这就为空间规训做好了社会准备，空间规训的布展也是在这个基础上实现的。

最后，列斐伏尔指出，资本主义的线性工业节奏是人的生存异化为实现自我认同的规训手段。世界存在着两种时间制和两种节奏，即以循环时间制为代表的生命节奏、自然节奏和宇宙节奏，以及以线性时间制为代表的线性节奏。线性节奏是工业和理性的时间制，与知识、理性和技术相关，与经济增长和技术增长的过程相联系。工业社会以降，理性和工业的技术粉碎了循环时间，循环时间被线性时间所取代。线性时间被认为是沿着一个轨迹或进程向前推进的，它分裂成多种时间制，与被分配到这个时间制里的物或人维持着抽象的联系。列斐伏尔指出，重复性是节奏的基础，无论是循环节奏还是线性节奏都保持了重复性的姿态与活动。不同之处在于，“在循环时间里，重复从属于一个更加总体性的身体节奏”①，而线性时间的重复性的根本目的则在于生产、积累、分配和再生产。列斐伏尔指出，这是一种异化的节奏，在由这种节奏所构成的节奏规训中，通过重复而获得的姿态是在日复一日的线性时间中驯化而来的。此外，节奏规训依然和身体密切相关，它的目标在于驯服和驯化身体，通过线性节奏中所蕴含的重复性姿态和活动让身体整齐划一，从而实现人们对规训的自我认同。

现代资本主义社会的人的生存异化在社会化的规训手段的布展之下得以实现，这是对异化理论的重要贡献，因为列斐伏尔找到了生存异化的现实基础，也为终结人的生存异化指明了方向，做好了理论准备。

3. 生存异化的现实目标：实现资本主义社会对人的生命管制

通过各种具体的规训方式来布展的生存异化以现代人的生存构境和生命经验为对象，施展了发达资本主义社会强大的统摄力和整合力，将众多作为个体的现代人制约在一个巨大而又精密的社会机器中。不难看出，列斐伏尔对人的生存异化的理论探索是把传统的异化理论所揭示和关注的宏观社会层面转向人的内在生存结构和生存状态之后的理论产物。诚然，人的生存异化是主观和客观两种现实相互作用的结果：从主观来说，现代人虽然意识到作为外部异己力量的社会对自身所施加的种种约束和压抑，但

① Henri Lefebvre, *Critique of Everyday Life*, *Volume II*, *Foundations for a Sociology of the Everyday*, trans. John Moore, London and New York: Verso, 2008, p. 48.

是却主动地放弃了反抗的革命性，自觉地选择逃避到日常生活里，内化资本主义社会的规训直至身体和思想的最为细微的行动与意念中，并任由这种生存异化肆意发展；从客观来说，现代资本主义为了巩固自己在世界范围内的统治地位，尽管面对着来自内部和外部的反抗资本主义的力量和势力，却依然没有放松宰制现代人的警惕，生存异化是资本主义在构建新的社会形态时没有放弃的规划的一部分。然而列斐伏尔把对生存异化的主要关注安置在资本主义社会的客观层面上，深刻地讨论了资本主义社会面向人而产生的异己的支配模式，至于现代人的主观心理，列斐伏尔并没有深入挖掘人的异化心理机制。

发达资本主义社会的生存异化的目标在于实现对现代人的生命管制。相较于西方马克思主义的其他思想家的异化理论，列斐伏尔开创性地指出，异化与其说是一种社会的客观现实，不如说它是一种情景。在这个情景中，人与社会之间的异化互动均不是以静态的姿态出现的，工厂、车间、商品、金钱、交易等传统异化理论所揭示的对象相对固化，不足以展现异化的复杂性和易变性；而列斐伏尔所指认的生存异化却是一种动态的异化形式，他科学地认识到，现代资本主义社会的生存异化不是各种具体的异化现象和规训手段的累积和叠加，而是以现代人的生命活动和生命经验为最终对象，以具体的规训方式为操作手段，以占有现代人的日常生活为终极目的，以消耗日常生活领域内的价值和意义为根本宗旨，对现代人施展最为彻底的管制。这是列斐伏尔生存异化的精髓所在，他指认了现代人在现代资本主义社会里的生存危机，并提出新颖的异化观，呼吁人们对人的生存异化给予足够的理论与实践上的重视。

综上所述，发达资本主义社会人的生存异化是列斐伏尔异化理论的有机构成的重要部分，它积极的理论价值包括以下两点：第一，列斐伏尔重申了马克思异化理论中的人道主义思想并将其发扬光大，列斐伏尔指出异化不只是发生在宏观社会领域内的现象，它更是渗透到人的本质存在结构中的人的生存现实问题，如此一来便丰富和拓宽了异化理论的视野；第二，列斐伏尔的生存异化理论奠定了其后的学术生涯中的理论研究的基本方向，这种基于现代性、现代资本主义社会和微观权力视域的异化研究预示了列斐伏尔后期的研究对象和内容趋向于微观化和日常化，关注人的生命权利，因此带有强烈的后现代主义哲学色彩。

第三节　空间生产的异化批判

可读性、可见性和可理解性[①]是列斐伏尔采用三元辩证的方法对发达资本主义空间本质的总结与概括，在他看来，现代城市空间的发展丧失了传统空间的神圣性与象征性，越来越向一种透明的、抽象化的、全景式的、等级制的空间表征发展，形成了独具特色的现代空间结构与样貌。

在此，我们不禁要问，列斐伏尔言下的“空间”到底是什么，或者说，空间的内涵与广延都包括什么，在什么情况下我们可以将空间与资本主义的幸存和延续联系在一起，二者之间是否存在某种逻辑上的共同性与相似性。列斐伏尔的空间批判理论是20世纪马克思主义的一次重要突破与发展，因为早在马克思和恩格斯，他们就曾对城市化与城市空间等问题做过分析，不过列斐伏尔承认，“这些探讨‘从来都不是系统化的’，它们在更为广泛的分析中是‘零散的’、‘分散的’段落而已”[②]。但是马克思和恩格斯却把“城市”的理论视野带入到对资本主义社会的批判当中，这是随着对资本流通、无产阶级革命、商品生产等理论议题的着重分析和阐述而来的。

尽管城市和城市问题从来没有被科学的社会主义的创建者们系统化地总结并指认出来，也没有形成诸如哲学、政治经济学、社会学等严格的主义学说体系，然而马克思和恩格斯却为此类问题奠定了学术化和理论化的基础，因为对此类问题零散的论述都在其他更加广阔的理论议题里表现出来：劳动分工、生产力、生产关系、历史唯物主义，等等。[③] 因此，列斐伏尔对城市、城市化、社会空间、空间批判等一系列问题的理论构建既是对马克思和恩格斯的理论传承，更是对新资本主义社会的重新认识，因为只有在20世纪，“空间”作为一个生产单位和生产要素第一次一跃成为所

---

① Henri Lefebvre, *The Production of Space*, trans. Donald Nicholson-Smith, Malden, Oxford and Victoria: Blackwell Publishing, 1991, p. 96.

② Stuat Elden, “Foreword”, in Henri Lefebvre, *Marxist Thought and the City*, trans. Robert Bononno, Minneapolis: University of Minnesota Press, 2016, p. viii.

③ Stuat Elden, “Foreword”, in Henri Lefebvre, *Marxist Thought and the City*, trans. Robert Bononno, Minneapolis: University of Minnesota Press, 2016, p. xv.

有资本形式中最重要的那一个。

情况远不止如此，列斐伏尔认识到了空间绝对不只是一个生产要素那么简单：首先，它以城市为载体，以城市化为延展的手段，曾经作为资本形式之一的空间脱离了工厂、车间和厂房的束缚，将控制的触角伸向了日常生活、人际关系、人物构序、生存构境等微观层面；其次，空间将自己转化成产品，开启了自我生产的新时代，列斐伏尔预见到，对于这个命题，很多人将会难以认可，他们无法承认在现有的生产模式和社会现状内把空间视为已经获得了自我生产和自我生成能力的、具有自身独特现实的社会产品，这个独特的现实把空间与商品、金钱和资本的全球化过程明确地区别开来。① 这种产品化的空间概念超越了形而上学、物理学、传统的社会学和地理学的普遍理解，它既不是由繁多的物的集聚所构成，也不是由可感的数据的集合所构成，更不是由包含了多种多样的内容的块状空间拼凑而成，它不能被简化成为一种强加于现象、物和有形的物质之上的“形式”。②

想要理解列斐伏尔言下的空间概念，我们必须要首先了解现代社会的空间意识是如何演化而来的。此外，空间在新资本主义社会条件下同样呈现出新的特征：空间的神秘化导致了“空间拜物教”的出现，在列斐伏尔看来，这是继“控制消费的科层制社会”之后西方新资本主义所面临的另一个严重的异化形式，空间的统摄力具体表现在它将社会化的“所存”“所思”和“所构”均统一在空间的支配之下，即日常生活、意识形态和社会构形都离不开社会空间所施加的影响力。在种种现实的观照之下，列斐伏尔把对异化批判的矛头指向了在马克思和恩格斯的哲学与社会学的理论构想中占据一席之地的“空间”与“城市”问题，进行了系统化的阐述，最终完成了“日常生活批判的空间化转向”的伟大尝试。

一 现代空间意识的觉醒：空间概念的历史性演变

人类的一切活动都离不开两个维度：时间与空间。时间确保了人类活

---

① Henri Lefebvre, *The Production of Space*, trans. Donald Nicholson-Smith, Malden, Oxford and Victoria: Blackwell Publishing, 1991, p. 26.

② Henri Lefebvre, *The Production of Space*, trans. Donald Nicholson-Smith, Malden, Oxford and Victoria: Blackwell Publishing, 1991, p. 27.

动的延展性和连续性，空间则为人类活动提供在场的可能性和可塑性。时间与空间在人类历史长河中一度是不可分割的整体，吉登斯指出，“对大多数人来说，构成日常生活基础的时间计算，总是把时间与地点联系在一起，而且通常是不精确和变化不定的”①。然而进入现代之后，伴随着机械钟表的广泛使用，对时间的统一性测量和操控造成了时间与空间逐步分离，这就为现代的空间意识做好了理论上与实践上的准备。二者的分离打破了时间与空间相互依附的线性运动与二元对立的结构，它是对时空秩序的重新规划。吉登斯提醒我们，我们不能对这样的分离简单地做出积极的或者消极的价值判断，它是人类历史发展的现实之一，同其他的现实一样，它展现出自己的特征、某种辩证的运动和难以回避的局限性。此外，吉登斯还指出，时间的虚化为空间的虚化打下了基础，时间的统一也让控制空间成为可能。从历史的长度来说，时空分离相较于时空统一不过几百年的历史，但是其影响的纵深却重新塑造了现代人的时间观念与空间观念，现代社会就是建立在时间与空间的相互分离和双重虚化的基础之上的。

列斐伏尔敏锐地捕捉到这个事实变化，他对空间概念在现代社会的考察体现了历史的历时性与共时性的特点。准确来说，列斐伏尔是在一个比较明确的前提下对空间概念展开研究的，那就是城市。他将城市视为物质、精神和社会三元一体的现实载体，因此列斐伏尔也以城市空间的演化作为第一手材料来分析人类社会实践的规律性和独特性。空间演化的过程经历了漫长的岁月，并且留下了足够充分的历史痕迹，列斐伏尔所讨论的空间并不只是地理学意义上的场地或场所，它更是一个涵盖了人类实践在历史当中从生产到发展再到产生结果的“容器”或“综合体”。它是自发的象征和抽象的理性在共同作用下并且经历了辩证的发展运动之后而实现的总体性的场域，所以空间呈现出两种不同的状态：“一方面，空间充斥着或圣洁或污秽的场所，而有的场所则委身于男性原则或女性原则，有的则富有幻想或鬼魅；另一方面，空间又是理性的、国家支配的和科层制的，而它的巨大被各种各样的流通所降解，进而变得晦涩难懂，其中便包括了信息的流通。所以我们要通过两种不同的方式去理解空间：在相对

① ［英］安东尼·吉登斯：《现代性的后果》，田禾译，译林出版社2011年版，第15页。

（真实的）中的绝对（显性的）。”[①]

纵观人类的实践活动在历史中的发展，人类不缺乏对空间的经验和理解。就算在现代，“空间”作为一个日常用语中经常会接触到的概念在很多人的思维里依然保留了它在几何学意义上的基本含义：一个空白区域。除了被填满、被占有、被规划、被设计的目的之外，空间似乎只是人类实践活动的一个必要充分而又不证自明的隐性条件，对空间的思考也似乎只是数学家、几何学家、地理学家等专业学者的工作，虽然其他人存在于空间之中，但却对空间不甚了解。不过，列斐伏尔批判的正是这种普遍存在的对空间概念的模糊观念，这种观念直接造成了现代人对空间的视而不见，因此也就不会意识到空间里所潜藏的危机和异化。列斐伏尔指出，“我们可以将如此构想出来的空间称为是‘有机的’。在群体与群体之间、成员与成员之间、社会与自然之间的直接性中，被占有的空间充分地表现了那些附着于已经被确立起来的社会组织的关系”[②]。如此一来，我们便不能对空间视而不见，而对空间观念的改造和重新认识又显得迫在眉睫。列斐伏尔详细地考察了历史中的空间概念的演变过程，其目的在于揭示现代空间意识与传统空间观念之间的差异，解释并分析在西方新资本主义时期里从国家层面到日常生活层面的空间生产的辩证运动，指认潜伏在现代空间生产之中的矛盾与冲突，批判以现代性和现代社会为理论的和实践的主导因素的现代空间观念的种种弊端，为现代空间概念提供一个清晰的理论平台，并试图扭转空间相较于时间在人文科学中的不利地位，以及弥合在20世纪的社会实践中作为一种支配性的社会要素，空间异军突起时所遗留下的各种后遗症。

总体而言，列斐伏尔认为空间概念在西方经历了三个大的演变阶段，即传统形而上学的空间概念、19世纪的时间的凸显与空间的隐退和20世纪的空间意识的觉醒。[③] 另一方面，空间在具体的社会历史发展过程中又分化为“自然空间”“社会空间”“有形空间”“精神空间”“绝对空间”

---

① Henri Lefebvre, *The Production of Space*, trans. Donald Nicholson-Smith, Malden, Oxford and Victoria: Blackwell Publishing, 1991, p. 231.

② Henri Lefebvre, *The Production of Space*, trans. Donald Nicholson-Smith, Malden, Oxford and Victoria: Blackwell Publishing, 1991, p. 229.

③ 张笑夷：《列非伏尔空间批判理论研究》，社会科学文献出版社2014年版，第63—67页。

和“抽象空间”等不同的种属。所以，空间并非如笛卡尔所描述的那般具有绝对的客观性，它不只是容纳存放于其中的物的器皿或容器，实际上空间被打上了人的深深的烙印。

1. 传统形而上学的空间概念：从古希腊到近代

传统形而上学的空间概念发端于古希腊的城邦，这本身也和哲学的开启密切相关。城邦和周边乡村是绝对空间的摇篮与起源，它是由农牧交错的块状空间所构成的，农民与牧民的经济活动与实践活动以最古老的方式在自然空间里分化出属人的世界，这也为形而上学的空间概念初步奠定了基础。城邦的出现并没有割裂人与自然之间的有机统一；相反，在初民的眼中，城邦的存在是自然和宇宙的力量在属人的世界里所构建起来的独一无二的确证，城邦的命运由诸神所掌握，日月星辰的运行和花草树木的开落都与城邦的兴衰休戚相关。因此，在以自然经济为基础的农牧文明中形成了“绝对空间”，孕育了古希腊哲人对空间观念的雏形。

列斐伏尔指出，在西方，绝对空间是一个严格的形式，“它是由人们小心衡量过的空间容量，它是空白的、封闭的，并且由逻各斯和内在和谐的宇宙的理性统一所构成。它具体表现了单一的、被规定的和有系统方法的原则或连贯一致的稳定性，这个原则在政治化宗教的旗帜下运行，并且等量地作用在精神生活和社会生活里”①。古希腊人的审美也体现了自然与人的统一：在绝对空间里，他们利用木材和石头等源自自然界的材料进行雕刻并建造房屋和庙宇，以断崖为屋脊，以大海为装饰，白色大理石的神殿矗立在由诸神所创造的天地之间，这不仅仅是为了彰显凡人巧夺天工的精湛手艺，更是表达对诸神深深的敬意和信仰。所以，绝对空间不是地点和符号的集合，“而是整个社会的空间秩序，社会中的一切按照这种地点被定位、感知和解释”②。由此可见，古希腊的绝对空间体现了自然与人的统一观念，这也进一步影响了古希腊哲学（形而上学）的空间概念。

空间是环抱事物的直接包围者，亚里士多德指出它既不是形式也不是质料，而是将事物进行分类的范畴。所有静止的和运动的事物都处在空间

---

① Henri Lefebvre, *The Production of Space*, trans. Donald Nicholson-Smith, Malden, Oxford and Victoria: Blackwell Publishing, 1991, p. 238.

② 张笑夷：《列非伏尔空间批判理论研究》，社会科学文献出版社 2014 年版，第 83 页。

当中，空间是原始的容器，所有事物的增长和消融都发生在空间里，但却与空间无关。亚里士多德的空间概念相较而言是模糊不清的，他指出空间的两个基本属性：一方面，事物脱离不了空间，每一个事物都在空间中找到属于自己的位置，占据着一定的体积，在空间中经历自身由盛转衰的全部过程；另一方面，空间又是可以独立存在的，它不因为别的事物增长而增长，消亡而消亡，它似乎是一个自在而完满的实在。这就为空间的绝对化埋下了形而上学反思的种子与伏笔。到了近代，笛卡尔将空间进行了抽象的哲学化改造，空间概念不再是自然与人之间的有机统一，而是变成绝对客观的存在，所有事物不只是被包含在空间之中，空间同样承担起秩序的责任和功能。形而上学的空间概念始终都包含了空间在几何学上的意义，继承了数学化的空间特征。不同的是，几何学与数学虽然明证空间的客观性，但是形而上学的空间概念从古希腊的城邦与哲学那里却吸纳了作为人这种特殊的存在所独有的感知与反思的精神内容。在经历了牛顿的空间科学化改造之后，空间从形而上学中逐渐分化出来，发生了近代科学的空间概念转向。

2. 时间和空间的分裂：时间的复兴和空间的隐退

到了19世纪，哲学家和社会学家所面临的理论与实践的难题便是时间与空间之间难以愈合的分裂，这是形而上学发展的必然结果。形而上学作为人类心智理性化进程的标志从诞生之日开始便追求物质、精神、自然、属人的完美统一，对这种统一的追寻也表现为对有形空间、精神空间和社会空间的一元化理论的探索和研究。列斐伏尔认为，要想充分理解为何对时间和空间的一元化探索最终失败，那就要回到黑格尔。黑格尔并非有意扩大时间和空间的二者分裂，从某种程度上来说，黑格尔哲学的历史感和宏大的历史叙述奠定了现代西方哲学的基本基调，指导了后来的人文学科在关于历史与时间的问题上的理论建树。但是黑格尔哲学的历史时间本质上却受到空间的牵制，它产生出由国家所占有和操控的空间。在个人身上，历史没有实现理性存在的原型，这种原型却是在由局部化的制度、群体和体系所构成的连贯总体上得以实现的。造成这般后果的根本原因在于历史是绝对精神的自我外化和自我运动的表现之一，而绝对精神在自我实现的过程中却不断地通过理性获取为自身所用的场所与环境，如此一来，在黑格尔的哲学体系里，空间在本质上便优先于时间。“由此，时间在内化于空间里的理性中被固化和固定了下来。”① 黑格尔哲学终结了历史，至于时间，它受到重复性和循环性的支配，被不动的、已确立起来的空间所吞没，失去了全部的意义。列斐伏尔认为，正是因为黑格尔，对空间的崇拜开始流行，而哲学与实践活动必然会寻求时间的复兴。

实际上在黑格尔之后，以复兴时间为目的或主要内容的理智活动层出不穷。马克思将历史时间作为革命性的时间加以恢复，并且在其中注入了充满张力的社会实践因素；柏格森试图利用“绵延”的精神时间和意识的直接性来取代占据统治地位的线性时间，以寻求突破空间的桎梏，因为在他看来，线性的物理时间实际上是空间的第二次延展而已；而胡塞尔的现象学以现象的“赫拉克利特之流变”和自我的主体性为武器同样高举复兴时间的大旗；在卢卡奇的哲学体系里，空间是用来定义物化和虚假意识的，而被重新发现的时间在阶级意识的指导下被抬升到至高的水平，进而能够对历史的曲折迂回进行衡量与测度，也能够打破空间的优先地位。由此，列斐伏尔指出，恢复时间并把时间置于空间之前成为了一个“总体性的哲学传统”。从 19 世纪开始，大批思想家参与到重构时间的工作当中，不过列斐伏尔认为，他们都以失败告终，原因在于重构时间和弥合时间与空间的分裂必须要在具体的社会历史条件下进行，而现代资本主义社会有规划地实现时间和空间的相互分离。而单方面地强调时间的重要性也最终导致了时间地位的凸显和空间要素的隐退，实则再次造成了二者之间的失衡。

3. 空间的胜利：20 世纪的空间意识

20 世纪发生了新变化，可以说，人们对时间和历史的迷恋在 20 世纪逐渐淡去，隐蔽在社会实践和社会组织结构背后的“空间”一直积极地发挥着效用。而进入 20 世纪之后，空间成为了“兵家必争之地”，变成了最为显性的社会要素，进一步将与空间息息相关的其他社会现实内容带入到思想家的理论视野当中，例如城市、进入城市的权力、人文地理学等。

空间意识的觉醒同样是与社会历史的具体现实紧密相关的。19 世纪的资本主义社会处在上升阶段，这个时期的资本主义主要是围绕着两大任务去开展社会实践的：一是为自身扫清障碍，为资本主义在全世界范

---

① Henri Lefebvre, *The Production of Space*, trans. Donald Nicholson-Smith, Malden, Oxford and Victoria: Blackwell Publishing, 1991, p. 21.

围内得以确立去奠定经济的、制度的、文化的和政治的坚实基础；二是为了自身的合理性与合法性谋求巩固，将自身升华到“天命所归”的理论与实践的高度上。因此，时间主题成为哲学家和社会学家的主要兴趣之所在，欲求在历史的纵深里找到资本主义社会存在的终极原因。特别是达尔文的进化论思想延展到人文科学领域之后，一个全新的社会进化论应运而生，“今优于古”的历史观风靡一时，“古今之争”的学术论战也从侧面佐证了时间和历史在思想界里的卓越地位，而资本主义无疑成为社会进化的最佳形态。尽管马克思指出资本主义社会终将会被共产主义社会所取代，资本主义社会不过是人类社会发展的一个环节，但是毋庸置疑的是，马克思的历史唯物主义理论也受到了此类历史观的支配与指导。

但是到了20世纪，情况则大为不同。资本主义制度在世界范围内确立已经是既定事实。但伴随着工人革命、殖民地人民独立运动、资本主义内部的列强战争，资本主义社会危机不断。另外，自然资源的枯竭、生态环境的破坏、经济危机的反复也让越来越多的人投身到反思乃至反对资本主义的队伍中来。如何确保资本主义在新历史时期的稳固地位是20世纪资本主义面对的重大挑战，所以时间在现实转变的洪流之下逐渐退出了核心地位的舞台。空间从未被时间所消灭，和时间不同的是：时间需要被构造，代表着现代性精神的线性时间只是诸多时间类型中的一个，而各种被构造出来的时间缺乏适当的同一性和稳定性；相比之下，空间要稳定得多，也更具有客观性，容易被人们所攫取和掌握。资本主义正是以空间为切入点来维护自己的社会运转和坚固的统治地位，把控空间就是获得了资本主义幸存的可能性。“延展空间有助于开辟更多的世界市场……分割空间，将日常碾成碎片，有助于控制人们的日常生活和意识；同质化空间，将社会整体同一化，有助于从总体上强化国家的权力；用空间来消灭时间，有助于维持资本主义是永恒秩序这一信念。”①

空间意识的觉醒是20世纪资本主义社会的重大事件，列斐伏尔毫不掩饰地说，“事实上，我们可以得出一个毫无疑问的结论，那就是空间在‘现代’社会里逐渐承担起一个越来越重要的角色，如果这个角色还没有

① 张笑夷：《列菲伏尔空间批判理论研究》，社会科学文献出版社2014年版，第68页。

获得压倒性的力量的话，那它很快就会如此”[①]。但是人们应该如何看待空间，如何分析、怎样分析由空间所衍生出的一系列社会现象与社会问题，应该把哪些方面视为空间研究的对象？作为哲学家，列斐伏尔同样对20世纪的空间意识问题域进行了规定，他指出，“空间问题域是由关于精神空间和社会空间的问题、关于二者之间的相互关系的问题、关于二者与自然之间的关联和‘纯粹’形式之间的关联的问题所构成的。至于空间实践，它是在非常广泛的层面上被观察、被描绘和被分析的：在建筑学里、在城市规划或‘城市化’里、在路线和地点的实际设计里（城乡规划）、在日常生活的组织里、在城市的现实里”[②]。空间的延展全面渗透到人类的实践活动当中，从日常生活到城市设计，从建筑构造到投资分布，从资本流通到劳动分工，从微观到宏观，空间变得无处不在。

列斐伏尔对空间概念在历史中的演变的考察实际上是回顾了人类实践活动的主要类型在历史中的变化情况，以空间为线索和参照试图构建一幅人类社会发展的全景蓝图。尽管人类的理性活动将空间分化成社会空间、精神空间、自然空间、有形空间等不同领域，彼此之间还遭遇了分裂和对抗，但是列斐伏尔的空间批判理论主要还是围绕着社会空间展开的，因为社会空间受到现有的生产模式、技术统治、劳动分工的影响最大。与此同时，列斐伏尔还认识到，空间的分裂与分化不只是单纯的理智认知，它更受到具体的社会现实的主导。在资本主义社会制度的背景下，空间与“生产”形成了一种共生的相互关系，因此“空间的生产”是列斐伏尔空间批判理论的关键概念。只有在理解空间的生产性特征之后，我们才能真正地理解现代世界的空间和现代社会。而将空间和生产有机地联系在一起也是列斐伏尔为现代空间科学所作出的一大卓越贡献。

二 作为生产性概念的“社会空间”

列斐伏尔断言，“（社会）空间是一种（社会）产品”[③]。所谓产品，

① Henri Lefebvre, *The Production of Space*, trans. Donald Nicholson-Smith, Malden, Oxford and Victoria: Blackwell Publishing, 1991, p. 412.

② Henri Lefebvre, *The Production of Space*, trans. Donald Nicholson-Smith, Malden, Oxford and Victoria: Blackwell Publishing, 1991, pp. 413 -414.

③ Henri Lefebvre, *The Production of Space*, trans. Donald Nicholson-Smith, Malden, Oxford and Victoria: Blackwell Publishing, 1991, p. 26.

指的是人类在历史语境之下通过各种构序的方式与物、自然、社会和人本身在发生了一系列社会化活动之后凝结而成的带有社会化属性的结果，在现实的时空脉络之下，这种结果表现为物质的、精神的、制度的、文化的、具体的、抽象的等具有充分的他性的产物。简而言之，产品不可能是自然的和自发的，它势必被深深地打上人类活动的烙印。狭隘的产品概念在多数情况下指的是通过人的手工加工而形成的物质产品，广义的产品概念则可以涵盖几乎所有与人相关的事物，也就是总体的属人世界。产品是通过人类的生产而来的，因此弄清列斐伏尔的"生产"概念才是正确理解"空间是一种产品"以及"空间的生产"的必经之路。

1. "生产"概念之辨

对于黑格尔的哲学体系来说，生产扮演着基础性的角色。绝对精神生产出属人的世界，而自然生产人类；人类在经历了千百年与自然的对抗之后再生产出历史、知识和自我意识，由此人类文明的车辙向前不断地滚动。马克思和恩格斯同样将生产视为第一性的理论概念，并且赋予这个概念以丰富的内涵。首先，生产具有一个广泛的含义，马克思和恩格斯指出，"作为社会存在的人类生产他们自己的生活、自己的意识和属于他们自己的世界。在历史和社会里，没有哪一样东西不是被实现的或被生产的"。生产的第一性由此被确立起来，正如海德格尔所指出的那样，人的存在就是一个生产过程。其次，马克思和恩格斯也并非没有对生产进行进一步的限定，他们在政治经济学的基础上将生产限定为一个和"产品"具有唯一关系的概念，让这个概念更加贴近于日常生活，无疑这也让生产越来越向经济学的专业领域靠近。这个概念规定得越是严格，那么它所意味的创造性、创新性和想象力也就越少，此时的生产更加倾向于"劳动"概念。生产、产品和劳动共同为政治经济学奠定了基础，它们在抽象的具体之中维持着各自特殊的状态，保持着社会前进的动力，也在具体的抽象之中构建了知识和历史，确证了人的本质规定性。尽管马克思和恩格斯对生产的概念做出了各种规定，但是列斐伏尔依然指出自二者之后，生产概念被过于宽泛地应用，丧失了其全部的定义。生产仿佛是一把万能钥匙，可以打开通往所有领域的大门，知识、意识形态、历史、意义与价值、语言与形象、符号和语篇似乎都可以用"生产"来描述并获得最终的解释。这是对生产概念的滥用，此概念的使用范围被无限地扩大必然会导致这个概念的内涵被侵蚀和削弱。列斐伏尔认为，更糟糕的是，那些扩大生产概念意义的人无视生产概念在哲学意义上所具有的优先性，反而把一种属于狭隘意义的或专业科学意义的实证性强加在生产概念里，由此造成了生产概念的本真内涵的颠倒与错位，也导致了生产概念的实证化。

如此一来，列斐伏尔提出要恢复生产概念的要求。在他看来，生产从来都不是单向度的人类实践活动，生产的对象、手段和产品均带有不可消灭的他性；生产是主体与客体之间的交互运动，单方面地强调生产的能动性或自在性都是不可取的，会导致严重的理论后果与实践后果。所以，列斐伏尔是在辩证性的视域下恢复生产概念的，而这种辩证性已经暗含在马克思主义当中。“马克思主义意义下的生产超越了‘主体’和‘客体’之间的哲学对立，以及超越了在基于这种对立的情况下哲学家们所建立起来的所有关系。”① 生产最终的目的是要超越自然、精神、物质和社会的分裂，实现彼此之间真正的统一。想要实现这个目的并非易事，因为生产与自然、劳动、产品、作品等相关现实相互作用，对生产的正确理解和把握也会因为诸多的社会现实和历史现实的具象因素的变化而发生不可预测的偏差。“相比受到不变的或恒定的要素的影响，所有的生产性活动更多的是被时间性（连续、并置）和空间性（共时性、同步性）之间持续不断的流动性因素所规定的。”② 因此，生产之复杂决定了生产绝对不可以被简化成某一个或某一类单一的要素，毋宁说生产的本质是一个综合的整体，在这个整体中，人类在历史的构境下既改造了自然界也塑造了人类自身。另一方面，为了弄清楚生产的辩证性，列斐伏尔借助比较“作品”和“产品”二者的差别再次对生产的规定性加以深化。作品最主要的特征是它以使用价值或独一无二的存在价值作为自身存在的尺度占有一个属于自己的空间，在这个空间里，作品要么是自然的产物，其自身的运动并不以人的目的为转移，要么虽然为人类所创造，但却不可复制，最典型的代表是艺术作品和未经过人力雕琢的自然物。产品也占有一个空间，不过在这个空间里，产品是以循环的周期出现的，它通过人的设计和制作来达到复制自

① Henri Lefebvre, *The Production of Space*, trans. Donald Nicholson-Smith, Malden, Oxford and Victoria: Blackwell Publishing, 1991, p. 71.

② Henri Lefebvre, *The Production of Space*, trans. Donald Nicholson-Smith, Malden, Oxford and Victoria: Blackwell Publishing, 1991, p. 71.

己的效果，它包括了一个目的、一个对象和一个使用价值，但是产品不是独一无二的，因为技术性保证了产品在质与量上的稳定性。在作品与产品之间的对比中，列斐伏尔分析并展现了二者共同所体现出来的主体性、客体性、能动性、创造性和自在性等特点，比较全面地揭示出作为生产性的人类活动在历史与社会的总体领域内所呈现出的有机综合的本真面貌。列斐伏尔通过辨析以生产为核心的相关概念来恢复生产的辩证性，生产概念在列斐伏尔的语境下就是一个超越了主体和客体二元分裂与对立的总体性概念。

2. 作为社会产品的社会空间之规定性

在清楚了生产概念所具有的辩证的本质规定性之后，我们便着手考察空间的生产性属性和特征。列斐伏尔的命题“空间是一个产品”既是对人类社会实践的总体性透视的基本判断，也是对现代资本主义社会现状的基本认知。可以说，空间在人类这种类存在诞生之时便开始其产品化的过程了，作为产品的空间自古就存在。但是在资本主义社会制度之下，空间特别地以产品的形式出现，成为了新资本主义时期的主要社会现实和社会矛盾。

第一，作为产品的社会空间在伴随着人类实践活动扩张的同时也在全世界范围内确立了自己的绝对统治，自然空间被无限压缩，社会空间取代自然空间成为现代世界的基本空间形式。社会空间的形成与确立不是自然的和自发的，它需要从自然中攫取原材料以维持社会空间的物质属性。生产扮演着社会空间的塑造者角色，自然为生产提供物质材料也成为了生产的对象，在劳动的作用下，以创造为基础的自然空间和以重复实践为核心的社会空间展开了激烈的拉锯战。在这个过程中，人类彻底地和自然分离，自然只以一种形象或符号存在于社会空间的四周。另一方面，随着真实的自然空间被压缩，自然空间在人的精神和头脑中也逐渐消失，人们感受不到自然的独特性和创造性，自然对现代人来说是一个遥远的象征，或是暂时逃离社会化的日常生活的避难所。人们为了躲进自然中最常见的方式便是旅游，可是旅游区的自然也是社会空间的一种类型，它提供的并非原始的自然之力，而是经过人力穿凿的产品，是一种人为的景观。重复实践在这里依然是主导性实践，重复性摧毁了独特性，人为的产品从这片区域里驱散了所有的自发性和自然性，简而言之，产品征服了作品。和重复性相比，另一个对自然空间造成破坏的因素是“视觉化”和“景观化”，而视觉化的兴盛与优势地位掩盖了重复性，人们面对自然的时候只是“看”，除此之外不会进行深刻的反思。

第二，社会空间的变化和发展实际上就是每一个社会的变迁与嬗变，它真实地表现为每一个特定的社会在历史的现实脉络下所经历的具体过程，而每一个社会，或者说每一个生产模式都会生产出一个空间，一个属于自己的空间。① 我们不能简单地把古代世界的城市或现代世界的都市理解成人与物的集合，这是一种简化的观点，无论是庙宇林立的古罗马城，还是聚集了大量的百货公司的香榭丽舍大街，空间的类型从来不是一成不变的。生产的概念渗透到空间之后，空间便不再是纯粹客观的对象，它与人的空间实践密切相关。谈及空间实践，列斐伏尔指出，空间作为一个物化的场所为人展开各项具体的实践内容提供了各项基本条件，在空间中，空间实践囊括生产与再生产、特定的地点和以每种社会塑型为特征的空间场所。此外，空间实践离不开已有的空间—社会关系，它是社会生产关系再生产的主要途径。古代世界用来维系社会关系的主要手段是象征和隐喻，利用巫术、宗教和血缘的方式，以通感为媒介将人稳定在自发的社会关系当中；和古代世界相比，现代社会更加强调确保社会生产关系能够得以延续的重要性，因为在被现代理性支配的当下，社会关系更加依赖的是直接的经济政治纽带和由技术专家们组成的技术统治阶级所施加的强制性关系网络。因此，生产一个空间不仅需要构成空间存在的物质，还需要再现和解释空间生产过程的“空间的知识”。空间虽然是一个产品，但它更是一个生产单位和工具，空间在被生产出来之余也承担着生产其他产品的重任，因此，作为理论的空间知识是可能的，也是必要的。

第三，如果空间是被生产出来的，是一个社会产品，那么空间一定具有不可消除的他性和相对于人而言的异己性，人在空间中保持自己的存在状态就必然会遭遇到来自空间的异化。自然空间提供了空间异化的第一步，在社会空间处于刚刚起步的阶段时，自然空间主宰地球。人类的初民在面对充满未知、危险、保护和神奇的自然时形成了最初的自我意识，这

① Henri Lefebvre, *The Production of Space*, trans. Donald Nicholson-Smith, Malden, Oxford and Victoria: Blackwell Publishing, 1991, p. 31.

样的自我意识尚为萌芽，不具备充分的知识去探索和理解纷繁复杂的自然现象，所以自然被神化，被拟人化。天空之神、太阳神、大地母亲、雨神等诸神的形象证明了不以人的目的为转移的自然空间在人类面前遭到了以认识和实践为最终目的的人类活动的分化和归类。这是人类认识自然和改造自然的出发点，不过这个过程并非一帆风顺。自然变成异己的对象等待着人类的征服与改造，人类从自然中分化出来必定要忍受永久的分离之苦，自然空间设下的重重屏障一度让人类举步维艰。而在资本主义社会的条件下，自然空间退出了空间异化的主要舞台，社会空间成为主角。马克思虽然没有明确提出空间异化的概念和规定性，也没有建立任何专属于空间的理论体系，但是他却是第一位意识到资本主义社会空间问题和空间异化的思想家，并且资本主义的空间异化发生的主要场所就是城市。劳动分工如若不以社会现实为依托将会落入抽象概念的窠臼，丧失其现实批判的意义和价值。马克思注意到，坐落在城市里的大小工厂和车间是劳动分工在资本主义社会里的具体表现，工厂和车间将工人们分隔开来，曾经总体性的劳动实践被破坏，不同工种的工人只负责商品生产的某一个环节；流水线生产模式虽然极大地提高了劳动效率，但是封闭的工厂空间和枯燥无味的工作让工人并不能体会到真正的满足。与此同时，资产阶级和无产阶级也制造属于自己的空间，两种空间之间的差距不断扩大同样埋下了危机的种子。如此一来，以资本主义制度和现代性为主导的空间异化成为了现代社会里较为棘手的社会问题之一，一个关于空间异化的批判也成为新时代的社会科学理论的新要求。

列斐伏尔指出社会空间的生产性特征的目的在于帮助人们更清楚地理解社会空间的本质规定性。社会空间是一个综合的整体，列斐伏尔对社会空间的概念进行了如下的解释：“社会空间不是一个被其他的物所包围的物，也不是一个被其他的产品所环抱的产品：我们倒不如说，它把所有被生产出来的物包括在内，并在这些物的共在与共时性里覆盖了物与物之间的相互关系——它们的（相对的）有序和（相对的）无序。社会空间是一连串事件和一系列行动的结果，因此它不能被简化成一个单纯的客体。”①

---

① Henri Lefebvre, *The Production of Space*, trans. Donald Nicholson-Smith, Malden, Oxford and Victoria: Blackwell Publishing, 1991, p. 73.

社会空间是行动，是关系，是知识，同样也包含了禁忌与律法；社会空间在人类千百年的共同努力下获得了属于自己的生命力。它更像是一个复杂的有机生命体，即身体，一个社会空间的诞生就是在一个社会化的决定性或被决定的空间实践里由生产力所生产出的一个特定的空间。这样的空间具体表现出各类的性质，这些性质既不能归因于人的心灵也不能归因于任何超验的精神，它实际上是对空间的真实的“占有”。我们也必须要从生产行动的一系列连续事件出发去理解社会空间，因为社会空间既不单纯是一个哲学概念，也不只是一个社会学概念，它是社会现实。由此，列斐伏尔提出关于社会空间的三元辩证结构的构想，它由“空间的实践”“空间的再现”和“表征的空间”有机构成，三者在具体的空间背景之下辩证地运动以实现空间的生产和再生产。

3. 社会空间的三元辩证结构

“空间的实践”是生产和再生产的直接执行者和直接塑造者，是社会空间得以塑型的直接动力。在一个可感知的空间里，空间的实践包括具体的人的行动、相关的知识和保证行动能够得以进行和实现的每一种特定的场所和空间化的地点。另一方面，社会空间也保证了连续性和一定程度上的凝聚力，就社会空间而言，对在这个空间里身处一个已知的社会关系中的每一个成员而言，这样的凝聚力暗示了该社会空间在一定程度上隐藏自己的能力。空间实践的类型多种多样，以物质产品生产为主的实践在历史和社会的具体现实内确保了空间的延展和扩张，而以精神产品生产为主的实践却创造了一个截然不同的世界。后者为“空间的再现”提供了可能性。

“空间的再现”与生产关系和这些关系所施加的“秩序”相关联，进而与知识、符号、符码等相关联，它是抽象化的空间再现，是概念化的空间。从某种角度上来说，空间的再现是真实的社会空间的副本，“科学家、规划者、都市主义者、社会工程师等通过理论抽象来构想感知的和亲身经验的空间”①。在这个空间里，专业化的知识分子是主导性力量，他们根据各自领域的专业目的和专业内容重新构建一个和知识权力休戚相关的空间。这样的空间不可或缺，因为它和真实的空间构成了一个二元辩证的关

① 张笑夷：《列菲伏尔空间批判理论研究》，社会科学文献出版社 2014 年版，第 79 页。

系。真实空间里的活动和实践为空间的再现提供了源源不断的物质与材料，但是这个空间也是相对的，随着真实的社会空间的变化和发展，其中的内容也会遭到改写和修订。这并不意味着空间的再现是不稳定的或是不可靠的，正如库恩所提出的“范式”概念一样，空间的再现同样经历着整体与局部的转化、融合、衰退和消亡。专家们似乎掌握了建构与拆解“空间的再现”的绝对权力，不过我们应该注意的是，空间的再现不只是对真实的社会空间的“临摹”，它同样直接反映了社会空间的关系与秩序。

“表征的空间”与社会生活相关，它是直接经验的空间，它通达社会生活里那隐秘的或暗中的一面，它指向的是社会生活和社会空间的底层维度，空间的占有者、居住者、使用者都生活在这个空间里。与此同时，表征的空间也与艺术相关，这里牵涉着艺术家、音乐家、哲学家和作家等，他们经历并感知着表征的空间，与他们的真实的生活经验相连，他们想要描述这个空间。另一方面，表征的空间还利用与其相关的大量象征与符号去实现人们的直接经验，和空间的再现相比，它更倾向于非话语的象征和符号的体系。因此，表征的空间也是被统治的和被动经验的。

可感知的空间、概念化的空间和直接经验的空间，三者形成了社会空间的三元辩证图式：在可感知的空间实践里，身体和器官作为工具开展活动，开拓人类的活动范围，一切人与物、人与自然、人与社会和人与人之间的直接关系均在空间实践里获得雏形，并在具体的社会历史条件下得到深化；概念化的空间产生自活跃的理智在现实的社会空间里所开展的系统化的和抽象化的心智活动，科学性嗜好既是社会空间的直接性反映，更是对现实世界的进一步升华，在人们直接经验的和直接感知的社会生活里，这样的生活催生了后来称之为哲学、文学、物理学、天文学等利用话语体系去表达的符号体系和知识结构；至于直接经验的空间，在那里，人们经历着所有有意识的和无意识的生活经验，具有明显的历史性和独特性，同时它也是一个相对混沌不清的空间，日常生活最能体现表征的空间所蕴含的本质规定性。这三重空间的延展和延续均依赖于生产的创造性、能动性和重复性，它们是社会空间不同的维度，以生产为依托，驱使着社会空间向前推进。

三　空间拜物教：从绝对空间到抽象空间的转化

从列斐伏尔的空间生产批判中，我们不难发现，“空间的生产”归根到底探讨的其实就是资本主义的幸存问题。马克思毕生的精力都投入在分析资本主义社会的运行机制的总体性问题上，揭示其内在的固有矛盾，在认可资本主义社会对人类社会所作出的物质文明和精神文明的贡献时预言了资本主义社会必然会消亡的命运。但是自马克思之后的100多年的时间里，资本主义不但没有像马克思所预言的那样走向衰落至消亡，反而获得了进一步的增长；尽管在这一个多世纪里资本主义世界遭遇到来自内部和外部的双重打击，几经磨难，各式的革命冲击着其根基，但是每当经历打击之后，资本主义社会都会迎来一段长足发展的“黄金时期”。这确实不能不引起思想家和理论家的兴趣与重视。因此，一个关于资本主义是如何幸存下来的理论议题成为20世纪西方思想界的大问题，在其中不乏有别于马克思主义的新观点和新视角。

列斐伏尔声称，他坚持马克思主义的基本理论原则和研究方法，马克思对资本的运作和流通模式的精准分析成功地阐释了资本主义的生产方式和社会关系的再生产，指出资本主义之所以能够得以延续依靠的是工人们所生产出的剩余劳动价值，同时交换价值和使用价值之间的不对等为资本的流通与增长提供了积极的生命力。然而列斐伏尔观察到，资本主义的现实状况已经逐渐脱离了马克思的经典理论，“自马克思写作《资本论》的时代以来，资本主义实现‘增长’的手段是‘占有空间’和‘生产空间’。因此，空间的生产是资本主义幸存的秘密所在”①。资本主义的发展经历了比较明显的两个阶段。

资本主义初期的发展阶段是以“在空间中进行物的生产”为主要手段。这个时期的资本主义以积累物质财富为主要目的，侧重政治经济学，以政治经济学中所描绘的国家与社会的理论内容为蓝图，建立物与财富极大丰富的理想世界。列斐伏尔身处的资本主义社会则全面进入以“空间自身的生产”为发展核心的历史时期。物的生产趋向稳定，技术的跃迁式发展为资本主义的物质基础提供了坚实的保证，而在空间中固定下来的生产

① 张笑夷：《列非伏尔空间批判理论研究》，社会科学文献出版社2014年版，第96页。

关系的再生产成为新资本主义时期的重要议题，由国家主导的空间政治与微观权力的结合再次给予了资本主义以新生。无论从哪方面来说，空间都不再是单纯的几何空间或地理空间，在资本主义的塑型作用下，空间从原来作为一个必不可少的资本形式转化为拥有绝对优先性的社会产品。可以说，资本主义在20世纪的扩张不是资本主义制度和精神文化的扩张，而是以生产关系再生产为主要内容的资本主义空间的扩张。

1. 资本主义幸存的秘密：抽象空间

空间到底是如何能够保障资本主义的幸存的呢？资本主义社会条件下的空间变成了产品，但是前资本主义社会的空间也是产品，这两种产品是否存在着根本上的差异性，以至于让资本主义的空间可以挽救资本主义制度于必然的衰颓之势呢？在追问这个问题之前，我们需要考察列斐伏尔的“抽象空间”概念。

抽象空间是资本主义社会发展的必然结果，它以蚕食和侵占绝对空间为前提确立了它在资本主义世界里的统治地位。绝对空间的基础是自然空间，空间既表现为一个连续的整体，同时也因为自身不同的差异而形成了带有差异性的独特空间。无论是古希腊的神殿、古罗马城的浴场、中世纪的教堂还是资本主义社会早期的工厂，空间依据各自的功能、目的、意义和价值划分属于自己的范畴。然而抽象空间在资本主义发展过程中逐渐掌握了主导权，最终扫除了挡在自己面前的障碍。资本主义社会里的空间是生产资料之一，作为一个重要的生产资源，空间化身产品的同时也成为资本，将资本主义的触角伸向了空间里更为深层次的结构，改变了空间的属性和特征。列斐伏尔以战争为例，分析了资本主义制度下空间的强大塑型能力。战争的空间伴随着资本主义的崛起转化了自己的功能：前资本主义时代的战争并不具备经济功能，暴力纯粹是政治的或宗教的领域；然而在资本主义和世界市场的控制与支配下，战争取得了资本与财富的积累过程的经济作用。① 自此之后，在战争空间里，单纯的破坏被视为不明智的，从战争中捞取经济利益才是发动战争的根本原因和目的。另一方面，被战争染指过后的空间，包括村庄、城镇、农田、国家，无一例外都被卷入经

① Henri Lefebvre, *The Production of Space*, trans. Donald Nicholson-Smith, Malden, Oxford and Victoria: Blackwell Publishing, 1991, p. 276.

济利益的积累当中。

列斐伏尔利用这个例子指出，资本主义制度下的抽象空间受到同质化的逻辑的主导，这种同质化的逻辑力量不只来自资本的逻辑，更为重要的是国家机构和国家体制的介入和参与强化了空间的同质化倾向。抽象空间把所有挡在自己前面的各方力量、所有会对自己造成威胁的东西都变成了一块“白板”，也就是清除了“差异”。[①] 与此同时，“抽象空间也具有致命性，它摧毁了那些孕育自己的历史条件，消灭了它内在的差异，也消除了任何一个能够显示发展轨迹的差异，其目的在于强行施加一种抽象的同质性”[②]，不难看出，抽象空间与全部的真实的或潜在的差异为敌，一切生产活动在抽象空间里都受到了统一化和同质化的鞭策与整合，不同的生产活动在相同的生产模式下呈现出一体化的趋势。这种趋势虽然在最大限度上保证了生产效率，但是却埋下异化和神秘化的种子，在资本主义之后的发展中变成强大的统摄力，保存了资本主义继续前进的动力。对生产活动的所有痕迹的清除和掩盖是神秘、神秘化和意识形态的基础，也是所有宰制和所有权威的基础。抽象空间的另一个特征是它要求更加专业化的和抽象化的知识体系来为自身存在的合法性与合理性进行辩护，这种知识与权力共谋，与政治实践捆绑在一起，也就是和意识形态的多重表象与修辞捆绑在一起。

通过以上的论述我们不难看出，列斐伏尔指认到，抽象空间是一个全面压抑的空间，以这种空间为存在根基的资本主义社会是一个全面压抑的社会；它利用透明化的和全景式的假象展开一幅伪乌托邦的画卷，实际上席卷了空间的每一个角落，侵占日常生活，在政治和经济的运作实践中，抽象空间扮演了主要的角色。除此之外，列斐伏尔还提醒我们，国家接管了抽象空间的整合工作，如果缺少国家的政治权力，那么抽象空间的延展也不会如当下这般彻底和全面，因此抽象空间的生产方式实则是国家的生产方式。由此种方式所生产出来的社会空间和政治空间既是真实的也是可操作的，既是一个已知的事实也是一个工具，既是必然的也是实质的；它

---

① Henri Lefebvre, *The Production of Space*, trans. Donald Nicholson-Smith, Malden, Oxford and Victoria: Blackwell Publishing, 1991, p. 285.

② Henri Lefebvre, *The Production of Space*, trans. Donald Nicholson-Smith, Malden, Oxford and Victoria: Blackwell Publishing, 1991, p. 370.

们作为一个产品不仅是被生产出来的，也是生产者和再生产者。①

因此，在面对复杂不清的各类现象时，在抽象空间这个层面上，异化理论就变得非常必要了，同时也才从侧面证明了我们现在所拥有的异化理论是多么的不够充分。列斐伏尔认为，“异化概念是完全无可争议的，这是事实，而我们对抽象空间的现状和事态所进行的描述与分析充分证明了异化理论的必要性”②。由此可见，关于资本主义的抽象空间和资本主义的幸存问题的探索，列斐伏尔依然是在异化理论的视域下进行的，而对抽象空间的三重辩证图式的分析不仅指认出抽象空间的本质规定性，也指出了空间异化的理论基础和现实基础。

2. 抽象空间的结构与特征：同质化—碎片化—等级化

抽象空间具有一个结构，这个结构是由“空间的实践”所决定的，由“空间的再现”进行书写和总结，再回归到“表征的空间”里由具体的个人和群体真实地遭遇和经验。列斐伏尔指出，“这样的空间由现有的生产关系、再生产支配关系生产出来，这种空间呈现出以下三重图式，即‘同质化—碎片化—等级化’”③。

首先，同质化之所以被放在第一位，是因为它是碎片化和等级化产生的基本条件，只有当同质化的空间在世界范围内得到广泛确立之后，碎片化和等级化才有可能渗透至空间的深层构造里并挟持空间。列斐伏尔清楚地看到，抽象的空间是由抽象的劳动所导致的。资本主义的抽象劳动是无差别化的社会实践，它被用来衡量商品的使用价值，在货币与资本进行流通的过程中，抽象劳动是最根本的动力。抽象劳动首先具有同质性，工厂里生产的所有商品都在一个同质化的逻辑下被制造出来：汽车的轮胎、西装的纽扣、面包店里的砂糖，它们在本质上都是相同的，即以组装为生产目标、以专业化技术为依托、以实现交换价值为目的，它们是抽象劳动的物化形式和表现。对于社会实在而言，尽管它们的形式千差万别，但是本质上并无不同。由此

---

① Henri Lefebvre, *State, Space, World: Selected Essays*, trans. Gerald Moore, Neil Brenner and Stuart Elden, Minneapolis and London: University of Minnesota Press, 2009, p. 212.

② Henri Lefebvre, *The Production of Space*, trans. Donald Nicholson-Smith, Malden, Oxford and Victoria: Blackwell Publishing, 1991, p. 371.

③ Henri Lefebvre, *State, Space, World: Selected Essays*, trans. Gerald Moore, Neil Brenner and Stuart Elden, Minneapolis and London: University of Minnesota Press, 2009, p. 212.

类的各种原料和零件被进一步加工而成的商品同样具有同质化的倾向。列斐伏尔认为，依据马克思的观点，人的实践即劳动具有三个层次："重复性层次、创新性层次和在这两极之间的模仿性层次"，而"在重复性实践中，同一个姿态，同一个行动，在被决定的循环中一遍又一遍地重复进行"。[①] 而重复性实践便是抽象劳动的集中体现，也正是因为重复性实践，劳动获得了同质化的能力。空间是一个产品，空间里堆积的便是抽象劳动生产出来的同质化商品，那么空间自然也是同质化的。列斐伏尔指出，诞生于20世纪的后半叶的空间在世界范围内都被重新生产了，公路、机场、商店、桥梁、城市、城市建筑都体现出无差别化的风格，或许唯一存在的风格就是"没有风格"。同质化的抽象空间将原来赋有创造性的自然空间和绝对空间收纳在自己的支配之下，"这种第二自然的类型避开第一自然的创造力，它是第一自然消极的中性之物"[②]。在这个空间里，一切差异和矛盾都被化解，量与质、生产与消费、交换价值和使用价值、生产力和生产的社会关系、知识与权力均被编码在一个统一的符码体系里。

其次，碎片化也是抽象劳动所导致的一个必然结果，劳动分工将整体性的社会劳动与实践拆解成碎片，同时这种碎片化的倾向也影响到作为一个连续体的空间。"整体性的空间被撕扯成一个个彼此相互分离的空间，那些在这些相互区别的空间内得以运作的各种功能占有了这些空间：劳动、住宅、休闲、运输、生产、消费。"[③] 空间之所以能够被碎片化，其前提是空间已经被同质化。本来应该充满渐变、差异、矛盾乃至冲突的空间被消除了量与质的内涵，这直接导致了空间可以被直接测量、用于交换。除了必要的技术手段之外，在资本主义制度下的空间商品化于20世纪后半叶愈演愈烈，人们不仅在物质世界里分割空间并且交易空间，同时人们对空间的认识也越来越模糊，缺乏一个整体的认识观，这也同样为分割空间做好了准备。最典型的案例莫过于发生在旅游区的空间碎片。无论是著

① ［法］亨利·列斐伏尔：《马克思的社会学》，谢永康、毛林林译，北京师范大学出版社2013年版，第34页。

② Henri Lefebvre, *State, Space, World: Selected Essays*, trans. Gerald Moore, Neil Brenner and Stuart Elden, Minneapolis and London: University of Minnesota Press, 2009, p. 213.

③ Henri Lefebvre, *State, Space, World: Selected Essays*, trans. Gerald Moore, Neil Brenner and Stuart Elden, Minneapolis and London: University of Minnesota Press, 2009, p. 214.

名的自然景区还是旅游城市，无论是博物馆、百货商店、历史遗迹还是国家公园，它们看似履行着自己的功能而有条不紊地运行着，实际上它们本应该有机地构成一个充满差异性功能的整体空间，但是正因为空间的碎片化倾向让它们彼此分离，而人们对此却毫无疑义。

最后，空间的等级化是空间的同质化和碎片化的必然结果，块状空间在同质化的逻辑之下被安排在空间的等级制里：根据空间各自的重要性，我们看到高贵的和粗鄙的空间、差别化的住宅区、被称之为“舒适区”的功能性空间等在一个城市里并存。无形的高墙在现代城市中林立，在看似欣欣向荣的城市空间内形成了多个“中心”和围绕着这些中心而展开的“周边地区”，它们各自构成属于自己的生态环境。产生等级化的原因是：在同质化的空间里，资本的流动并不能实现真正的无差别的覆盖，在人为有意或无意的引导下，资本的积累和聚集呈现出中心化的样态，即金融中心、信息中心、财富中心、娱乐中心等；而非中心的边缘地区则自动地被整合在一个“上级”与“下级”的二元等级制内。另一方面，中心与中心之间也并非完全均质化，除了资本，空间的等级制还有其他的划分标准：行政与非行政、男性与女性、体力劳动与脑力劳动、主流族群和边缘族群、高等教育和低等教育，等级化的空间中同样充斥着对立与矛盾，冲突不断。因为国家和政治权力的介入，科层制在等级化的空间里发挥了巨大作用。在一个城市里之所以能够出现“公共住房计划”的贫民区和为中产阶级准备的高档别墅小区，是因为国家权威对空间等级制的认可，换句话说，国家认可“空间隔离”。而这种隔离的基础便是广泛存在的区别和差异。“等级制取得了那些普遍而又特殊的形式：在空间、中心和边缘地区的支点之间，等级制即为区别，……空间、中心和边缘地区都被等级化了……”① 至此，我们观察到一个吊诡的现象，那就是抽象空间一方面在竭尽全力地消灭差异以实现全面的同质化，另一方面却保留差异以实现有组织的等级化。

在资本运营的游戏中，空间作为资本的主要形式之一同样受到资本逻辑的干扰，丧失了其本真的内涵与实在。让我们再次回到列斐伏尔所作出的关于空间的那个命题，“空间是一个产品”，我们会发现空间不仅仅是人

① Henri Lefebvre, *State*, *Space*, *World*: *Selected Essays*, trans. Gerald Moore, Neil Brenner and Stuart Elden, Minneapolis and London: University of Minnesota Press, 2009, p. 215.

类实践活动能够得以开展的总体性舞台，不只是社会生产关系再生产的延展和扩张，不只是社会实践、观念、知识、概念等构造之后的结果，它更是一种和人相对立的异己力量，将现代人团团地包围在其中。抽象空间的三重结构与特征就是异化了的空间的结构与特征，从对“同质化—碎片化—等级化”的分析中我们了解到，资本主义制度下的抽象空间和其他的商品一样，本质上都是以交换和交易为目的的产品。然而不同的是，抽象空间包含了一整套与人的生存构境发生交互作用的规律和法则，在现代资本主义社会里，人们必须要忍受来自空间的压抑。与此同时，对空间的崇拜成了人类新历史时期的图腾与神话。

3. 空间拜物教：现代人的新神话

列斐伏尔并没有明确提出“空间拜物教”的概念，但是在他的著作中却不止一次指出现代人对空间的崇拜与迷恋。这种对空间的崇拜和迷恋产生了重大的社会性后果，当然它也拥有广泛的社会根源。空间拜物教是对马克思的商品拜物教概念的借用和改写，这两种概念都指认了现代资本主义社会深刻的异化现象。

空间拜物教主要体现在以下几个方面：

第一，列斐伏尔认为，这种现代空间崇拜的最典型的例子便是从现代都市建筑物中所体现出来的男性生殖器崇拜的情结。高耸入云的摩天大楼是现代都市是否进入成熟的现代化和都市化的标志之一，作为很多新兴城市的地标性建筑，似乎楼越高就越能体现这个城市的伟大，市民也会因此越发自豪和骄傲。“高”与“大”主宰了城市规划的整体风格，而这种全球范围内都在追捧的视觉审美实际上是一片男性主义和男性力量的宰制之地，女性力量被排挤到社会的边缘。列斐伏尔早就识别出现代空间的诡计：空间从来都不是沉默不语的，它收敛自己的锋芒，将自己管制的触角伸向城市的建筑物，通过建筑物来表达自己的绝对性存在意义。设计空间的某种可以被称为“委员会”的组织强迫建筑师接受自己主导城市空间的偏好和意见，强迫他们去实现某种适合特定社会类型存在的空间，也就是说通过“装饰”来掩盖空间存在的方法去反映该社会的多重关系。[①] 作为

① Henri Lefebvre, *The Survival of Capitalism: Reproduction of the Relation of Production*, trans. Frank Bryant, London: Allison and Busby, 1976, p. 88.

由男性力量所宰制的现代资本主义社会空间，建筑物直接反映出和男性生殖器相关的精神文化与政治权力。“男性生殖器崇拜与政治相结合；垂直是力量的象征。被建构起来的空间——那个由金属和玻璃组装而成的透明之物——大声地诉说着权力的意志和它的全部奸诈。”① 而生活在其中的“居民”、在空间中延展的“栖息地”同样也有了这种宰制的空间分布。

第二，和生殖崇拜一起，空间的崇拜还体现为空间的视觉化。从欧几里得几何学的角度来讲，空间是三维的，同时也是空无一物的。空间的三维属性源自在空间中填充“物”以来区别二维平面图，而这就为视觉留下了充分发挥的余地。视觉作为人类的重要感观不只是感知环境，同时视觉还承担着思想的交流、意义的传递、信息的交汇等功能。古代的烽火台以视觉为基础传达战争的信息，滚滚的浓烟和闪烁的火光不是自然现象，而是被赋予特殊意义的信息载体；哥特式教堂又高又尖的顶塔象征着教会具有可以通达上帝和天国的能力，这也是通过视觉来实现的价值功能；古代皇帝出行的仪仗浩浩荡荡，代表着皇权的仪仗同样是通过视觉向世人传递着皇权不可侵犯的律令。空间为视觉提供了最基本的三维空间和在三维空间中的物质材料，视觉变得变幻莫测，作为身体器官的眼睛也承担着接受更为复杂的使命和任务。到了现代资本主义社会，空间与视觉发生更加深刻的交互作用，视觉不再单方面接受来自空间的为我性和自在性，它也在改变空间的结构和逻辑。空间的排兵布阵都在让视觉化的逻辑合理化，而这种合理化的过程逐渐形成了视觉的意识形态，将人牢牢地固定在现代空间的网罗之中。居伊·德波的“景观社会”便是对视觉化占据支配地位的现代资本主义社会空间的最佳归纳和概括，从商店窗口所陈列的琳琅商品到车水马龙的城市街道，整个城市空间就是一出舞台剧，空间既是舞台也是舞台上所摆设的视觉对象。而形成空间景观的根本原因依然是生产方式。“景观，从总体上理解的景观，它既是现存生产方式的结果，也是该生产方式的规划。”② 由此可见，这与列斐伏尔的“空间是一个产品”的命题不谋而合。

---

① Henri Lefebvre, *The Survival of Capitalism: Reproduction of the Relation of Production*, trans. Frank Bryant, London: Allison and Busby, 1976, p. 88.

② ［法］居伊·德波：《景观社会》，张新木译，南京大学出版社2017年版，第4页。

第三，“空间拜物教”的概念是对马克思的“商品拜物教”概念的借用和改造，它是商品拜物教概念的继承与发展。

首先，这两个概念都指认了资本主义生产方式和生产关系的再生产，不论是商品还是空间，它们都是由资本的强大塑型作用在经历了社会化改造之后的产物。马克思分析了在商品上所凝结的资本主义抽象劳动和抽象的社会生产关系，对比之下，列斐伏尔同样认为现代的抽象空间之所以具有当下的属性和特征也是抽象劳动和抽象的社会生产关系共同作用的结果。马克思所面对的商品并非商品本身，而是一个个构成资本主义话语体系的符号；列斐伏尔所透视的空间也绝非空间本身，从一个更加广泛的意义上来说，空间就是社会生产关系及其再生产的有机呈现。

其次，资本主义制度下的商品和空间在受到资本逻辑的主导和支配之后，其交换价值替代了使用价值，成为资本主义社会所营造的意义链条之中的一个环节。商品不再代表着某种特定的和具体的功能与用途，而是形成了一整套的意义链条，如同语言一样，声音作为质料构成了语言的物质载体，而语言的本质在于传达声音背后的意义。在如今的资本主义社会里，社会的逻辑意义的表达就是依赖于全部商品所构成的物质载体来传递的。在这种情况下，商品的使用价值就显得无足轻重，它的全部意义便在于商品所承载的符号信息和抽象价值。空间既是资本主义社会的产品也是商品，作为现代社会最为重要的商品形式之一的空间，它把其自身的同质化、碎片化和等级化倾向发挥到了极致，而同质化、碎片化和等级化本身就是现在资本主义社会所追求的内在逻辑和社会价值。通过空间的塑型，资本主义社会将意义链条推进至全球的每一个角落里。

再次，马克思的商品和列斐伏尔的空间均对现代人的生存境遇和存在结构造成了巨大的破坏，简而言之，商品和空间催生了现代人难以摆脱的异化状态。在大工业生产的背景下，商品极大丰富，人被物紧紧包围，生产商品的社会实践首先便是对工人造成了生存的异化，马克思经典的异化四重规定性较为全面地概括了异化的表现形式和本质特征。另一方面，资本主义异化产生的原初空间是工业城市里的工厂和车间，伴随着空间的同质化倾向，空间被塑造成被消除了内在独特差异的、具有均质媒介性质的社会产品，这为异化的大肆蔓延做好了社会化的基础。工厂内部的异化开始了重复性的复制过程并向四周扩展，异化渗透到空间的深层结构内部，最终改变了传统空间的性质。因此，在列斐伏尔看来，空间异化是现代社会异化的终极体现，当现代人生活的每一寸土地、呼吸的每一口空气都带有异化所给予的气息时，现代社会的异化才真正地成为了无法摆脱的梦魇。

最后，空间拜物教和商品拜物教依然存在着巨大的不同之处。虽然马克思的商品拜物教包含了马克思本人的人道主义思想，但是其最初的出发点是为了分析并透视资本主义商品背后所隐藏的抽象劳动、社会生产时间、生产关系、剩余价值等与政治经济学相关的领域和理论内容，而商品异化所代表的马克思主义人道主义思想却隐而未发，尚未体系化。列斐伏尔继承了马克思关于人的异化和“总体的人”的理论轨迹，并将其发扬光大。在列斐伏尔看来，空间和商品是资本主义社会一体两面的社会实在，它们构成了现在资本主义社会的异化坐标：一方面，商品的泛滥和物的极大丰富将现代人包围在其中，商品的异化强化了现代异化的宽度和广度，异化伴随着商品的洪流席卷了现代资本主义社会的全部领域；另一方面，空间的管制和宰制同样让现代人无所遁逃，空间的异化深化了现代异化的厚度和深度，全景式的和完全透明的抽象空间形成了空间的意识形态。而空间本身又是一个商品，因此空间的意识形态和商品的意识形态相互结合，相得益彰。

对于列斐伏尔来说，这两种形式的异化所能够产生的最严重的影响就是空间和商品死死地将“日常生活”攥在手里。列斐伏尔的空间批判的着眼点是日常生活，而日常生活批判是列斐伏尔异化理论的具体开展与操作。在日常生活批判理论的早期，列斐伏尔视日常生活为革命性的平台，尽管现代资本主义社会将支配的目标转向日常生活，但是列斐伏尔彼时自信地认为，日常生活具有足够的革命性和可能性去扬弃资本主义的异化，实现总体性的革命。然而随着时间的推移，列斐伏尔认识到日常生活逐渐丧失革命的主动性，他的研究旨趣开始转向那些让日常生活失去革命活力的微观权力层面：控制消费的科层制社会、日常生活的恐怖主义、全景式的过分压抑的社会、符号体系的泛滥和过分应用、都市化、工业社会的线性抽象节奏，等等。最终，列斐伏尔为这些现代性问题寻找到一个共同的基础和发生场域，即现代社会的抽象空间。除此之外，现代资本主义的空间从一个“生产他物的容器”转变成“获得了自我生产能力的产品”，发生在空间内的所有牵制日常生活革命性萌芽的因素便随着空间的生产也自我复制到现代资本主义社会的全境。至此，一个关于空间的神话就产生了。

综上所述，列斐伏尔的空间批判让“空间拜物教”的概念变得清晰。我们该如何正确理解列斐伏尔的空间批判？无论是绝对空间还是抽象空间，对于由现代性的理性所主导的空间，列斐伏尔对其进行的分析和阐述应该从何种理论视域出发来展开研究？笔者认为，列斐伏尔的空间批判和空间拜物教概念仍然需要在现代性和微观权力的视域下置于列斐伏尔的总体性异化理论体系内进行理解，同时视其为列斐伏尔的人道主义思想的重要部分。

本章是全书的重点章节，集中论述了列斐伏尔对发达资本主义社会全面异化的解读和批判。通过列斐伏尔关于该问题的相关文献，精选出列斐伏尔哲学社会学理论中最具有代表性的、对发达资本主义社会全面异化展开总体性批判的理论内容。此外，这些理论内容并非相互孤立的“理论孤岛”：首先，本章分为日常生活的异化批判、社会现实的异化批判和空间生产的异化批判三大方面，它们既呈现出列斐伏尔在不同理论时期所展开的阶段性理论思考，同时也共同指向了列斐伏尔对自身所处时代的沉思，体现了他作为一名哲学家所具备的人道主义的责任心；其次，它们的整体性和综合性还体现为列斐伏尔的现代性批判是他的异化批判理论体系的重要一部分，以异化为导火索和导线，列斐伏尔将现代人的异化问题贯穿于他毕生的理论研究当中，是西方马克思主义众多思想家中举足轻重的异化哲学家。

第五章

列斐伏尔异化理论的旨归

问题被提出之后便要尝试寻找解决问题的办法和途径。列斐伏尔继承马克思的批判精神和研究手段，以反抗现代资本主义的普遍异化为终极目标，深入探究现代异化的产生机制，并积极寻找扬弃异化的可能途径。异化提出问题，再多的异化批判也只是在描述相关的异化现象，指出异化所潜藏的危机，向世人警示异化可能会带给人的危害；但是异化依旧存在，它把持着现代人的日常生活和生存空间，是难以摆脱的异己力量，异化塑造了现代人的基本生活样态。如果找不到扬弃异化的途径的话，异化理论的存在价值将不会具有任何实际的意义。诚然，仅凭思想家的一己之力是难以对抗整个资本主义社会的顽固异化的，但是列斐伏尔依然探寻任何一丝扬弃异化的可能性，提出了关于扬弃异化的种种理论设想。

列斐伏尔尝试扬弃异化的理论构想主要从日常生活革命、节奏分析和都市革命三个方面入手，对应了日常生活、时间和空间三大领域，也表明了列斐伏尔认为扬弃发达资本主义社会的异化现象需要从这三大领域出发。

第一节　关于“日常生活革命”的理论构想

真正代表着独具列斐伏尔个人特色的理论便是他的日常生活批判，重新发现日常生活的重要性是列斐伏尔对 20 世纪西方思想界做出的最卓越的贡献。在他看来，日常生活不仅仅具备胡塞尔的“生活世界”的功能与作用，即日常生活是人类一切社会实践活动的源出之地，是一切意义和价值的根本来源，是哲学和科学等理念世界的基石与前身；同时，列斐伏尔还注意到日常生活本身所具有的巨大的革命性和反抗性、创造性和自我恢复的能力，在面对资本主义社会制度的入侵与支配时，日常生活依旧保证了鲜活而积极的动力以便反抗来自国家和专业学科领域对其所施加的压抑和掌控。

不过，随着时间的推移，列斐伏尔对恢复日常生活的自主性这个问题越来越没有信心，他看到日常生活进一步地沦陷。特别是在20世纪下半叶，列斐伏尔逐渐表现出一种悲观主义的情绪，他认为新的异化形式已经在新的历史时期里占据了上风，而日常生活面临着不可挽回的被剥夺的命运。“在这个历史的转折点，伴随着这般的前景，异化夺取了一种新奇的而又更为深刻的意义；异化剥夺了日常生活的力量，忽视它的生产潜力和创造力的可能性，彻底地贬低日常生活，并在众多意识形态的虚假魅力下扼杀了日常生活。”① 一种特定的异化把物质的贫乏转变成精神的贫乏，因为它让具有创造力的人与自然之间的直接接触所产生的丰富关系走向终结，社会异化把创造的意识转化成一种消极的意识。既定的现实促使列斐伏尔的理论态度发生转变，他重新思考了马克思的总体性革命的构想，批判性地吸收了马克思主义的理论成果，指出现存的马克思主义所隐含的问题，为列斐伏尔的总体性革命做好必要的理论准备。而这一切的最终目的都是扬弃现代资本主义世界里的异化现象，恢复日常生活的革命性角色，并构建具有列斐伏尔本人特色的总体性革命。

一　“日常生活革命”的理论龃龉与现实障碍

列斐伏尔首先以经典的马克思主义为批判对象，指出经典的马克思主义是如何导致马克思的动态的社会批判理论变得僵化和固定的。“根据马克思主义的理论，一个社会是：1）一种经济基础：劳动，生产性物质对象和财富，劳动分工和劳动组织；2）一个结构：既是被结构化的又是结构的、由经济基础和主导性的所有制关系所决定的社会关系；3）一个上层建筑：司法权（法令和法律），（在其他国家之间的）机构制度和意识形态。”② 这就是经典马克思主义的基本框架，列斐伏尔指出，这种如此流行的阐释方法

① Henri Lefebvre, *Everyday Life in the Modern World*, trans. Sacha Rabinovitch, New Brunswick and London: Transaction Publishers, 1984, p. 33.

② Henri Lefebvre, *Everyday Life in the Modern World*, trans. Sacha Rabinovitch, New Brunswick and London: Transaction Publishers, 1984, p. 31.

将上层建筑简化为经济基础的虚影，而这个基本框架也因为过分的简化变得不再适用，它只能在关于上层建筑的效用问题上产生无限多的矛盾和争执。列斐伏尔坚持对马克思主义的教条主义展开猛烈抨击，教条主义把马克思主义对社会的分析简化成为对上层建筑的捕风捉影，这种理论外观是不合时宜的，因为它是一种极端简化的结果。简化的社会批判理论导致的必然结果便是对丰富而复杂的社会现象的视而不见和粗暴归类。任何一种理论都以一种推演的方式将其所涉及的问题域内的内容进行分类和整合，并以理论化的手段和视角来实现理论对实践的指导与改造，因此社会批判理论具有的独特倾向势必会影响到人们在该理论视域之下对社会内容的理解以及对社会所包含的矛盾与冲突所做出的种种行动与解决措施。经典的马克思主义和马克思主义的教条主义对日常生活的忽视和对异化的规避直接遮蔽了日常生活的能动性和革命性，日常生活作为一个独立的社会内容与平台被错误地归结为经济基础和上层建筑的附庸，如此一来便遑论日常生活革命能够在社会批判理论和社会实践中得以布展。因此，列斐伏尔坚持只有摆脱经典马克思主义和马克思主义的教条主义才有可能开展日常生活的革命，扬弃异化的可能性才会再进一步。

其次，列斐伏尔指出，阻碍日常生活革命实现的另一个龃龉便是国家和国家的政治生活，现代国家里过分的政治生活和政治异化是日常生活革命难以维系与实现的重要社会因素。列斐伏尔坚持马克思的国家理论，指出国家理论是马克思思想的核心。马克思的国家批判是资本主义社会批判的顶点，在国家批判理论中，马克思指出黑格尔将人的本质视为“政治的”这个错误，而认为人的本质是社会的。黑格尔对人的本质的解读必然会导致国家凌驾于社会之上，国家所主导的政治生活也会必然成为人的社会生活的核心和主要内容。在此基础上，列斐伏尔认为，现代国家的国家形式和国家机构阻碍了日常生活革命的形成与发展，消解了日常生活的能动性和革命性，并引起了难以愈合的分裂。“现代国家的建立乃是基于这样的事实，即人的现实性被割裂成公共生活和私人生活，割裂成为公民和个人。这个割裂正是政治异化的原因，必须被废除。”① 列斐伏尔指认到，

---

① ［法］亨利·列斐伏尔：《马克思的社会学》，谢永康、毛林林译，北京师范大学出版社2013年版，第88页。

现代人在现代国家里被分裂为公民和个人这一现实实际上是对由国家所造成的一种异化形式的直接反映。公民与个人之间的对立、公共生活和私人生活之间的对立本质上是过分的政治生活和国家生活所引致的社会生活的片面化和扁平化，而造成这一现象的实质则是政治国家的内在分裂，“即人与公民的分裂、私人和公众的人的分裂，这一分裂还导致了个人与社会、个人与其自身的分离”①。政治国家产生政治生活，然而“政治生活压碎了日常生活、经济生活和现实的个人生活”②。日常生活在政治生活之下失去了原有的基础性地位，更糟糕的是，当政治生活凌驾于日常生活的时候，它既摧毁了日常生活的活跃与动能，也摧毁了它本身得以存在的前提，即日常生活是政治生活的直接来源。在这种情况下，政治生活会变得更加极端，它自身无法产生任何革命，也会遏制其他类型的革命发生。由此可见，列斐伏尔将国家和政治生活视为阻碍日常生活革命实现的社会因素既是受到马克思的国家批判理论的影响，与此同时也为日常生活革命的可能性指认了一个现实依据。

再次，日常生活不仅面对来自外在力量的压制和消耗，也面临着内部的分裂和碎片化的倾向。列斐伏尔认为，导致日常生活革命尚不能从理论设想向社会实践进行转化的根本原因在于现代资本主义社会制度之下的日常生活已经丧失了人赖以存在的基础性地位，曾经充满丰富内容的日常生活在现代社会里变成了一个干瘪的“帐篷”，它不再是可供人们栖居的温暖的大地，而是现代人逃离专业化劳作和枯燥乏味的工作的避难所。无论是不知疲倦地重复自身的信号、消灭了内在差异的同质化的抽象空间还是以线性节奏为主导的工业社会节奏，这些现代资本主义社会里的社会要素都在日复一日地消耗着日常生活，让日常生活遭受着前所未有的危机。此外，尽管列斐伏尔意识到日常生活所蕴含的巨大的革命力量，但是不得不承认的是日常生活还拥有显而易见的惰性，这种惰性来自日常生活自身的重复性和琐碎性。日常生活除了创造性和能动性之外，其显性的基本特征便是日常生活中的绝大多数的要素都以一种循环的方式重复自身，这样的

① ［法］亨利·列斐伏尔：《马克思的社会学》，谢永康、毛林林译，北京师范大学出版社2013年版，第92页。

② ［法］亨利·列斐伏尔：《马克思的社会学》，谢永康、毛林林译，北京师范大学出版社2013年版，第93页。

重复性是日常生活稳定性的前提条件，是日常生活得以维持的基石，但是同时也造成了日常生活的僵化和向下沉沦。列斐伏尔曾经指认到，正是因为日常生活的重复性让人们对其存在习以为常才导致了人们对日常生活的忽略和轻视，而琐碎的日常生活内容更是将思想家的理论目光从这片丰茂的社会现实场域内转移向他处。无论是重复性还是琐碎性，这些日常生活自身无法摆脱的本质都让日常生活难以以一种总体的或整体的面貌出现在思想家的理论视野中，进而也谈不上实现日常生活革命的可能性。

最后，西方资本主义社会在20世纪的诸多新发展同样为日常生活革命的实现制造了各种障碍。日常生活被压缩成为人们只能够用来解决基本需求的场域，而任何除基本需求之外的其他需求均被高度专业化的社会实践所取代和支配，日常生活首先被各种技术专家所瓜分，进而成为由专业化的意识形态所粉饰过的“人造物”。另一方面，现代资本主义社会是擅长于生产各类意识形态的社会，这些意识形态既源于日常生活，也是日常生活的虚假反映。现代世界的日常生活不再是一个具有人类共同体意义的社会内容，它被分割成泾渭分明的多重面相和领域，这些面相和领域之间存在着难以调和的矛盾，它们各自为营，划定界限。其中每一个领域都制造出与自身密切相关的意识形态，这些意识形态破坏了日常生活的完整性和连续性，造成了不可弥补的裂痕。此外，列斐伏尔指出，西方资本主义社会在新时代的一个重大转变即为“都市社会”的兴起。“资本主义工业化问题框架作为持续了两个世纪的资本主义主导力量，已经不断地被都市化所替代了。都市总问题式正在占据优势地位。”① 都市作为现代资本主义社会最具特色的社会现象一跃成为主要的社会焦点，在这里空间问题日益凸显。空间、都市与日常生活之间的融合日益紧密，在一定程度上，都市的问题域逐渐取代了日常生活的问题域，而日常生活的自主性和自为性被进一步地淡化和轻视。但是列斐伏尔认为都市问题本质上和日常生活的问题域是彼此重叠的，特别是对于20世纪的西方国家而言，普遍的城市化和都市化过程如火如荼，而现代人的日常生活又普遍以都市为依托，因此都市是现代日常生活得以发生和存在的场域。为了能够实现新资本主义社

---

① ［法］亨利·列斐伏尔：《都市革命》，刘怀玉、张笑夷、郑劲超译，首都师范大学出版社2018年版，第111页。

会的日常生活革命，列斐伏尔大胆地提出了“都市革命”的概念和革命计划，将日常生活的复兴与有效解决空间与都市的问题捆绑在一起，并希冀通过对都市的改造来实现对日常生活的改造。

综上所述，列斐伏尔既承认日常生活革命的必要性，又认识到其实现的复杂性和艰难性；既观察到日常生活中所孕育的巨大革命能量，又感叹于该革命受到内外双重的压力而不容易实现。列斐伏尔的日常生活革命是基于马克思的总体性革命的理论构想之上的进一步尝试，和马克思的总体性革命不同的是：列斐伏尔将原本聚焦于政治经济学所揭示出来的众多宏观领域的马克思式总体性革命计划转向于附属于政治经济学之下的日常生活领域，以微观领域为对象，以现代性批判为理论先锋，以扬弃具体的异化形式为目的，是一种继承了马克思主义思想的新型革命理论尝试。日常生活革命和总体性革命的相同点在于二者均以资本主义社会为批判对象，站在欲将现代人从资本主义的桎梏中解放出来并建立自由人的联合共同体的理论高度上把马克思主义的人道主义贯彻到底。尽管日常生活革命面临着重重障碍，但是列斐伏尔依然以日常生活为核心提出了关于日常生活革命的理论构想。

二　针对终结异化的日常生活改造

“让日常生活成为艺术品”① 是列斐伏尔日常生活革命的总纲领，也是他提出的日常生活革命的口号。在过去几十年的时间里，在列斐伏尔坚持不懈的努力下，人们越来越意识到展开一场关于日常生活的文化革命的重要性。日常生活革命是谋求哲学和日常生活之间的再度和解与融合的理论诉求，是超越了在传统的社会分析理论和社会批判理论中以生产力和工业发展为绝对核心的理论倾向性的革命构想。列斐伏尔指出，日常生活批判是马克思主义思想的重要组成部分，而日常生活革命的可能性就蕴藏在马克思主义理论的辩证的双元构成要素之中：科学的社会批判分析和改造世界的目标与抱负。因此，日常生活革命并非列斐伏尔一厢情愿的白日梦，正如他所认识到的那样，实现该革命的道路异常艰辛，受到各种各样的来

---

① Henri Lefebvre, *Everyday Life in the Modern World*, trans. Sacha Rabinovitch, New Brunswick and London: Transaction Publishers, 1984, p. 204.

自理论和现实的龃龉和阻碍，然而如果依然留有一丝可能性的话，列斐伏尔仍然呼吁人们为了这一理想付出坚持不懈的奋斗和努力。和列斐伏尔的其他理论一样，日常生活革命的着眼点和出发点依然是列斐伏尔对“异化”问题的密切关注，而他本人也把日常生活革命看作终结异化和扬弃异化的切实手段与进路。

日常生活革命具体包括以下几点内容和理论诉求：

第一，日常生活批判是马克思思想的进一步发展，而日常生活革命和日常生活改造则是马克思主义对现时代的新要求。列斐伏尔强调，马克思和恩格斯的思想体系在很大程度上仍然遭遇着人们的误读和误判，具体表现为两个方面。首先是人们割裂了马克思主义思想中的哲学与经济学两个维度之间的有机关系，从而放弃了马克思主义的哲学内涵，肆意地发展了马克思主义的经济学，将其降格成一种“经济学本质的现象学”。这样的结果导致了人们对马克思主义思想的理解仅仅停留在它所体现出来的显性表征之上，脱离了哲学的指导，经济学化的马克思主义也只是众多描述世界和解释世界的理论体系中的一种，其独特性和优越性便完全丧失。其次，这般简化之后的经济化的马克思主义忽视了社会的复杂性和现实性，众多历史情境和社会要素之间的交互作用被经济活动所覆盖，人的本质进一步被简化成为“经济的存在”，形成了一种经济至上的意识形态。在这种意识形态的风靡和支配下，微小的日常生活现实被排除在理论家的视野之外，也排除在国家的宏观规划之外。这个时候，日常生活的统一性便被打破，同时在日常生活里产生了多重的神秘化，这并非马克思的原意。列斐伏尔认为，马克思的思想精髓在于他认识到人的思想和现实是辩证发展的，马克思的辩证法给予社会现实的真实过程以复杂性，并让它们在具体的逻辑中得以重现。所以，任何抽象而简化的马克思主义都是对马克思和恩格斯本人的思想效力的破坏，而在这种简化的马克思主义流行之下，异化和日常生活必然会遭到各个方面的遗弃。

日常生活批判和日常生活革命首要呼吁的是对异化问题的再发现和再思考，而马克思为异化分析提供了科学的理论原型：哲学和经济学相遇的地方便是拜物教理论。拜物教理论兼顾了两个方面的理论纵深，它既是哲学对现实的社会情境的深刻省察，也是社会现实为哲学思考所提供的鲜活的问题意识和问题维度。拜物教理论发生的源点并不是古典经济学所揭示的围绕着“国家应该如何开展经济活动”等相关的宏观问题域，相反，马克思对经济异化的解读源自人类生活里最微观和最琐碎的生活细节，即每天发生无数次的买卖行为和以这些行为为基础的物。“拜物教的理论论证了神秘化和异化的哲学理论的经济学的和日常的基础。”① 至此，列斐伏尔找到了确证马克思关于日常生活批判可以确立的理论依据，那就是在日常生活细节中发现人类异化并围绕这些异化现象展开激烈的批判。因此，无论是什么形式的异化，日常性是异化的第一属性，而日常生活批判和日常生活革命得以实现的前提条件便是正确认识异化的存在以及积极地着手做好扬弃异化的准备。在这个意义上，列斐伏尔继承了马克思的总体性革命的本质内涵，也发展了“改造世界”的理论诉求。毋宁说，列斐伏尔颠倒了马克思总体性革命“自上而下”的革命路径，他选择从日常生活入手，“自下而上”地谋求反抗资本主义制度的革命道路，并且坚信这条革命道路要比马克思式的总体性革命更具现实性，也会更为彻底。

第二，列斐伏尔赋予节日在日常生活革命中以重要的角色，他认为节日是人们在日常生活中所遭遇到的异化程度的“晴雨表”，换句话说，通过现有的节日以及人们对节日的态度可以窥探到现代人的异化是多么的严重。

节日是人类独有的社会存在方式，节日的本质是通过与传统的信仰、风俗、乡约、重要的人物和事件之间构建一种能够穿透时间和空间的庆祝方式来纪念人类生活里那些值得被铭记的文化内容；更重要的是，节日的意义和价值在于，在节日里人们以一种超越了日常生活的重复性和琐碎性的方式从日常生活当中解放出去，并在节日结束之后重新回归到日常生活中，经历这样的过程之后人们便拥有了重新发现日常生活的能力，而节日的仪式感也有助于重新塑造日常生活。所以列斐伏尔特别重视节日在日常生活革命中所发挥的关键性作用，尤其是在尼采的影响下，节日中表现出来的狄俄尼索斯式的狂醉更是可以打破凝结在日常生活机理内部的各种桎梏。

但是在现代性主导的现代资本主义社会里，节日与日常生活陷入了不

---

① Henri Lefebvre, *Critique of Everyday Life*, *Volume I*, *Introduction*, trans. John Moore, London and New York: Verso, 2008, p. 179.

可调和的冲突当中，其原因是节日被现代性所遮蔽，丧失了它在日常生活中的根基和与日常生活之间的有机关联，简言之，节日从日常生活中被连根拔起，彼此相互脱离。现代社会的节日不再像前现代社会那样充满了人文价值，它伴随着日常生活异化的逐步加深也变得日益肤浅，商业化和商业价值取代了节日中内在固有的人文内涵，节日成为了消费的狂欢；另一方面，节日的狂醉和在节日中所迸发出的创造性热情冷却下去，例行公事和循规蹈矩的节日不再具有仪式化的过程和内容，它也同样成为日常生活循环的重复性的一部分。

然而尽管如此，节日自身所蕴含的革命性却并没有因为现代社会的入侵和“殖民化运动”而变得枯竭，节日确实面临着同以往相比的衰落，但是余烬里却暗含着火种。“这种理想化的日常生活的典型是节日，它是一种被现代性所遮蔽，但从来也没有完全被夺去光彩的场面。”① 列斐伏尔仍然给予节日以巨大的希望，相信通过节日的复兴能够达到人与自然、人与宇宙和人与人之间的古老关系的复兴，以节日为媒介重新确立人的本质，并且光复日常生活作为人类共同体的真实家园的本体地位。“在列斐伏尔看来，节日的复活标志着娱乐与日常生活冲突的和解，标志着人类异化的超越和民众庆典精神的复苏。”② 因此，在列斐伏尔日常生活革命的构想框架里，节日是有效实现其革命的现实途径。由此可见，列斐伏尔的日常生活革命与以往的马克思主义式的革命计划是如此不同，其最重要的不同点在于他将总体性革命诉诸一条文化革命的道路，以生命体验为根本方式来形成一股反抗资本主义刚性逻辑与制度的“软性”力量。将日常生活节日化的革命纲领在20世纪60年代受到其他思想家的肯定和支持，可以说对于复兴节日的要求已经获得现代资本主义社会的普遍认同。

第三，无论是确证日常生活批判和日常生活革命在理论和实践上的必要性和可能性，还是通过节日的复兴来构建具体实现该革命的理论构想，列斐伏尔最终将日常生活革命的落脚点安置在一种“生活的艺术”之中，而这种艺术又从属于“文化革命”。文化革命是列斐伏尔为了超越资本主

① 刘怀玉：《现代性的平庸与神奇——列斐伏尔日常生活批判哲学的文本学解读》，中央编译出版社2006年版，第384页。

② 刘怀玉：《现代性的平庸与神奇——列斐伏尔日常生活批判哲学的文本学解读》，中央编译出版社2006年版，第384页。

义社会制度和扬弃现代异化形式及现象而准备的总体性策略，它一反马克思主义式的总体性革命的常态，将革命能否取得成功的关键从对生产力和工业的刚性需求转向至重新发展生命经验的软性需求。文化革命的当务之急便是认识到现代人真正需要的并非由国家所规划好的生活方式，因为这样的生活方式充满了冲突和矛盾，而且国家又能够忽视这些冲突和矛盾进而将它们掩盖；文化革命真正需要恢复的是由无数鲜活的日常生活细节组成的日常生活瞬间，而为了实现这一目的，传统的社会批判理论就显得捉襟见肘。“文化革命得以实现的最首要和最本质的条件之一就是艺术、创造、自由、适应、风格、经验价值、人类等概念能够得以恢复并重新获得它们全部的意义。”①

此外，列斐伏尔还强调哲学在日常生活的文化革命中处于不可或缺的位置，原因是哲学不仅在过去两千多年的时间里始终担任着解释世界和理解自然人、社会人在其自然环境和宇宙中的理论地位的角色，更重要的是哲学意味着“创造”，只有利用哲学的批判精神和创造精神，日常生活的转变才能成为可能。而在列斐伏尔看来，哲学与日常生活相遭遇的结合点便是异化理论，异化在帮助人们认识到日常生活的问题所在的同时也为日常生活革命指明了方向。

“生活的艺术”代表着日常生活和哲学的再度融合，也体现了列斐伏尔实践美学的思想和诉求。要想让日常生活变成一件艺术品，列斐伏尔提醒我们的是要在日常生活之外确立一种体察日常生活的哲学化视角，该视角首先是哲学的，然后是美学的。说其是哲学的原因在于在实现日常生活艺术化的道路上，哲学为人们提供了批判和反思日常生活的认识论与方法论，即哲学提供了关于异化的背景和知识，让人们一方面避免了在日常生活中不自觉地沉沦下去，另一方面有意识地改造已经僵化的日常生活。说其是美学的原因在于这场别样的日常生活革命并不是为了某一种经济的或政治的目的而开展，它带有明确的指向性，那就是要在现代社会的日常生活中实践一种关于“美”的生命体验，这种生命体验根植于无数个细小的日常生活瞬间，进而从多方面和多维度去引爆日常生活革命与日常生活艺

① Henri Lefebvre, *Everyday Life in the Modern World*, trans. Sacha Rabinovitch, New Brunswick and London: Transaction Publishers, 1984, p. 199.

术化的可能性。列斐伏尔对日常生活革命的构想与思考仍然充满了空想主义和乌托邦主义色彩，但是这样的革命设想却是对马克思主义式的总体性革命的一个补充和再发展，它更强调从文化的角度出发，掀起一场侧重于“鲜花”而不是“面包”的革命。

综上所述，列斐伏尔的日常生活革命从以下两个方面继承并发展了马克思主义的总体性革命。首先，马克思主义的总体性革命着眼于以经济和政治为主体的宏观领域，欲求展开一场从上至下的、从宏观到微观的解放运动，而列斐伏尔则呼吁人们考虑另一条可能的、自下而上的、从微观到宏观的革命道路。这两条革命道路看似没有交集且相互排斥，实则均是对马克思所提出的总体性革命的呼应，是同一个革命的一体两面。其次，列斐伏尔指出实现日常生活革命的关键在于正确看待异化的问题，将终结异化视为实现革命的核心环节与步骤是列斐伏尔日常生活革命不同于其他西方马克思主义学者的革命构想的独到之处。至此，人们不难发现，列斐伏尔提出的关于日常生活革命的种种设想亦是他对现代资本主义社会的异化现象的深度省察与试图扬弃异化的理论尝试。在这里，列斐伏尔认识到异化与革命之间的辩证关系，那就是异化既为革命前进的阻碍力量又是革命实现的推动力，异化在制造问题的同时却也在解决问题，而列斐伏尔所强调的便是异化所展现出来的推动革命实现的积极作用。

第二节　节奏分析：扬弃异化的时间之维

列斐伏尔对人类实践活动的考察延展至两个维度：空间与时间。人类实践活动的一切依据和条件都离不开空间和时间所提供的各种要素，这些要素在绝对的程度上保障了人类实践活动的连续性和稳定性，不过某些特定的要素却也给实践活动带来了严重的破坏和否定性的力量。空间和时间赋予人类实践所需要的一切，人类的实践活动均被打上了空间和时间的烙印；反过来实践活动也改造了空间与时间，纯粹客观的空间与时间已经不复存在。

既然时间与空间是人类实践活动的绝对条件，那么由这种活动所衍生出的一切现象都可以把时间和空间视为横向、纵向的两个坐标，在二者所布展开来的平面内尽可能地展现自身全部的本质规定性。然而对于列斐伏尔而言，时间和空间的二者维度并非无以限制，只有在特定的空间与特定的时间内，二者才具有真实而有效的意义和价值。总体而言，列斐伏尔所探讨的空间是在工业社会内逐渐扩张成为具有统治性地位的都市与抽象空间，他所研究的时间是自启蒙运动起始的、由现代性所主导的资本主义社会历史时期和线性节奏。我们还需要认识到，列斐伏尔从未泾渭分明地割裂时间和空间的有机关系，他指出时间和空间既是彼此的原因又是彼此的产品，在这二者维度之下的所有人类活动的表征都是时间和空间共同塑造的产物。因此，对现代资本主义社会异化现象的反思便离不开这两个维度。

列斐伏尔非常细致系统地研究了现代资本主义社会的空间问题域，对空间和都市的探索让他成为现代都市学和城市地理学的巨擘，而对空间异化的阐释和反思也让列斐伏尔将现代资本主义社会的异化研究推进至深层的运作机理层面。诚然，列斐伏尔对时间问题的透视与思考并没有像他对空间问题那般显著而赋有丰富的理论成果，但是他对时间问题的关注却体现在他对日常生活、空间、异化等重要理论领域里，并且随着他的理论生涯的不断推进，他对时间问题的理解也趋向成熟。对时间问题的考察集中体现在列斐伏尔的节奏分析理论上。列斐伏尔注意到，时间在现代资本主义历史时期也存在一种特殊的异化形式，那就是由现代理性所主导的线性节奏。他指认时间和空间一样都逃不出被异化的命运，但是与空间异化不同的是，时间异化本身蕴藏着否定自己的力量，换句话说，时间具有扬弃自身异化的可能性和革命性。列斐伏尔的节奏分析可以从多维的角度进行透视，谈及列斐伏尔异化理论的旨归，节奏分析可以被视为是列斐伏尔试图扬弃线性节奏的理论突破口。

一　节奏概念的理论来源和基本内涵

到底什么是节奏？节奏不完全等同于时间，但是时间却是构成节奏的骨骼与框架，节奏被包含在时间当中。“对于列斐伏尔而言，在理解时间的过程里，那个不可分割的东西便是节奏，尤其是重复。”①

尽管列斐伏尔曾经指出传统西方形而上学过分偏爱时间而非空间这个

① Henri Lefebvre, *Rhythmanalysis*: *Space*, *Time and Everyday Life*, trans. Stuart Elden and Gerald Moore, London and New York: Bloomsbury Academic, 2013, p. 2.

学理上的错误，但是他其实很早便着手于时间和历史的研究。早在20世纪20年代，列斐伏尔与巴黎一众年轻学者和作家便公开挑战伯格森的哲学，也是在这个时候他开创了“瞬间理论”。他反对伯格森在其哲学概念“绵延”中所体现出的对时间的规定，即时间的意义在于它的延续性，但是另一方面，他却接受绵延概念中的时间非线性的特征。与伯格森的“绵延”相反的是，列斐伏尔首先强调时间的重要性应该是“时刻”。无数个时刻与瞬间构成了一段持续的绵延，但是一个时刻却是过去、当下和未来相互碰撞的节点。与传统形而上学所认为的不同，列斐伏尔指出时刻与瞬间包含着无限多的信息，人们舍本逐末地追问绵延的奥秘，但却忽视了瞬间与时刻的存在。瞬间与时刻相互交织，它们本身是构成连续时间的要素，同时也能够脱离时间的连续性而成为一个独立的单位。瞬间和时刻对于理解节奏来说是第一位的，因为节奏是可分解的、可分析的。节奏在总体上呈现出一个整体的样态，不过这个整体却可以被无限地分割，哪怕是最简单的要素都蕴含着节奏的本质规定性。

另一方面，列斐伏尔对时间的理解还深受尼采的影响。作为一名坚定不移的马克思主义者，列斐伏尔在很多哲学和社会学的重大议题上坚持捍卫马克思主义思想的合法性与合理性，但是时间和历史却是一个例外。在对比分析了线性时间和循环时间、机械时间和生活时间之后，列斐伏尔对时间和历史的理解与马克思主义之间存在着显而易见的差异。“他所理解的历史不是黑格尔或马克思所理解的那种线性的、目的论的历史过程，而更接近于尼采式的变化和循环。”① 靠近尼采让列斐伏尔的时间观和历史观带有反对传统理性主义形而上学的色彩，正如他用“生活空间”来抵抗笛卡尔式的“几何空间”，列斐伏尔同样利用一种循环的时间来对抗用钟表计量的、可计算的理性化时间。循环的时间与线性的、目的论的时间不同，具体表现在以下三个方面：一是循环的时间不是规划的而是经验的，列斐伏尔指出诞生自近代的、由理性所支配的、用钟表可计量的时间实际上是被剥夺了生命经验的机械时间，这样的时间像流水线上的机器一般看似是一个整体，但是却将过去、当下和未来彻底地分割开，生命经验在这

---

① Henri Lefebvre, *Rhythmanalysis*: *Space*, *Time and Everyday Life*, trans. Stuart Elden and Gerald Moore, London and New York: Bloomsbury Academic, 2013, p. 4.

样的时间里得不到完整的发展；二是循环的时间不是积累的而是非积累的，受到近现代目的论的影响，人类社会的一切内容均被赋予了一个总体性的历史目的，社会在量上和质上均朝向这个目前迈进，而这个历史目的的实现需要一个单向线性的历史过程，在这个过程中一切都要以积累的方式来完成，而循环的时间消解了这个单向的历史目的，进而也宣告积累的终结；三是循环的时间不是单向的而是多重进路的，列斐伏尔认为历史不是只有一个目的，这样的历史观并不违背马克思的本意，马克思只是在人类社会发展的终极方向上进行了科学的预测，但是具体的历史走向却充满了无限的可能性，历史发展的进路也绝非一种。循环的时间是列斐伏尔理解时间和历史的重要方面，也构成了节奏分析的主要内容。

再者，让列斐伏尔在时间中找到节奏灵感的原因还有他对音乐的热爱和钻研。音乐理论作为一种理论原型或者隐喻时常会在列斐伏尔的作品中出现，他认为音乐理论最大的贡献在于与它相关的三个术语，即旋律、和声与节奏。旋律是音符在一段时间间续中的序列，和声建立在不同音符在同一时间内共同发声的基础上，节奏则是音符根据相对的时间长度所展开的布置情况。悦耳的音乐离不开旋律、和声与节奏之间的完美配合，它们的配合由对时机的把握所决定，换句话说，三者均依赖于对时间的理解。音乐中的节奏好像声音化的时间可以供人们观察和分析，列斐伏尔捕捉到音乐节奏的重要性并将这样的节奏普遍化，推进至广泛的人类实践活动当中。总体而言，“正如音乐所展示的那样，节奏的问题提出了关于变化和重复、同一和差异、对比和连续等相关议题”①。音乐为列斐伏尔提供了研究节奏的理论原型，节奏既是分析的对象又是分析的方法。那些自然的、物质的节奏和机械的、抽象的节奏形成了鲜明的对照，它们宛如音乐里相互区别但又相互交织的旋律，在同一个时间间续里凝聚成一个和声。

对时刻和瞬间的重视、对循环时间的重新发现和对音乐节奏理论的应用形成了列斐伏尔节奏分析的独特的理论来源，这三个方面共同指向了时间，这同样也说明了时间和节奏之间辩证的有机关系。从一定程度上来讲，时间等同于节奏，然而二者又存在差异。简单来说，节奏是附着在事

---

① Henri Lefebvre, *Rhythmanalysis*: *Space*, *Time and Everyday Life*, trans. Stuart Elden and Gerald Moore, London and New York: Bloomsbury Academic, 2013, p. 5.

物上的时间，而时间和空间类似，它们是人类实践活动得以展开的场域，像一个容器那样将人类实践活动囊括在其中。此外，节奏不仅仅是自然的和生物的：日出月生，潮涨潮落，花开花落，这些自然现象有自己的节奏，而饥饿、困倦、生长、性活动等生理行为也有自己的节奏；节奏同样还是社会的和文化的：我们的社会活动一方面是重复发生的，另一方面它们的周期是有规律可循的，工作、休闲、生产、消费、规约、体训等人类活动在各自的轨道上日复一日地重复发生。“如果说存在节奏的话，那么在一种运动中就一定存在着重复。”① 由此可见，无论是自然的还是社会的，生物的还是文化的，重复是节奏的第一属性。

列斐伏尔坦言目前尚无关于节奏的一般理论，对节奏的探索依然处于起步阶段。节奏分析对于哲学和社会学来说是新兴领域，节奏属性与特征的相关知识还不成体系，因此列斐伏尔尝试着总结出节奏的几点本质规定性。除了重复性之外，节奏的本质规定性还包括以下几个方面。

首先，节奏从来都不是单一的，众多的节奏仿佛不同的旋律或声部彼此交织在一起，尽管单一的节奏可以通过分析被析取出来，但是多重节奏才是节奏得以存在于各种场域内的常态。

其次，众多的节奏形成了一种表面的平衡，但是如果打破这种平衡的话，我们会发现各种节奏将会自我显现出来。列斐伏尔要求人们不要被这种表象所迷惑，这种表象就是一种同时性，并非同时发生的节奏就在本质上同属于一个范畴，它们很有可能完全不同。但是因为在某一个时间间续内它们相互协作形成了一股节奏的洪流，因此被人们误认为是同源同构的，列斐伏尔指出这既是知识性的错误，也是对事实状况的扭曲。

再次，节奏最初是在自然物上被人们所察觉的，而身体便是人类得以观察节奏的最初的媒介、渠道和对象。身体是由多重节奏组成的，每个器官、每个部分都有自己的节奏：“活着的生命体必须要将它视为是众多器官在其中交互作用的结果，每个器官都有自己的节奏，而这些节奏又从属于一个空间——时间的整体。此外，人的身体是生物的、生理的（自然的）和社会的（也被称为文化的）节奏相互作用的场所，其中每一个层

① Henri Lefebvre, *Rhythmanalysis*: *Space*, *Time and Everyday Life*, trans. Stuart Elden and Gerald Moore, London and New York: Bloomsbury Academic, 2013, p. 86.

面、每一个维度都有自己的特殊性，也就是它们自己的空间——时间：它自己的节奏。”①

最后，节奏不只存在于身体内部，围绕着身体的环境也有节奏。环境分成两类，一类是自然环境，另一类是人造环境（也就是社会环境）。列斐伏尔特别提醒人们，人造环境同样也有自己的节奏，例如城镇、建筑、地标、房舍等，并且随着工业社会的迅猛发展，以交通信号为典型的线性节奏入侵到生活在都市里的现代人的日常生活里，从此改变了人们对时间的认知。

列斐伏尔指出，存在着两种节奏类型，这两种节奏类型在现代社会里相互纠缠，争夺地盘。然而，其中的一种节奏在近现代的自然科学和工具理性不加以节制地发展的大背景下极大地消耗并侵占了另一种节奏。列斐伏尔察觉到这是一种异化形式，是现代社会总体性异化的一个分支。因此，列斐伏尔对两种节奏进行了区分，希冀在找到二者之间的差异的同时能够探寻到一条扬弃这类异化的可能道路。

二　两种时间，两种节奏

列斐伏尔为何要展开对时间和节奏的考察，其目的在于何处？他本人给出了比较明确的答复：“日常生活批判研究的是在现代工业社会的线性时间里节奏时间制的持久性问题，它研究的是循环时间（自然的，在一种非理性的意义上的，依然是具体的）和线性时间（习得的，理性的，在一种抽象的和反自然的意义上的）之间的交互作用。日常生活批判考察了这种交互作用所产生的缺陷和焦虑，而对于这种交互作用而言，人们尚未足够认识，同时也了解不多。最终，它考虑的是在作为这种交互作用的结果的日常生活里，什么样的转变是可能的。”② 由此可见，关于节奏的理论不仅仅是一种理论层面上的拓展和建树，它本身包含了一种实践层面上的行动预期，列斐伏尔把围绕着节奏而展开的种种行动视为改造日常生活的进路之一，因此节奏在日常生活批判中占有非常重要的地位。简而言之，现

① Henri Lefebvre, *Rhythmanalysis: Space, Time and Everyday Life*, trans. Stuart Elden and Gerald Moore, London and New York: Bloomsbury Academic, 2013, pp. 89 - 90.

② Henri Lefebvre, *Critique of Everyday Life, Volume II, Foundations for a Sociology of the Everyday*, trans. John Moore, London and New York: Verso, 2008, p. 49.

代人如何生活便会产生什么样的节奏，所以正确处理人与节奏之间的关系是日常生活批判的首要任务之一。

节奏不是一成不变的，尽管重复是节奏的第一属性，无限的重复形成了循环，但是每一个循环必然不会真正地回到它的起始点，而是从其中孕育出新的循环。所以，自人类社会诞生伊始，从最初的自然节奏和宇宙节奏中产生了属人的社会节奏，这两种节奏在漫长的人类历史中互相影响，共同雕刻了现代世界的人类社会面貌。

自然节奏和宇宙节奏是所有其他类型节奏的开端，它们指涉的是一种古老的时间制，即循环时间制。自然万物都被淹没在这种时间制里，受到这一种节奏的支配。在很长的历史阶段里，人类基本上只面对这一种时间制和节奏，社会在自然和宇宙面前还太过渺小，无论是村庄抑或是城镇，它们所经历的一切都和周边的自然物类似接近，换句话说，那是一个从生到死的过程。人类先民们必然最先在自然中找到节奏存在的踪迹：太阳周而复始地东升西落，大海潮汐有涨有落，四季的交替更迭；与此同时，人们同样发现在宏大的节奏之下，各种不同的节奏相互交织，它们共同构成了错综复杂的时间制网络：植物在总体上遵循着四季的节奏，但是至于每种具体植物的花期和果实成熟的时间却各自不同。除了自然物之外，人认识节奏的最直接的渠道就是自己的身体。身体是自然法则和宇宙运行规律的缩影，从出生到死亡，身体和其他自然物一样经历了一个必然的过程。除此之外，饥饿、口渴、排泄、性欲等生理现象和焦虑、平静、狂躁、喜乐等心理现象同样也有节奏可寻，而往往这两种节奏难以被彻底割裂彼此之间的有机关联。自然节奏和宇宙节奏虽然是循环时间制，但是它们没有排除计数法和丈量法：时、日、周、月、季、年这些计量单位时刻提醒人们与自然之间的本质关系，因为对时间的计量往往是以太阳、地球和月亮的周期性运动为基础，是对自然节奏的临摹，所以自然对人所施加的影响是无法消除的。

进入工业社会之后，人们对时间的感知发生了翻天覆地的变化，而古老的节奏也随着这种变化产生了新的节奏。工业社会的节奏虽然完全不同于自然节奏和宇宙节奏，不过这种节奏却根植于前者之上，哪怕后者在现代社会里粉碎了前者。列斐伏尔指出，如果一种节奏能够准确地回到它的出发点，那么这种节奏就是“堕落的”。

自然节奏和宇宙节奏的价值在于它们处于循环当中，但具有创造力。而工业社会的节奏则是理性设计之后的结果，它和自然而然所生成的节奏不同，它代表了一种反自然的倾向：一方面，工业社会的节奏就是列斐伏尔所指出的“堕落的节奏”，这种节奏具有一个绝对的出发点，每一次循环和每一次重复的起点和终点必然会重合在一起；另一方面，从工业社会的节奏中不会产生出其他的新的节奏，它缺少自然节奏和宇宙节奏的创造力，因为它本身就是一个被创造之物。为了把两种不同的节奏区分开来，列斐伏尔称工业社会的节奏为“线性节奏”。线性节奏由线性时间所支配，线性节奏也是一种循环，然而它的不同之处在于“总是被认为是沿着一个轨迹或距离前进的”①。循环节奏的轨迹是不可预测的和多重的，它自身是一个非积累性的过程，它不以某一种单一性的目的为转移。然而线性节奏和线性时间却设立了一个终极的目标，这个目标推动着该节奏和时间所支配的所有要素一齐朝向一个方向前进。自启蒙运动开始，理性主义哲学家和社会学家便为这种线性的节奏和时间制的运动模式进行辩护。

总体而言，这些哲学家和社会学家认为线性的节奏和时间制之所以是合理的，是因为它们是经过理性的精密设计之后的结果，同时它们符合一个宏大的历史目的，该历史目的便是对人类和人类社会展开超越性的改造。由此，线性节奏获得了理论层面上的优先性，而工业社会的跳跃式发展和资本主义社会在全世界范围内的扩张让线性节奏在实践层面上驱散并粉碎了循环节奏。“现代人把自己从循环时间中分离出来……循环时间被线性时间所替代。”②

但是循环节奏和循环时间没有就此消失，尽管在现代社会里它们从属于线性时间并且受到严重的破坏，不过它们依然存在。与其说循环节奏和循环时间是被线性节奏和线性时间所替代的，倒不如说它们是被驱散、被排挤到日常生活的最底层。线性时间的出现打乱了由循环时间所主导的人类几千年的社会生活，而两种不同类型的节奏和时间制在现代资本主义社会里相互交织缠斗的现状也引发了深刻的社会性问题。

---

① Henri Lefebvre, *Critique of Everyday Life*, *Volume II*, *Foundations for a Sociology of the Everyday*, trans. John Moore, London and New York: Verso, 2008, p. 48.

② Henri Lefebvre, *Critique of Everyday Life*, *Volume II*, *Foundations for a Sociology of the Everyday*, trans. John Moore, London and New York: Verso, 2008, p. 48.

首先，现代人从循环时间中解放出来，其造成的最典型的后果之一便是对昼夜的感知发生了颠倒。电灯的发明是人类进步的里程碑事件，从此人类突破了自然昼夜的界限，在夜间也可以经历白昼。这大大地解放了生产力，也改变了人们的生活方式。晚上不睡觉，夜间从事越来越多的活动，这一切都是依靠反自然之举和工业社会的抽象活动来实现的。人类对昼夜感知的颠倒必然会影响到身体节奏的运行，越来越多的医学和生理学上的证据证明昼夜颠倒的生活方式所引发的身体节奏紊乱对人体健康造成了不容小觑的伤害。身体的自然节奏依旧存在，工业社会的日常生活方式只是将此类身体节奏隐藏起来，但却不能将其清除。一味地利用线性节奏去排挤身体的自然节奏，那么由此所导致的节奏紊乱将会时刻提醒人们这种循环节奏的存在。

其次，线性时间和线性节奏对循环时间和循环节奏的挤压造成了更为深刻的矛盾与冲突，这种矛盾和冲突在现代工业社会里更加明显。对于一名身处现代社会的农民来说，此类的矛盾和冲突并没有过分地困扰他，他的生活依旧受到自然节奏和循环时间的掌控。谷物、蔬菜和水果严格受到自然时令循环的支配，畜类的生长周期同样不能被忽视。尽管农业技术的发展让农作物的生长时间缩短或者可以克服外在自然环境的某些不利因素，但是总体而言现代社会的农民还是从属于乡村的自然节奏。然而生活在城市里的人却不一样，以工人为例，他们经历着较为严重的分裂和内外的对抗，在他们身上呈现出多种时间制的激烈碰撞。从学生时代向工作生活进行过渡的过程既简化又粗暴，工人所面对的不只是身份的转变，更是一种生活方式的变化。城市的日常生活是线性节奏得以扎根的主要场域，这种节奏和日常生活捆绑得越是紧密，就越是要求工人被整合在一个被规划好的社会中的水平和程度越深。列斐伏尔指出这实际上就是一种社会化的“规训”，只不过这样的规训是通过线性节奏来实现的。现代工业社会要求人们能够控制自己的行为，掌握某一项专业化的技能，并且对社会表现出一定程度的驯顺。而规训便是通过“重复”来达成的。“通过重复某一种行为、某一种姿态或运动，人变得顺服。”[①] 线性节奏的规训手段强硬

---

① Henri Lefebvre, *Rhythmanalysis: Space, Time and Everyday Life*, trans. Stuart Elden and Gerald Moore, London and New York: Bloomsbury Academic, 2013, p. 48.

而难以察觉，它撕裂了前工业社会以自然节奏和循环时间为主要的社会节奏类型和时间观的传统，以较短的时间在世界范围内确立并普及了自己。至此工人的日常生活一分为二，生理上的和生物上的生活让他从小便获得了一种节奏的依从性，但是理性化的工作却强加给他另一个依从性，他需要强迫自己融入这种依从性中来获得社会的认可和人格的独立。这两种依从性在本质上是相互对立的，围绕着它们所确立起来的生活也将会撕扯工人自己。“一种生活会让他反抗和补偿另一种生活，但是这之间的平衡是一个难以解决的问题。”①

再次，自然节奏和线性节奏之间不可调和的冲突导致了现代社会的异化程度进一步加深，而线性节奏和由这种节奏所引起的节奏规训也是资本主义社会在新的历史发展时期里面向现代人的存在境遇所布展开来的整合手段和管制策略，它们本身就是异化的一部分。列斐伏尔并没有将产生这种异化类型的原因单纯地归咎于由现代理性所主导的线性节奏，从某个侧面来看，他肯定了线性节奏在推动人类社会发展与进步中的功绩。但是这种异化之所以能够产生确实是因为线性节奏在不受限制的情况下对自然节奏的侵蚀，和抽象的空间一样，这种抽象的时间与资本相互媾和，其目的在于操纵人们的时间。资本的逻辑强调秩序、效率、经济价值和组织效能，在资本的统治下，所有人都要为资本的实现与扩张进行服务。就此，资本的力量取代自然的力量变成社会的主宰，人类也成为了资本的奴仆，以马克思为代表的现代哲学家和社会学家前赴后继地投身到揭露资本和资本主义的“恶行”的事业中来，在这里我们不予以赘复。列斐伏尔此处指出资本与线性节奏之间的媾和，其目的是揭露资本的另外一宗“罪行”：“资本把自己构建并矗立在对生命的轻视和以下这个基础之上：那就是身体，生者的时间。”② 这必然会导致关于时间、关于节奏的社会异化。在时间维度的异化里，现代人必须要将自己分裂成两种节奏混合塑造的产物，而身体的自然节奏不断遭遇贬值，与此同时身体愈加被线性节奏所驯化，由此所塑造出来的主体也注定是悲剧性的痛苦的主体。列斐伏尔认为这一

---

① Henri Lefebvre, *Critique of Everyday Life*, *Volume II*, *Foundations for a Sociology of the Everyday*, trans. John Moore, London and New York: Verso, 2008, p. 51.

② Henri Lefebvre, *Rhythmanalysis*: *Space*, *Time and Everyday Life*, trans. Stuart Elden and Gerald Moore, London and New York: Bloomsbury Academic, 2013, pp. 61 – 62.

切源于人自身想要征服自然、成为自然界主宰的欲望，因此这种欲望一定会衍生出反自然的行为和倾向，人在这种境遇之下将会面临与自身疏离的悲剧，这也是所有异化形式的开端。“人把自己变成自然、可感知之物和物质的主人与占有者。在这个全部的过程里，他将自己分裂成与自己相敌对的对象。人能如此，那么资本主义也能如此。”① 节奏的异化是人类历史发展的必经之路，它是资本和资本主义的消极面，但是列斐伏尔提醒我们它也是人从自然界当中分离出去之后存在于人的本质结构中的必然结果。现代资本主义社会不仅攫取了空间，它还有能力操纵时间，由此所导致的空间异化和节奏异化是现代人最难以抵抗的两种异化形式。不过列斐伏尔却对节奏给予了和空间不同的期盼与希望，他看到了蕴藏在节奏内部的活跃性和革命性，而这是空间所匮乏的。

三　从节奏出发：关于弥合两种时间制的理论设想

列斐伏尔对节奏问题的思考最先集中出现在《日常生活批判》第二卷，而在他去世后的第二年，一本关于节奏分析的专著《节奏分析：空间、时间和日常生活》正式出版。因为列斐伏尔提出的节奏分析理论和他的其他理论相比内容较少，其理论重要性远不如日常生活批判、空间批判及都市理论，所以很多研究者也只是将节奏分析看作列斐伏尔为了补充空间批判的完整性而做出的一种尝试性的时间批判。那么列斐伏尔的节奏分析应该被如何安置在他的总体性哲学和社会学的理论体系中呢？节奏分析固然是列斐伏尔展开的对现代资本主义社会的时间批判，但是他的理论目的在于何处？客观来说，列斐伏尔并没有给予节奏分析以太多的描述和深入的讨论，他自己也坦言目前尚未存在关于节奏的一般理论，人们对节奏的认识依然是浅显的和初步的。尽管在他去世后的第二年人们整理出版了《节奏分析》（其内容的丰富程度也并不是很高），但是这部专著依然是介绍性的、概括性的和前瞻性的，缺乏系统性的理论阐述，同时也让“节奏分析应该占据什么样的理论地位”这个问题变得棘手。传统上，研究者们要么将节奏分析归置于日常生活批判的大理论背景之下，要么将其视为空

---

① Henri Lefebvre, *Rhythmanalysis: Space, Time and Everyday Life*, trans. Stuart Elden and Gerald Moore, London and New York: Bloomsbury Academic, 2013, p. 62.

间批判的补充性材料，除此之外尚无对此问题的其他回应。

不过从另一个角度来看，正是因为列斐伏尔尚未对节奏分析理论做出充分的阐述和规定，这便为回答以上的问题留下了更多的解释空间。我们还可以从异化出发去看待节奏，把节奏现象和现代资本主义社会批判结合起来，进而透视列斐伏尔的“节奏分析计划”的真实目的。

首先，如前文所述，现代资本主义社会存在着一个围绕着时间和节奏而展开的尖锐的矛盾和冲突，即循环时间与线性时间、自然节奏和工业节奏之间的矛盾与冲突。这样的社会现象在本质上来说就是一种社会异化，这种社会异化表现为两种时间制和节奏在日常生活中的相互撕扯，从而引发了一系列的社会化问题。然而列斐伏尔认为，这两者之间的关系并非无休止的对抗，它们存在着彼此融合的可能性：“循环时间与线性时间之间的关系——相互作用、彼此冲突、一方主导另一方、一方反抗另一方——并不简单：它们之间是对立的统一。”[①] 显而易见，尽管在现代世界，线性时间制已经把循环时间制压缩在日常生活的边缘地带，但列斐伏尔从未把这两种时间制和节奏看作不可调和的“死对头”。其原因在于列斐伏尔察觉到时间和空间的不同之处：空间因为其内在的惰性和同质性而难以发生结构性的变化，因此现代人难以扬弃以抽象空间为主的异化了的现代空间；而时间则不同，时间对于身体来说并非如同空间那般是外在于身体的，身体被动地受制于外部的空间，但是时间却是真实地被赋予了身体的。身体的行动被空间所管制，然而时间则是真真切切地发生在我们每一个人身上的。所以时间的能动性和革命性便与身体的能动性和革命性有机结合，从这个层面上来说，列斐伏尔认可扬弃时间异化的可操作性和可能性。

其次，列斐伏尔还指出，无论是“循环”还是“线性”，它们只是范畴、观念或概念，“这两个语词指涉的是事实和现象的极端差异”[②]。换句话说，人们所区别出来的这两种不同类型的节奏是理论上的理想型，而在现实的日常生活里，二者之间的界限并非如此绝对。这就为弥合两种时间制之间的断裂打下了现实的基础。无论是循环时间还是线性时间，它们都

---

① Henri Lefebvre, *Rhythmanalysis*: *Space*, *Time and Everyday Life*, trans. Stuart Elden and Gerald Moore, London and New York: Bloomsbury Academic, 2013, p. 85.

② Henri Lefebvre, *Rhythmanalysis*: *Space*, *Time and Everyday Life*, trans. Stuart Elden and Gerald Moore, London and New York: Bloomsbury Academic, 2013, p. 84.

是人类社会必不可少的时间制：循环时间确保了社会得以延续的稳定性和连贯性，自然的规律性运动和身体从生到死的生长周期为社会的发展提供了最基本的保障；而线性时间则让社会被打上了人类特有的烙印，经过严密的计算和精确的规划，线性时间在理性的指导下以“积累”为最终目的，让人类社会发展的成果得以保存而不至于消散于缥缈的历史时间当中。这两种时间制和节奏本身就彼此重合，现实中的人是在一个综合性的时间场域内体验到它们的在场的。尽管线性时间取代了循环时间成为现代资本主义社会的主导性时间制，但是线性时间无法消灭循环时间。这便是节奏分析计划的现实基础，是在灰烬中依旧燃烧的火焰。至此，列斐伏尔的节奏分析计划是一场尝试融合自然与理性、调解现代性的矛盾与张力、超越那些围困身体的重重障碍并在已经异化了的现代资本主义社会中谋求理论和实践得以结合的可能性的革命，它始于对现代世界的人类共同性命运的普遍性思考，那就是如何扬弃无处不在的普遍性异化。因此，列斐伏尔的节奏分析理论在这层意义上来说可以看作是为了终结源于时间制和节奏的异化的一种理论尝试。

最后，这种时间制和节奏的异化并不是产生于线性时间制对循环时间制的消磨和压制，这只是此类异化的表现形式之一。列斐伏尔指出，“节奏失律”是对这种异化的客观性概括，它既是此类异化难以遏制的后果，也是此类异化诞生之初的原因。正如前文所述，循环时间和线性时间都是人类社会维持与发展必不可少的时间制，列斐伏尔没有将节奏的异化单纯地归咎于线性时间的野蛮扩张和对循环时间的粗暴干预，他看到了二者之间的辩证有机关系，客观地承认现代世界所面临的此类危机。他指认到，一切都源于节奏的“失衡”。社会的节奏本来应该就像音乐和身体向人们展现出来的那样：悦耳的音乐和健康的身体在节奏上必然是和谐的、统一的、协调的与多重的，每一个存在于整体中的细小节奏都有自己的一席之地，同时又能够保留与其他节奏相互配合的能力。一旦节奏之间失去平衡，那么音乐就会变成噪声，而身体就会出现失常（比如心律不齐），进而威胁整体的存在。人类社会也是如此：自然节奏和工业节奏在本质上是等量等质的两种节奏类型，循环时间和线性时间亦是保证人类社会得以延续的基本要素，无论是在古代还是现代。真正导致现代资本主义社会面对节奏异化的原因不是一种节奏压制另一种节奏，而是二者处在一种失衡的状态，也就是“节奏失律”。解决由节奏失律所带来的诸多问题的办法绝对不是无条件地抵制一种看似具有破坏力的节奏，而是寻找一条让“失衡”回归“平衡”与“和谐”的方法与道路，这也是列斐伏尔节奏分析计划的最终目的。在这种意义下，我们认识到列斐伏尔的节奏理论与其异化理论之间的紧密关系，这既拓展了节奏分析理论的理论深度，也丰富了列斐伏尔异化理论的理论内涵。

综上所述，列斐伏尔的节奏分析理论还是一块尚待开发的理论新领域，可以从多维度与多层次的视角对其进行阐发。结合本章的主要旨趣，我们将节奏分析理论与资本主义社会总体性异化的理论议题相互结合，把节奏分析视为列斐伏尔为寻求扬弃异化的一种理论尝试。虽然列斐伏尔没有提出关于如何具体地去实现两种时间制和节奏之间的弥合这个问题的操作方案，但是他为相关的理论问题和现实问题指明了一个方向，揭示了隐藏在时间和节奏之下的社会性危机，并努力为这样的危机寻找一条能够得以被化解的可行进路。

第三节　都市革命：反抗资产阶级城市意识形态的乌托邦理想

由空间生产、城市化和都市化所构成的总问题式占据了列斐伏尔自20世纪60年代到70年代的理论构建的中心位置，关于空间和都市的相关理论让列斐伏尔在欧美学术界名声大噪，甚至超过了他在日常生活批判理论阶段的名声。这是列斐伏尔空间及都市理论影响力的必然结果。

20世纪是全球范围内城市化运动的高潮期，特别是在西方国家，城市化运动以前所未有的速度和规模扩张着，不断地吞并着城市周围的乡村和空地。从表面上来看，西方如火如荼进行着的城市化运动是发达资本主义国家的经济、资本和技术的胜利，同时也是对一种美好的新生活的期许和实现。城市的扩张和都市的规划必然会以一套说辞作为舆论先锋，那就是城市与都市的建设代表了文明的、优雅的、便捷的、先进的、舒适的现代生活的广泛实现，是全体人类的福祉。

然而列斐伏尔却观察到，在这美好表面现象的背后却是一个残忍的现实：资本主义以城市和都市为场域和媒介，对所有生活在城市里的人进行无差别化的管制，而人们却对此毫无意识，并以集体的沉默去配合这种管制，强化资产阶级的统治。“最高层次的权力通过中间层次的都市来对最低层次的个人包括他的日常生活来实施组织、管理和统治，反过来，最低层次的个人通过都市维系着甚至不自觉地强化着最高层次的权力。”① 资本主义和资产阶级利用城市来加固自身的统治，在《资本主义的幸存》一书中，列斐伏尔就指出空间和城市已经成为资本主义延续自己生命的有效手段，因此在列斐伏尔看来，及时地对城市化和都市化问题展开反思是西方学术界的当务之急。

不过，列斐伏尔远不止停留在“反思”这个阶段上，他还要做出改变的尝试与努力。城市和都市的规划与建设已经不再单纯地是地理学意义上的问题，也不只是技术层面的问题，而是关乎每一个个人的生命治安和生活方式的问题，也是发达资本主义社会新一轮的殖民化运动的问题，亦是资本主义全面异化的再生产问题。于是，列斐伏尔将反抗资本主义社会机制逻辑和发达资本主义异化现象的机遇与城市和都市相结合，以都市为整体性对象，以“非暴力性”的和“自下而上”的“自我管理”与“都市改造”为手段，以扬弃发达资本主义的空间异化为目的，提出“都市革命”的理想。这也构成了列斐伏尔尝试扬弃发达资本主义社会全面异化的理论构想的一部分。

一 “都市社会”和“都市革命”的理论内涵与基本构想

列斐伏尔对“都市社会”和“都市革命”的理论思考是具有超凡的前瞻性的，不过也根植于深刻的人类社会历史现实。

首先，西方发达资本主义国家在20世纪遭遇到来自殖民地地区人民的民族解放运动，众多殖民地纷纷宣布独立，宣告西方资本主义的世界霸权走向终结。为了转移西方民众视线，西方资本主义国家将“事业的重心”转向国内，巩固西方国家国内的资产阶级统治权，推动国内的资本主义再发展。而城市化和都市化运动便是其对策之一。

其次，20世纪西方发达资本主义国家城市化的规模空前绝后，城市以

① 张笑夷：《论都市社会的可能性——列斐伏尔都市理论初解》，《马克思主义与现实》2017年第2期。

非凡的速度进行扩张。一方面，城市的快速扩张增大了城市居民的人口比例，让更多的人有机会进入城市，享受到城市所带来的便捷和机遇。但是另一方面，城市化所带来的问题似乎远大于其好处：城市规划的失策导致城市出现了不均衡发展，贫民区和富人区的对立让城市的空间趋向于碎片化；大量涌入城市的人口也导致了新来者和当地居民之间的关系冲突，城市化并没有良好解决交往问题；过分膨胀的城市形成庞大的"居住体"，对当地的自然环境、经济资源、医疗体系、交通网络、教育资源等公共领域造成巨大冲击，城市的容纳能力和接待能力备受质疑；城市化还加剧了发达资本主义社会的空间异化和城市意识形态的程度，一场空间形态的城市革命呼之欲出。

再次，法国政府在20世纪50年代开始逐渐放松对殖民地的大量投资，进而全面转向法国国内空间和组织化资本主义的建设工作。[①] 法国政府的国内政策的转变直接为列斐伏尔提供了理论素材和现实灵感，法国作为全世界的经济文化政治中心之一，发生在其中的任何重大决策转向都影响着世界。因此，空间的组织化问题和城市的空间化问题成为这一时期列斐伏尔的理论聚焦点。

在此现实基础上，列斐伏尔针对由空间、城市和都市所构成的不断演化着的总问题式提出了"都市社会"和"都市革命"两大理论构想。这是具有非凡前瞻性的理论尝试，列斐伏尔既对人类社会于未来可能出现的一种社会形态进行了预测和展望，也对由当下发达资本主义社会高度组织化的城市空间所造成的异化形式与异化现象进行了批判，并试图寻找一条扬弃此类异化的可能性途径。

1. 都市社会：一个"尚未（存在）"的社会形态

列斐伏尔在《都市革命》一书中对都市社会的相关规定性进行了描述。列斐伏尔指出，都市社会不是将"都市"和"社会"简单地叠加在一起，如果将其理解成"都市化的社会"的话就太过于简化了。列斐伏尔是在人类社会于历史中所展现出的形态学意义上去讨论"都市社会"的，换句话说，都市社会是人类社会形态演进的一种可能性的阶段和样态。因此，都市社会

① 鲁宝：《从乡村历史社会学到都市马克思主义——列斐伏尔实践经验与日常生活批判理论的视野转换》，《山东社会科学》2019年第10期。

不是局部的、暂时的社会现象，而是整体的、延续的社会形态。

都市社会是一种“尚未（存在）”的社会形态，“作为一个潜在的、未来的社会现实，都市社会表现为一种设计、一种探索、一种实践，乃至一种思想的构成”①，“是一种极其复杂的充满张力的领域，一种潜在、一种可能—不可能性，吸引了那种已经完成的、会更新的且一直苛求的在场—不在场”②。都市社会是一种没有特定内容的纯粹形式的存在。在列斐伏尔对都市社会所展开的描述里，我们窥见到都市社会表现出来的二重性，即“可能—不可能性”和“在场—不在场”。

这两对二重性彼此之间看似矛盾，但实际上却是对都市社会的真实写照。所谓的“可能性”与“在场”是指涉都市社会并非孤立的社会形态，它与人类社会总体性实践相连，与人类已有的都市文明相关，在历史的长河里这些实践与文明成果给予都市社会以养料，使之在将来成为现实。列斐伏尔指出，人类社会发生过两次转变：“第一次是发生在大约 16 世纪，从农业到都市、从商业城市向工业城市转变；第二次发生在当代社会，他的都市革命所要考察的就是在这一从工业化迈向都市化的批判阶段的社会转变。”③ 所以，列斐伏尔认为人类社会已经经历了“政治城市—商业城市—工业城市”这样的都市化进程，现在已经达到了“临界点”，准备好进入下一个进程阶段。所谓的“不可能性”和“不在场”是指都市社会目前还是潜在的、未完成的和未实现的，它当下还是一个可能性的对象，而不是已有的人类社会历史现实。然而，即便是尚未存在和尚未实现的人类社会现实，列斐伏尔却强调人们应该做好迎接都市社会到来的准备，因为作为一种潜在的和可能的社会形态，都市社会被列斐伏尔给予厚望，被视为对抗高度组织化的资本主义空间和僵化的资本主义城市意识形态的必经之路。

2. 都市革命：乌托邦式的革命理想

都市社会的实现需要借助“都市革命”的实现。都市革命是列斐伏尔

① ［法］亨利·列斐伏尔：《都市革命》，刘怀玉、张笑夷、郑劲超译，首都师范大学出版社 2018 年版，第 7 页。

② ［法］亨利·列斐伏尔：《都市革命》，刘怀玉、张笑夷、郑劲超译，首都师范大学出版社 2018 年版，第 43 页。

③ 张笑夷：《论都市社会的可能性——列斐伏尔都市理论初解》，《马克思主义与现实》2017 年第 2 期。

提出的新型的革命形式，它以城市的空间形式和空间关系为革命对象，是一场针对城市空间自身的革命。

与以往发生在城市里的革命事件不同，城市在那些革命里只作为革命发生的平台，而革命对象却与城市无关。都市革命则不然，城市的空间与进入城市的权利，以及城市空间关系及其再生产是这场革命的主要对象。这是因为空间在资本主义社会的地位和作用发生了变化。在《空间的生产》里，列斐伏尔指认了资本主义社会经历了从“空间中物的生产”到“空间本身的生产”这一重要转变，空间不再是生产要素，而是生产本身。正是这一重要转变，使得城市空间可以担当都市革命的革命对象。

都市革命具有以下三个特点。首先，进入都市空间和获取城市的权利是都市革命的主要诉求。城市看似对所有人敞开，看似是一个开放的空间，但是实际上真正进入城市却并非易事。进入都市和城市的空间需要特定的权利，列斐伏尔认为这个权利是“占据空间的权利”，为人谋求更加具有活力性的在城市中生活的权利。在这种权利的背后反映的是发达资本主义社会僵化和固化的城市空间秩序，这种陈旧的空间秩序让城市变得越来越没有活力，都市空间也趋向于静止。

其次，这场都市革命的范围是全球性的，它不只是西方资本主义国家的革命，同样也是东方社会主义国家的革命。特别是当时的苏联当局认为城市是资本主义社会意识形态的产物而抑制城市的发展，反而大力扶持乡村，列斐伏尔对苏联此种举动进行激烈的批判。都市革命需要全球范围内的所有国家的实现与配合，共同为进入都市社会做好准备。

再次，都市革命不是一场暴力性的革命，是非暴力的，它不需要流血冲突的武装夺权，而是通过非暴力的方式来实现革命的胜利。列斐伏尔指出，都市革命的“非暴力性”主要体现在以下两个方面：一是都市革命并非要通过武力夺取政权，不同于马克思的武装暴力革命，都市革命不是一般意义上的为夺取城市的领导权而展开的武装割据，而是以批判的姿态去反抗资本主义对城市空间的裹挟与滥用，去反抗这种空间的意识形态；二是这种非暴力性也体现在都市革命自身分散化、离散性和难以协调统一行动的特点上，空间的分散性导致了都市革命的分散性，因此该革命也只能通过非暴力的手段去实现。

都市革命是一场与每个人的日常生活密切相关的革命形式，它争取的是人们进入城市的权利，反抗的是资本主义单向度的积累空间、中心化和边缘化相互撕扯的城市空间、掩盖城市空间里各种矛盾性的城市意识形态以及由城市设计师和工程师对城市进行的具有欺骗性的改造。因此，与其说列斐伏尔的都市革命是一整套切实可行的革命方案，不如说都市革命是他具有前瞻性和创造性的乌托邦式的理论理想。不过，该乌托邦式的理论理想不是天马行空的无稽之谈，而是理论和实践、抽象和具体、形式和内容、经验和反思高度统一的探索与尝试。“列斐伏尔与日常生活紧密相关的乌托邦式思考的都市革命并不是理论上的乌托邦，而是对都市社会未来图景的探讨，是对美好城市生活的现实性图景的描绘。”①

二 对抗资本主义空间异化和城市意识形态的可能途径

都市革命既是列斐伏尔针对发达资本主义社会制度和运行机制所做出的哲学社会学批判的一部分，也是他本人在面对资本主义社会以城市为依托和平台进而实施有步骤的空间异化时所开展的理论尝试，研究通过何种方式才有可能终结发达资本主义社会的空间异化和城市意识形态。

在实现都市革命的道路上，存在着两个主要的现实障碍。

第一，正如前文所述，发生在空间生产层面上的社会异化主要表现在城市化和都市化的双重进程当中，而城市则成为空间异化的主要发源地和场所。城市的空间异化呈现出两大方面特征。

首先，因为不均衡的发展，城市存在着中心化和边缘化并存的明显矛盾，单向度的积累过程导致城市中心毫不节制的过度发展，而城市的其他地带则沦为城市中心的养料，走向了衰败的边缘化处境。所以，城市被不断加速建造的中心和不断加速衰落的边缘撕扯着，这使得城市难以在整体性上被构建起来。

其次，发达资本主义社会的抽象空间具有“同质化—碎片化—等级化”的特点，这也是空间异化的主要特征。无差别的空间管理、在消除了多样性和差异性之后进行测量与买卖的空间交易和由资本逻辑所组织起来的空间等级，抽象空间的结构和特征具体地发生在城市当中。城市同样面

---

① 董慧、王帅：《都市革命抑或超越——列斐伏尔对都市社会的理论探索及其时代意义》，《学术交流》2019 年第 11 期。

临着同质化、碎片化和等级化的主要矛盾，而城市处境的复杂性也体现在一方面它满足于抽象空间的诸多规定性，另一方面城市拥有自己独特的“生态系统”，需要人们进一步细致的观察与分析。

第二，发达资本主义社会的城市意识形态巩固了现代城市空间异化的程度，而这种城市意识形态的形成则是多重因素共同作用的结果。

首先，发达资本主义社会的资本逻辑是组织并产生城市意识形态的根本原因和动力。在资本逻辑的支配下，城市空间同样呈现出与商品生产一样的二元性，即“积累—再生产”，这便导致了城市空间走向工具化和生产化的道路，进而消除了城市的多样性、差异性和创造性。资本逻辑对城市空间的改造是资本主义城市意识形态的基础，人们在进入城市的时候首先会把它理解成一个生产单位而不是居住空间。

其次，城市的规划者和工程师利用专业化的技术营造了“城市适合居住”的假象，他们和资本主义社会的高层权力决策者相互谋和，共同决定城市的发展方向。对于绝大多数的城市居住者来说，他们是被排除在城市建设的队伍之外的，他们只能被动接受城市的改造并被灌输关于城市现存的各种观念。

最后，城市住户们的集体沉默和失语助长了资本主义城市意识形态，这既是一种被迫的接受，也是一种自我的驯化，是来自内部和外部的双重改造。“正是因为资产阶级规划意识形态具有强大的迷惑人心智的能力，致使工人阶级成为被动或主动的‘盲从者’。”① 列斐伏尔指出，这些盲从者有一部分是“被动的盲从”，有一部分是“主动的盲从”。所谓“被动的盲从”是指那些被城市规划的科学性、专业性和无人格性所欺骗和迷惑的人们，他们很难通过主体的反思来对抗这种城市意识形态。所谓“主动的盲从”是指经济条件比较富盈的工人阶级，他们购买住房而融入到社区中，成为资本主义生产与消费链条上的一部分。正是因为缺乏城市住户们的集体性反抗，才导致资本主义的城市意识形态大行其道，进一步加深了空间异化的程度。

由此可见，阻碍都市革命实现的具体障碍便是发达资本主义社会的空

① 李晓乐、王志刚：《列斐伏尔视域中的都市革命：性质、对象与界限》，《华中科技大学学报》（社会科学版）2019 年第 6 期。

间异化和资产阶级城市意识形态，然而相比之下，这种城市意识形态是使得城市空间异化合法化的保障，是都市革命首先需要破除的迷障。“都市革命的首要工作是穿透阻挡人们看到真相的障碍物——资产阶级都市规划意识形态，而要揭开资产阶级空间意识形态的面纱，则需要极为强大的理论能力与知识储备，需要发展一门都市的科学，用都市实践及其理性取代工业实践理性，以颠覆传统的思维方式。”① 因此，针对资产阶级城市空间意识，列斐伏尔指出城市居民们要掌握进入城市的权利，要真正地栖居在城市中，而不是作为城市的附庸者躲藏在城市里。

关于如何真正地“进入城市”并且从资本主义城市空间意识中解放出来，列斐伏尔提出了以下几点构想。

第一，城市居民首先要获得城市空间的“占有权”，即一种持续性的空间占有的权利。这里所说的“占有权”，并非居住者与房屋之间的财产所属关系的占有权，而是在本质上对城市空间进行占有的一种权利，并且和城市空间之间保持良性的和健全的关系。居住者与房屋之间的财产所属关系依然属于在资本主义的资本逻辑支配之下空间的商品交易的直接产物，这种财产所属关系的占有权给作为整体的城市空间带来了两方面的危害。

一方面，将城市空间进行分割之后建造房屋再进行售卖本是无可厚非的经济活动，但是城市的规划者、建造者和决策者却把城市空间当作完全而彻底的商品去谋利，破坏了城市的整体性和城市空间之间的有机性，加深了城市空间碎片化的程度。另一方面，如此一来，城市的居民便只把自己看作自己房屋的主人，而不是整个城市的主人，城市居民与城市空间之间的关系是产权所有者和财产之间的经济关系，这样的经济关系最终会导致居民们丧失全面进入城市的意识。所以，列斐伏尔提出，要想改善城市居民与城市空间的关系，要想让居民获得持续性的空间占有权利，就要改善并重建居住者和城市之间的空间关系。

第二，重构居住者与城市之间的空间关系，坚持以平等的、开放的、准入的和认同性的态度积极落实居民们在城市中的相应权益。首先，城市应该以平等的准入性原则对全体居民开放，让每一个人都可以按照自己的

---

① 刘怀玉：《社会主义如何让人栖居于现代都市？——列斐伏尔〈都市革命〉一书再读》，《马克思主义与现实》2017 年第 1 期。

意愿去自由规划他在城市中的生活，并且体面地、有尊严地去实现这样的生活。其次，以坚持多元性和多样性的态度去培养城市的开放性原则，强化城市区域之间的信息流通和系统扶持，打破城市空间离散的、分散的、中心化和边缘化对立的城市格局，让城市的开放性真正地得以落实。

在保证城市的准入性与开放性之后，居民和城市的空间关系会得到改善，进而会影响居民与居民之间的交往关系。在碎片化的城市里，空间和空间的隔离宛如一座座孤岛，人与人的距离也因此而被扩大，生活在拥挤的城市里的人却感到无比孤独，这种孤独感加剧了人际关系的冷漠和疏离。因此，这种原子化的城市居民关系在城市的准入性原则和开放性原则得到落实之后会得到改变，居民们应当积极地加入到城市的规划和建设中来，居民的主人翁意识应当从自己的房屋扩大到街区，再到社区，最后延展至整个城市。“城市作为人化的空间，人是城市的主体，城市的发展必然要以人的发展、人的解放作为出发点和落脚点，以人的基本空间需要和空间利益作为城市发展的宗旨。”① 只有当城市居民和城市保持这样健康的关系时，城市空间才真正可以为人所用、为人服务。

第三，改变现今的城市管理模式，从“自上而下”的权力管理改变成为“自下而上”的自我管理。传统的城市管理模式分为两条路径：一是以政府职能为中心的政治管理；二是以城市规划者和建造者为中心的专家管理。城市的政治管理形成了一批带领城市运动和发展的城市决策者，作为行政机构的城市决策者占据着城市的最高层权力。同时城市规划者和建造者以专业技术为手段，与决策者们共同构成了城市的权力中心，然而居民却处在城市权力网络的最底层。一个城市的大小决策往往与居民无关，居民参与不到城市的建设当中，只能被动接受。然而每一个居民都是城市不可或缺的一分子，居民可以主动地实现自治管理。这种自下而上的自我管理主要包括：“第一，废除私有财产，废除国家对空间的政治性统治；第二，从对空间的统治转变为对空间的占有；第三，改变空间的交换价值占主导的局面，重新恢复空间的使用价值。”② 只有当居民们自觉地承担起

---

① 董慧、王帅：《都市革命抑或超越——列斐伏尔对都市社会的理论探索及其时代意义》，《学术交流》2019 年第 11 期。

② 张笑夷：《论都市社会的可能性——列斐伏尔都市理论初解》，《马克思主义与现实》2017 年第 2 期。

"城市的主人"这一角色的时候，资本主义的城市意识形态才有可能被战胜，改变才有可能发生。

通过对都市社会、都市革命和进入城市的具体方法的构想，列斐伏尔具有针对性地指认了发达资本主义社会城市空间异化的社会化矛盾，并且在如何扬弃这种空间异化的问题上提出了自己的想法与见解。

尽管列斐伏尔对如何实现都市革命这个问题提出了较为具体的方法和步骤，不过不难发现，都市革命还停留在理论设想阶段。这也是列斐伏尔的都市革命被冠以"乌托邦主义"之名的原因。但是正如列斐伏尔本人所说的那样，都市社会和都市革命只是潜在的和尚未存在的社会现实，而他围绕着都市和城市的全部理论也只是相关议题的雏形，在未来还需要更多的研究者投身其中。

第四节　指向"总体的人"：从日常生活到节奏再到都市

列斐伏尔异化理论的旨归在总体上可以从三个大问题域出发来探究扬弃异化的可能性途径，即上文所论述的日常生活革命、时间（节奏）批判和都市革命。对这三大问题域所代表的扬弃异化的具体探索贯穿于列斐伏尔一生的学术生涯，可谓是他毕生的理论抱负。然而这看似零散的理论计划却并非杂乱无章地分散在列斐伏尔的理论体系之树的内部，而是被列斐伏尔于早期研究阶段的一个理论构想所统摄和囊括在其中，那就是"总体的人"的理论构想。

一　扬弃异化的方法与步骤

关于如何解决扬弃异化的理论难题，不难看出，列斐伏尔全面地接受了马克思异化理论的方法与步骤。

首先，列斐伏尔和马克思均提前构建了关于一种新的人的形象，在这个新的人的形象里，二人都倾注了接近形而上学般的理论情感倾向，站在一种超越了既有的社会历史现实维度的广袤视野上，提出了这种新的人的可能形象。这个可能形象既源自具体的人类社会现实，又高于具体的现实；它是通过全部的方式占有了人的全部本质之后的人，马克思称之为

"自由人"，列斐伏尔称之为"总体的人"。

其次，在构建了这种新的人的形象之后，马克思和列斐伏尔都结合资本主义社会的激烈矛盾斗争展开了具体实现这个人的形象的理论计划，但是因为二人所处的时代背景不同，其理论计划也呈现出不同的理论样貌。马克思实现"自由人"的具体途径是政治暴力革命，推翻资本主义国家机器来建立无产阶级专政，通过政治革命的手段去实现这种形象；而列斐伏尔实现"总体的人"的具体路径则是温和的文化革命，通过对日常生活领域的改造来实现对人自身的改造，进而扬弃异化。

实现"总体的人"这个伟大的理论计划的本质就是向发达资本主义社会的全面异化宣战，也就是扬弃发达资本主义社会的多维的、微观的、难以被察觉的和难以被终结的异化。因此，列斐伏尔的日常生活革命、时间（节奏）批判和都市革命的共同的问题意识便是指向普遍的异化，它们的最终目标是终结和扬弃异化，并且实现"总体的人"的生成。

二　"总体的人"与扬弃异化的理论构想

从这个角度出发，日常生活革命、时间（节奏）批判和都市革命便不是三个相互独立的问题域，而是内在相互关联的并且具有内在统一逻辑的、整体性的理论计划和理论构想。它们和"总体的人"遥相呼应，作为列斐伏尔学术生涯早期就出现的概念，"总体的人"作为一个极限概念一直引领和指导着列斐伏尔后来的哲学研究和资本主义社会批判，形成了具有列斐伏尔个人理论特色的总体性哲学社会学批判理论。

第一，日常生活带有一定的本体论的意味，首先成为列斐伏尔在尝试扬弃异化和实现总体的人的道路上的第一个对象。正如列斐伏尔指出的那样，日常生活是被传统哲学家和理论家所遗忘和鄙视的领域，但是它却蕴藏着巨大的力量，它是人类文明的发源地，也是一切异化形式和现象的终极落脚点。日常生活如同一个巨大的容器，它包容着一切积极的与消极的社会要素和内容，所有的异化形式在日常生活中获得了最详细的规定性和最完整的体现。所以，列斐伏尔认识到日常生活强韧的革命性，这种革命性不同于政治革命，原因在于：政治革命以事件为基础，其爆发出来的革命力量具有周期性；而日常生活革命则是以实践和经验为基础，是一种持续性的革命力量。总体的人的实现不能只依靠历史中的"大写事件"，扬弃异化也不是一朝一夕和一蹴而就的人类事业，在认识到这两个前提条件之后，列斐伏尔将注意力转向了更加温和、革命效果较慢，但是更为彻底和有效的革命方式，即日常生活革命。这是他尝试扬弃异化和实现总体的人的第一步。

第二，继日常生活革命之后，列斐伏尔把扬弃异化和实现总体的人的理论计划带领到更加微观的社会领域里，也就是时间（节奏）。时间和节奏体现了列斐伏尔异化理论对人类社会现实深刻变化的敏锐洞见，因为他在时间（节奏）批判中主要批判的对象——线性时间制——是现代性和微观权力相互结合的典型产物：线性时间制在现代化进程中达到了成熟，并且和现代性相互作用，成为现代性的独特的标志；与此同时，线性时间制也渗透到现代人的生命经验和实践活动当中，变成一种微观的、操控人们行为和社会运行的权力类型。在列斐伏尔看来，这种人造的现代时间制是发达资本主义社会全面异化的典型缩影：异化已经不只是外在于人的生命经验的某种“外来物”，而是生命经验本身。发达资本主义通过时间制和节奏将现代人牢牢地操纵在既定的社会模式里，使人的解放运动更加难以实现。因此，时间（节奏）批判以扬弃异化的视角向现代人敲响了警钟：异化可能比人们想象的更为隐秘而不可见，更致命的是以线性时间制为代表的异化类型具有生命政治的特点，它使现代人的经验与实践成为异化本身。所以，在扬弃异化和实现总体的人的过程中，这种具有生命政治和微观权力操控的特征的异化形式是新的挑战。

第三，都市革命的理论构想放眼于另一个现实维度：一种未来可能会出现的社会形态，也就是都市社会。根据列斐伏尔的思想，都市社会面对着来自两方面的压力：一是伴随着越来越发达的城市化进程，现代人如何安居在都市里、如何反抗资本主义的城市意识形态以及人们进入城市中的种种权利等问题日益浮现，相对于乡村和城镇，城市和都市是庞大的综合体，而总体的人便是以这个综合体为栖居之地；二是城市和都市也是另外一种新型异化的集中体现，即空间生产的异化，空间生产导致了绝对空间向抽象空间的转化，空间成为新的拜物教的对象，这种空间拜物教是资本主义社会为了应对都市社会的到来而预先展开的“殖民化运动”，通过对空间的“殖民”，空间变成了资本主义得以幸存的钥匙。和时间（节奏）的异化一样，空间生产的异化是发达资本主义社会制度之下独特的异化现象，它为扬弃异化和实现总体的人再一次设立了严重的阻碍和龃龉。此外，当空间生产的异化和快速发展的城市化与都市化进程相结合之后，这意味着列斐伏尔所预测的将来的都市社会同样会面临艰难的异化困境。因此，为了能够实现总体的人，为了与新时代的异化现象展开有力的斗争，列斐伏尔将都市革命同样视为扬弃异化的总体性计划的一部分。

前文所阐述和分析的日常生活革命、时间（节奏）批判和都市革命等三方面的理论内容并非孤立的、分割的和毫无关联的理论内容；相反，它们是列斐伏尔为了尝试扬弃异化并实现总体的人而提出的一系列的理论计划。这一系列的理论计划相互之间关联密切，看似分散，实际上它们具有连贯的逻辑和目标，那就是以扬弃异化为主线，以完成对发达资本主义社会的现代人的解放为使命，以实现总体的人为最高理论目的。与此同时，这三方面的理论内容和列斐伏尔在学术生涯早期时提出的关于“总体的人”的理论内容遥相呼应，既体现了列斐伏尔本人的思想的一致性，也体现了他本人对异化问题的持久关注度，印证了列斐伏尔异化理论的效力和活力。

总体而言，列斐伏尔是从日常生活、时间和空间三大领域去寻找扬弃资本主义社会总体性异化的具体措施的。因此，列斐伏尔首先提出了日常生活革命的理论构想，他把这场革命的重心转向一场文化革命，以复兴节日为渠道和手段让日常生活变成一件艺术品，以此来真实地实现这场为了终结异化而展开的文化革命；其次，列斐伏尔将目光投向时间制和节奏，观察到蕴藏在时间之中的、反叛异化的巨大力量；最后，在面对资本主义社会城市空间异化的问题时，列斐伏尔提出了以“都市革命”为核心的对策，希冀通过让城市内部的居民主动参与到城市的决策和建设中来的方式去终结城市空间的异化。总而言之，列斐伏尔不仅提出了问题，他也试图寻找解决问题的答案。不过显而易见的是，这些扬弃异化的方法依旧停留在书面理论的阶段，缺乏一系列的可行性和可操作性，缺少马克思式的革命纲领，这也让人们对列斐伏尔所构想的终结异化的种种理论尝试持怀疑态度。

第六章

列斐伏尔异化理论的评析

列斐伏尔的异化理论是西方马克思主义于20世纪所发展的重要理论成果，是西方马克思主义总体性的资本主义社会批判理论的有机构成。在列斐伏尔长达近七十年的学术生涯里，他对现代性和现代资本主义社会的症结与诟病展开了鞭辟入里的批判。列斐伏尔从异化理论出发，形成了独具特色的社会批判，他既继承了马克思的哲学社会学理论的遗产，又发现了新问题，提出了新构想。通过对列斐伏尔的异化理论的深入研究，我们对其有了比较充分的了解。基于我们对列斐伏尔异化理论的分析和理解，我们应该如何对列斐伏尔的异化理论进行评述？总体而言，我们要在列斐伏尔异化理论所产生的具体的社会现实影响和理论发展脉络中去评述，争取做到客观全面，对列斐伏尔异化理论的理论贡献、理论局限、理论意义及理论影响和启示做到逐一陈述。

第一节　列斐伏尔异化理论的理论评价

关于如何做出列斐伏尔异化理论的理论评价，我们应该从以下四个方面着手，这四个方面也是列斐伏尔总体的哲学社会学批判理论的着眼点。一是列斐伏尔异化理论与马克思的异化理论之间的呼应关系；二是异化和日常生活之间的关系；三是异化和空间、时间之间的关系；四是作为总体性的异化和文化危机与人的存在困境之间的关系。

一　呼应了马克思关于资本主义社会异化的批判理论

在列斐伏尔异化理论的构建过程中，在真正的意义上为列斐伏尔提供了指导作用的便是马克思的异化理论。马克思的异化理论和列斐伏尔的异化理论并非单纯地在时间线上呈现出顺承次序的前后关系，二者乃是综合性的、全面性的和整体性的呼应关系，其中既包含了列斐伏尔对马克思异化理论的继承和发展，也在价值总体性的层面上体现出两位哲学家思想的高度共鸣。因此，列斐伏尔异化理论另一个非常重要的理论意义就是它和马克思的异化理论共同构建了一种关于异化理论发展和演进的良性范例，二者的呼应关系推动了西方异化理论的整体前进。

列斐伏尔异化理论是如何与马克思关于资本主义社会异化的批判理论进行呼应的呢？笔者认为主要从以下四点体现出二者的呼应关系。

第一，就研究方法而言，列斐伏尔采纳了马克思所使用的以微观事物和微观场景为观察对象并进一步扩展到更加广泛的社会领域内的研究方法，力求寻找资本主义社会异化产生的“基原”，同时从下至上地对现代资本主义社会展开全面批判。此外，马克思总结出的异化的四个规定性对列斐伏尔同样产生了巨大影响，该四个规定性启发了列斐伏尔，让他从层次化和体系化的研究视角出发去描写、分析并阐释现代资本主义的各种异化现象，为深入的异化批判打下了坚实的方法基础。

马克思在其异化理论中所观察的微观对象是工人和商品，所观察的微观场景便是工厂和车间，这对列斐伏尔而言具有巨大的启示作用。列斐伏尔继承了马克思的研究方法，他相信异化的发源地是社会里那些最让人习以为常的事物和场景，不过他将这种微观的和“习以为常的”对象推进到一个前人少有涉足的领域，即日常生活。在日常生活这个更加广泛的领域里去发现异化和研究异化，是列斐伏尔忠于马克思研究方法的一种表现，也是他进一步发展马克思研究方法的具体操作。另一方面，马克思以系统化的思维对异化开展更为细致的批判也深刻地影响了列斐伏尔。马克思不认为资本主义社会的异化是一种偶然性的或特殊性的现象；相反，它具有极为复杂的内在结构和稳定的存在条件，所以采取系统化的研究方法能够帮助研究者尽可能地掌握关于异化的真实素材，更好地认识笼罩在异化之下的现代资本主义社会的本质。列斐伏尔同样认可马克思系统化研究的方法，首先，他丰富了异化的规定性，以 20 世纪资本主义社会的诸多新变化为参照重新对异化进行了描写；其次，列斐伏尔按照社会不同的领域和层次逐一分析了不同异化的不同表现形式，这种依据分类的逻辑所进行的异化分析也是对马克思的研究方法的继承和呼应。

第二，就问题意识而言，列斐伏尔接受了马克思的异化理论最初的问题批判意识，即异化理论是以资本主义社会制度、社会形态和社会实存为根本批判对象，以扬弃人的被扭曲的存在状态并恢复人的本真的存在状态为目的，以结束资本主义社会的异化统治为最高目标的具有实践纲领意义的哲学社会学批判理论。异化理论的问题意识自马克思起就包括以下几个主要方面：探究资本主义社会制度内会导致异化产生的社会构成要素，分析现代人在资本主义社会的统摄下的种种异化表现，探索扬弃现如今的异化社会的可能性道路，构想新生活与新社会的可能性图景。

马克思的异化理论完整地表现了以上所提到的问题意识，他的异化理论与其资本主义社会批判理论和共产主义社会理论有机结合，成为揭露资本主义社会弊端的有力武器。列斐伏尔同样继承了马克思异化理论所规定的问题意识，并且在此基础上，他进一步结合资本主义社会在新世纪的新发展状况，深化了异化理论批判的深度与广度，将异化批判的矛头更多地转向了日常生活领域和微观的社会实在领域，将日常生活里无数个细小琐碎的生活细节看作异化的发源地，这便大大地拓宽了异化理论的适用范围。在这个意义上，列斐伏尔异化理论是对马克思的异化理论的再发展，同时列斐伏尔也与马克思保持着高度的理论相似性，二人的异化理论都为其后来的资本主义社会批判理论奠定了基础。

第三，就价值认同而言，马克思的异化理论和列斐伏尔异化理论均发扬了人道主义精神，对现代人遭到资本主义社会异化了的非真实的生活这一历史社会事实展开了强烈的控诉。在这一方面上，马克思率先对资本主义社会制度发难，他的异化理论的根本落脚点在于异化的生活导致了人的异化，限制了人的解放，让人沦为生产机器。列斐伏尔在人道主义普遍觉醒的20世纪里同样发出振聋发聩的声音，那就是异化已经不再是某一个特定人群的生存困境，而是全体现代人的生存困境。

在马克思的异化理论中，无产阶级工人是被异化了的生活方式荼毒最深的一群人，他们一方面受到资本主义生产方式和资本家的压榨，另一方面还要忍受被商品包围和被“物”统治的悲惨命运。在马克思看来，这是一种非人道的生活方式，它代表了资本主义社会制度最隐秘而阴暗的一面。列斐伏尔不仅认同马克思对异化所判断的价值取向，而且他从根本上认为异化不只是无产阶级工人的命运，而是不分阶级、不分群体的全体社会成员的普遍命运。因为资本主义社会在20世纪开始向日常生活实施有系统的“殖民化”过程，日常生活成为了资本主义势力扩张的新领域。任何人都逃离不了日常生活，任何人都在日常生活里从事各种活动，而被异化了的日常生活必然会把异化的触手伸向所有人。因此从这个意义上来说，列斐伏尔在他的异化理论中坚持贯穿了马克思的人道主义思想，并且结合了资本主义社会的诸多新现象，将所有人都纳入到人道主义关怀当中来。这是异化理论的发展也是人道主义的发扬。

第四，就结果导向而言，二人的异化理论并不满足于单纯的理论建设，而是要指导实践活动，并且要求推动革命的产生来实现改造世界的目的。异化是资本主义社会的直接产物，反抗异化、对抗异化所施加给人的诸多消极性就是反抗和对抗资本主义社会的统治，从这个层面上来说，马克思与列斐伏尔既是异化理论大师，也是通过革命实践手段去探索终结异化、终结资本主义社会制度的革命实践者。

马克思就如何颠覆资产阶级的统治和实现共产主义社会这一重大历史革命任务切实地制定了可行的革命纲领：自《共产主义宣言》开始，具有马克思主义特点的革命纲领便已形成，之后在马克思主义思想的指导下，在世界范围内形成的反抗资本主义的革命运动席卷全球，改写了人类历史的进程。马克思主义思想所指导的革命实践是以资本主义社会制度为靶心、以终结资产阶级的统治为最终目的、以实现人类的彻底解放为最高理想的革命，而终结异化的存在同样是这场革命所计划的一部分。与马克思所领导的、主要发生在政治领域里的暴力革命相比，列斐伏尔设想的革命形式相比之下便温和得多。列斐伏尔倡导的是一场发生在日常生活领域内的文化革命，这场文化革命并不以资产阶级的统治为对象，而是以各种异化形式为对象，其目的就是尽可能地降低异化对现代人的影响，甚至是彻底消灭异化。因为在列斐伏尔看来，现代资本主义社会最大的矛盾之一便是人与异化之间的矛盾，即人想要占有自身全部的本质和得到彻底的解放的内在需求与异化束缚人、压抑人并将人统摄在资本主义社会制度内的外在干预之间的矛盾。因此，马克思的异化理论和列斐伏尔异化理论均呼吁一场可以指导实践活动的革命，以便实现理论的最高价值，即理论指导实践。

综上所述，列斐伏尔异化理论在研究方法、问题意识、价值认同和结果导向四个方面与马克思的异化理论相互呼应，呈现出一种复杂的、综合的、整体性的和多维度的顺承关系，其中既有继承也有发展。列斐伏尔异化理论的理论意义首先便是与马克思的异化理论构成了前后呼应的理论关系，这种关系保证了列斐伏尔异化理论在马克思的异化理论的影响和指导下，具有充分的理论真实性和理论效力，这对列斐伏尔异化理论来说是一种非常重要的理论保障。

二　推动了西方学术界的日常生活批判转向

列斐伏尔开启的日常生活批判是 20 世纪西方思想的一个重要转向，实现这一转向需要众多前提，但是这些前提中最重要的一个便是他对异化问题的深刻思考。异化成为列斐伏尔在通往日常生活批判的道路上的基石和导线。

列斐伏尔的研究视野的转变拥有三个大前提条件：

第一，正如胡塞尔在《欧洲科学危机和超验现象学》中指出的那样，欧洲的危机是一场文化危机，这场文化危机的根源在于 19 世纪末以来的实证主义科学所营造的理性主义与科学主义的假象，使现实世界与科学世界相互脱离。同时，过分强调科学方法的知识理论让形式与内容、本质与现象分裂，在这种科学氛围之下，追求形式而放弃内容的科学方法和思想倾向随处可见，这样的努力只会暴露理性主义思想的软弱和新神秘主义的胜利。面对这场文化危机，胡塞尔并非要让属人世界和科学世界相对立，然而实证主义科学观所导致的不健康的科学思想却在蚕食人类丰富的精神活动和文化资源。因此，胡塞尔提出要回到“唯一实在的，通过知觉实际地被给予的、被经验到并能被经验到的世界，即我们的日常生活世界”①。这个世界是意义与价值、形式与内容、实践与理论、对象与主体真正统一的世界，它超越了科学主义在经验与思想之间所留下的鸿沟，是科学与人的问题共在的世界。

第二，两次世界大战的主要战场均在欧洲，战争不仅消耗掉了欧洲自

① ［德］胡塞尔：《欧洲科学危机和超验现象学》，张庆熊译，上海译文出版社 1988 年版，第 58 页。

古典时期以来所积累的文明成果，更是让欧洲人的日常生活陷入水深火热的困境当中。物质生活和物质文明遭到严重破坏只是冰山一角，人们心灵遭受到的创伤难以修复，价值和意义的缺失让日常生活变成一片荒芜之地，研究如何快速恢复日常生活成为思想家和理论家的首要任务。列斐伏尔针对两次世界大战中所出现的各种神秘化进行了逐一分析，如法西斯主义和斯大林主义，提出了以“去神秘化”为纲领的批判之路，扫清阻碍人们重归日常生活的理论障碍，并努力开启日常生活的革命。

第三，列斐伏尔以资本主义制度下的异化现象为日常生活批判的根基，原因是在马克思所处的时代，异化的主要存在场所为工厂与车间，而到了列斐伏尔的时代，异化扩散到生活的每一个角落里。异化现象的普遍化背后的内在逻辑是资本主义制度的自律性强化和对日常生活的支配与掌控，在列斐伏尔看来，资本主义制度入侵日常生活是极其危险的信号，它表明了马克思式的革命失败并对新的革命形势提出了新的要求。在此基础之上，一味地强调“经济—社会”二元结构的理论范式需要转变，在传统的马克思主义研究对象即“经济—社会—国家”的结构里，列斐伏尔提出一个新的平台，那就是“日常生活”。因为传统哲学家和思想家的忽视，日常生活的丰富性和包容性远远没有被人们挖掘出来，列斐伏尔以独特的视角呼吁人们对这个平台给予足够的关注。

日常生活的概念从何而来？在这里我们不得不承认，列斐伏尔的日常生活概念是受到海德格尔的启发和影响，并与卢卡奇同时发现并重新定位了日常在哲学和社会学中的主导地位。海德格尔的存在主义哲学是寻求“在的意义”和“此在的生存结构”的哲学，因此他也对生活世界进行了深刻的分析，其目的是要找到此在存在之所谓痛苦不堪的根源。与胡塞尔的“生活世界”不同，生活世界即日常在海德格尔眼里看来是一个不信实的世界，他使用“日常生活”来说明此在的非可信的存在方式的特征。在《存在与时间》中，海德格尔提出“日常性”与“常人”的概念，在日常生活里，人们总是把此在看作与其他存在者类似的存在者，进而将此在融合到其他的存在当中，让此在失去了自身独有的特征和个性，受到他人和环境的约束，最后被彻底地吞没。就此，这样的存在方式催生出了常人。常人是人非本真的存在方式，他的生活是他人所期许的，也是可以被他人所替换的，所以常人是“中性的、平均化的、无人称的、不确定的人”。

由常人所构成的日常生活注定是异化的、被神秘化的和非本真的。海德格尔将矛头指向了日常生活，揭露日常作为种种假象和非真实的聚集地对人的本真状态所造成的严重侵蚀，人在日常中是注定要“沉沦”的。

列斐伏尔赞许海德格尔在分析日常性上所做出的杰出贡献，并公开表示自己欠海德格尔一份人情。不过与海德格尔不同的是，列斐伏尔不仅仅注意到日常生活异化的那个方面，他也积极地肯定日常是一切意义和价值的源泉，它不是非本真的，而是急需改造以匡正日常作为人类生存家园和精神家园的真实地位。此外，海德格尔是在古典形而上学的基础上展开对日常生活的批判的，所以它依然属于形而上学的一部分，然而列斐伏尔发展了日常生活的社会学。正如《日常生活批判》第二卷的副标题为“一种日常生活的社会学基础”所指出的那样，列斐伏尔不满足于纯粹的思辨性活动，他欲要搭建通往日常生活实践革命的桥梁，修复理论和现实之间的断层。

不论是想构建日常生活批判的社会学基础，还是在实践领域里实现日常生活革命的计划，列斐伏尔都需要一个切合实际的入口来打开这扇大门。在认识到海德格尔“日常性”和“常人”的概念之后，列斐伏尔意识到在形而上学里所描述的此在沉沦的状态在社会历史批判理论中所对应的就是异化。对异化的研究是进入日常生活批判的必经之路。在这个基础上，异化理论和日常生活批判之间便形成了一种客观辩证的内在关系。简单来说，列斐伏尔异化理论是其日常生活批判的必要理论前提：从日常生活批判的广度来说，只有总体的和全面的异化理论视野才能够为日常生活批判提供足够充分的理论素材与理论旨趣；从日常生活批判的深度来说，深入到现代社会多重异化维度的日常生活批判才能够深刻地揭露出在现代资本主义社会制度下的日常生活正在遭受着怎样的危机和磨难。因此，列斐伏尔的异化理论是日常生活批判的基础和前提，它也成为西方日常生活批判转向的有机组成部分，在推动西方学术界的日常生活批判转向的道路上，列斐伏尔异化理论发挥了重要的作用。

三　指认了空间与时间是现代资本主义社会异化的秘钥

资本主义社会的异化现象之所以存在是因为资本主义社会经济制度中特有的财产私有制，财产私有制是导致异化的根本原因。但是资本主义社会的异化现象是如何进一步延展并被保持下去的？换句话说，在日新月异的20世纪里，异化是否获得了某种新的力量和途径能够突破人们在传统的马克思主义社会批判理论中对其自身的认识，并且快速地实现了自己在新时代内的扩张，以一种更加隐秘的、更加难以被察觉的方式参与到社会秩序和人的生存境遇的改造之中？列斐伏尔试图找到对这一问题的解答，他认识到异化就像是社会的一种顽疾，无论人们付出多少努力都无法摆脱被异化支配的命运。在寻找答案的过程中，列斐伏尔将理论家独到的眼光投向了空间问题和时间问题，以及二者推动异化全面实现的内在机制。

空间和时间蕴含了现代异化的秘密，它们是从以下两个方面与异化发展出本质的关联性的。一方面，空间和时间是所有社会实在得以发生和存在的根本性场域，从发生学的意义上来说，所有有形的、无形的、物质的和精神的社会实在内容都逃不开空间与时间的塑造。在空间中，社会实在得到广延，在由空间所构成的无限维度中各种社会实在内容获取了存在的充分理由；在时间中，社会实在获得了发展的力量，从形式的变化到本质规定性的演进，时间给予了社会实在内容的全部内涵。因此，作为社会实在的异化现象必然要在时间和空间当中经历演化过程的各个阶段，时间和空间是分析、探究与透视异化的本质规定性的双重维度和路径。另一方面，空间和时间也受到社会实在内容的影响，人对二者的理解并非一成不变，社会构成要素的各种领域都会影响到人们对空间和时间的认知和态度。异化在空间和时间中获得了现代的异化形态，反过来现代异化反作用在空间和时间之上，让二者具有了异己的特征。所以，如果想要对现代异化展开深刻的剖析，那么如何理解异化与时间、空间之间的关系至关重要。总体而言，列斐伏尔让我们认识到异化和空间、时间之间的关系是辩证而多元的，它们处在一个双向的理论视域之下，从异化到空间、时间，再从空间、时间到异化，在这样的双向路径里隐藏着现代异化获取了顽强生命力的秘钥。

列斐伏尔对空间和时间的探讨是需要和异化的总体性问题域联系在一起的，反过来一种关于总体性异化的透彻性理解也是要建立在对空间和时间的全面透视之上的。那么异化是如何具体地与空间、时间发生关联的？或者说我们为什么一定要在空间和时间中发现现代资本主义社会异化的秘密呢？列斐伏尔从以下几点进行了尝试性的解答。

首先，从现代人的生存境遇和生存构境的角度来看，异化、空间和时间都与人的身体紧密相关，身体成为三者攫取的主要对象，一场面向身体的“殖民化”运动在现代资本主义社会里悄然进行。重新发现身体是现代西方哲学的一大贡献，以身体为尺度，围绕着身体去重构人类社会的图景是现代西方哲学家和思想家的重要任务之一。异化理论最早便关注了异化劳动对身体的塑造作用：劳动本质上是身体的行为，是身体自觉地按照美的规律去进行创造的行为，它从身体出发，是人的能动性和创造性的自我彰显；但是异化劳动却不是人自由自觉的行为，它产生于工厂和车间并以一种合理性的内在逻辑为方式强制人们劳动，进而利用分配不均的薪酬对工人的身体展开初步的管制，开始塑造工人的身体。工厂和车间约束工人的活动范围，流水线的劳动方式剥夺了工人的创造力，而身体被进一步地朝向工具化的形式加以改造。可以说，异化劳动最先展开面向身体的殖民活动。列斐伏尔并不满足于对异化劳动本身的分析，在他看来，异化劳动只是众多异化现象的一部分，然而异化作为一种总体性的社会实在内容，其普遍化的过程必然不能只依靠工厂内部对身体的操控来实现。因此，列斐伏尔将目光投向空间和时间，欲求在二者中寻找到与异化相互配合的、对身体展开更为彻底的宰制。

空间和身体之间最初构建的是隐喻的关系，身体也是人感知空间的最直接的来源和方式。身体处在空间当中，所以身体势必会受到空间的规约。在人与自然尚未彼此分化的时代，空间里既是一片混沌又包含着和谐的自然秩序，人对空间没有明确的认识，身体被自然空间所围绕；当人与自然相互分离之后，人利用身体去感知周遭的环境，用身体去丈量并改造着自己的生存空间，在漫长的岁月里，逐渐形成了绝对空间；而在资本主义社会的时代，作为生产资料形式之一的空间开始捕获身体，身体与空间的平衡关系被打破，抽象空间把人的身体单纯地视为维持自身自我生成的管道，身体最终被空间剥夺。

时间对身体的宰制显得就更加直接，工业社会下的线性时间制重塑了身体对节奏的感知，打乱了自然节奏和宇宙节奏对身体千百年来的支配。身体的自然属性在慢慢消失，除了必要的生理活动之外，现代资本主义社会里的人的身体越来越不像是自然物，而是人造物。线性节奏改变了身体的自然循环机制，首先发生改变的是身体对昼夜交替的感知，然后是身体在日常生活中的行为模式，这些都是按照一个合工具理性的内在逻辑去实现的。身体在这样的节奏里经历着原本并不属于自己的生活，这种生活是工业社会和资本主义社会强加给身体的。所以，空间和时间在资本主义社会里相互谋和，它们盯住的对象不仅是身体，更是身体背后所指涉的人的生命经验。在空间和时间的无限平台上，以身体为核心所布展的操控手段形成了一个严密的体系，它与异化之间的配合让现代人无处可逃，恶化了现代人的生存境遇。

其次，从社会整体的秩序性构建的角度来看，空间和时间体现出均质化的、单向度的和可重复性的特点，在这种空间和时间的作用下，整个社会趋向于向单一维度的方向发展，社会实在的丰富性和多维性遭到破坏，这也符合异化所呈现出的本质规定性的特点。从马克思总结出的四个异化本质规定性入手，我们发现异化会导致一种僵化的社会生活和社会样态，在异化的资本主义社会中，人与物、人与自然、人与自身和人与人的关系都是可以被预见的，或者说是被规定的。异化暗示了这样的一种社会：这个社会只有肯定，没有否定，更缺乏革命性和反抗力量，异化保留了一种固定的社会生活而将其他不同类型的生活方式都排挤到边缘地带。也是在这个意义上，异化制造了无数的矛盾，这些矛盾彼此制衡，相互撕扯，但却又被一股具有统一性的塑造能力的力量整合在资本主义社会制度的框架之内，列斐伏尔指认这股力量便是空间和时间。空间和时间就像纵横展开的坐标：横向上，现代资本主义社会的抽象空间规定了现代人的活动范围，空间被分割成彼此之间无法互通的碎片，并且又被等级化地编码在同一个体系中，如此现代人只能在相对来说较为固化的社会空间里展开自己的生存活动；纵向上，时间和节奏支配了现代人的生命经验，在一个更加广阔的领域里，节奏对人的宰制更体现为对人的全部生活过程的改造，线性时间制从根本上约束了人的生理活动，进而重塑了人对生命节奏的感知。在列斐伏尔看来，这一切都大大加深了异化的程度和深度，异化也利用时间和空间这两个平台进一步扩展了影响和势力。

最后，异化不仅仅是一种已知的社会现象，伴随着异化而来的还有一系列社会化的规范，即异化的规范。这一系列规范的目的在于使无论是作为社会化的人还是日常生活中的人都要符合由异化所主导的社会章程与生活原则，让自己可以融合在社会群体之中。此类规范还被理论家们称为规训，它是一种隐性的奴役机制，现代规训的最终目的就是让人自觉地遵守纪律，将外部的束缚内化成为自我管制。尽管规训并不完全等同于异化的规范，但是却和异化的规范有着深刻的辩证关系，异化的实现在很大程度上依靠的是社会化规训的实现。现代异化的规范同样借用空间和时间两大领域为手段，在其中布展面向全体现代人的自拘性规训。如上所述，抽象空间规定了人的活动范围，在其中人与人的社会关系自我生成，展现出难以扬弃的规定性；线性节奏规定了人的生命经验，破坏了人对宇宙、自然和自身的感知，从而变成机械化的、重复性的和无人称的存在，主体性受到严重的损害。在社会化规训的层面上，异化和时间、空间再次合作，空间和时间把异化的规范伸向现代社会的每一个角落。

列斐伏尔发现空间、时间与异化之间的媾和是列斐伏尔异化理论的一大特点，他既深化了异化的社会学维度，也加强了异化的学理性强度。异化在列斐伏尔那里从来不单单是社会学的或哲学的问题，而是一个复杂的人类社会现象综合体。对异化的社会现象的理解与透视需要不断地突破原有的理论框架，从一种更加多维度的视野出发，从与时俱进的时代精神出发，人们才不会僵化地看待异化。在这种意义上，列斐伏尔创造性地在时间和空间中发现现代资本主义社会异化的秘密，这推进了异化理论的长远发展，也拓展了异化的问题域。

四 辨别了现代总体性异化是一场文化危机

异化所导致的后果是多种多样的，在对不同类型的异化进行分析之后，列斐伏尔指出资本主义社会的总体性异化最终会导致一场文化危机，而一场永久的文化革命便是对这场危机的直接回应，也是这场危机的根本需要。总体性异化所产生的文化危机是列斐伏尔对异化问题的独特洞见，在面对发达的工业社会和资本主义社会时，列斐伏尔清醒地认识到这表面的繁荣之下隐藏的实际上是一潭死水：“我们今天的社会获得了活力动态的美名，而实际上它在工业化和城市化之间的无人区里停滞不前，在这里，工业扩张和经济扩张依然被看作是宗旨，而真正的目标被当做成偶然的和不确定的。”① 社会的停滞被超越和进步所粉饰，各类意识形态将现代

---

① Henri Lefebvre, *Everyday Life in the Modern World*, trans. Sacha Rabinovitch, New Brunswick and London: Transaction Publishers, 1984, p. 195.

社会包装成人类历史所经历的最美好的时代，乌托邦主义的盛行，神秘主义、经济主义、技术主义等主义的甚嚣尘上，在这些声音的吵闹中，真正的价值、创造与自由却默然无声。

无论是人的生存境遇的异化，还是社会构序的异化，这些异化类型所形成的总体性异化共同指向了一种文化的异化，即在一个排除了其他可能性的社会里所经验着的工业化和城市化的私人生活和公共生活，除了这种生活之外，其他类型的生活都被排挤到神秘的、晦暗的和不够“文明”的缝隙里。如此，文化的多元与丰富被粗暴地消解，文化也被分裂成两部分——主流文化和非主流文化，与此同时精英文化和大众文化的界限变得模糊不清，大众文化逐渐地吞没了精英文化，产生了发达的文化工业。这种文化工业是总体性异化的综合展现，列斐伏尔指认到，文化是超越于个人、群体、专业化生活和日常生活之上的社会要素，一个社会的文化形态决定了这个社会中的人经历着怎样的生活，决定了他们如何思考、工作、休闲、娱乐和消费。而现代资本主义社会是一个被大众文化所操控的社会，列斐伏尔所指认的文化的异化本质上也是这种大众文化。

对现代资本主义社会的大众文化异化展开最为彻底的批判的当数法兰克福学派，借助法兰克福学派的研究成果，我们对大众文化的消极方面有了较为深刻的了解。大众文化是工业化进程发展的必然结果，本质上和工业社会有着相同的内在逻辑，它与生产概念关系紧密，简单来说，大众文化是工业化生产的产品，这从根本上否定了文化的本质内涵。

首先，以文化中最为典型的代表——艺术——为例，艺术是人自觉自由的创造，是人的自我和个性的完美体现，在艺术中人追求着精神的绝对自由，摆脱社会所赋予他的职责与标签，从而实现真实的解放。然而大众文化却把艺术变成自己的附庸，通过流水线式的文化生产，艺术产品不再具有充分的创造性和超越性，它也无法完成本该属于它的解放任务。在众多的艺术产品中，人们感受到的是冰冷的设计和技术的炫耀，人作为充分的主体在其中却是不在场的。

其次，人的不在场让人面对大众文化的时候处于劣势地位，人被迫消费各种文化产品，他们的手中被强行塞满了经过精心设计之后的产品，但是这些产品却又不属于他们，而是发达的文化工业的一个陷阱。人是被动地消费大众文化产品的，同时还伴随着各种痛苦而消极的心理状态，因为这些产品非但不能满足消费者对高级精神生活的追求，还会进一步加剧消费之后的空虚，从而刺激他们更加依赖大众文化。

最后，从刺激需求到主动消费，大众文化最终实现了对人们的控制，这种控制表现在两个方面：一是生活方式的控制；二是思想的控制。从这个角度出发，我们触碰到大众文化所代表的文化异化具有的最危险的方面，那就是它是一种被设计好的、被规定好的生活，在这样的生活里，文化变成了人们最大的敌人，但是文化本应该是人对抗资本主义社会所提供的僵化的日常生活的有力武器。这是现代资本主义社会的悖论，也是现代人所面临的共同命运，任何人都逃离不了文化的影响和塑造作用，文化决定了人如何生活、人生活得是否幸福以及社会前进的方向。

在此基础上，列斐伏尔认为总体性异化就是一种文化的异化，这与西方马克思主义其他思想家的观点有着高度的相似性。例如，马尔库塞认为发达的工业社会最严峻的社会问题便是工业社会的意识形态问题，而意识形态问题归根结底是文化的问题；霍克海默和阿多诺对文化的批判最直接，他们认为工业社会的大众文化造成的后果是不可逆转的，整个社会被笼罩在大众文化的阴影之下，现代人无力摆脱它所带来的消极影响；弗洛姆则是从心理学的角度出发，更加深入地讨论了此类文化导致的人的心理问题，人们逃避自由，而社会也变成了不够健全的社会。但是与这些思想家不同的是，列斐伏尔并不把文化局限在某个特定的专业化领域内，它可以是意识形态、大众文化和心理学，但是它不完全等同于它们。列斐伏尔从更为广阔的视野对文化展开考察，他认为文化首先是在社会化规约下形成的生活方式，然后才是各种专业化知识的研究对象。因此，文化的异化也就在最大限度上囊括了其他不同类型的异化形式，也等同于总体性的异化。所以，关于如何克服和扬弃文化异化的问题，列斐伏尔既没有表现得像法兰克福学派者那么悲观，同时他也认识到这将会是一场漫长而艰难的斗争。

尽管列斐伏尔没有像马克思那样制定出具有充分可操作性的革命实践纲领，但是至少他在文化的层面上、在生活方式的层面上尝试性地提出了“软性”的理论指导意见。他呼吁我们自觉自发地展开一场持久的文化革命，这场文化革命不仅包括了经济革命和政治革命，最为重要的是它要求人们将革命的对象恢复到主体的内在维度中来，要求关注我们的身体、精神、生活和相关的意义与价值，这是一种需求更高的革命形式。在这种革命需求的推动下，文化的异化和总体性的异化才会有可能被克服，而一种新的生活也要通过这样的革命方式才有可能被实现。

第二节　列斐伏尔异化理论的理论影响与理论贡献

列斐伏尔异化理论自诞生之初便是西方马克思主义理论的重要组成部分，其理论的影响力主要表现在两个方面。首先，列斐伏尔作为西方马克思主义的重要思想家，他与其他著名的西马思想家共同构筑了一个关于异化问题的全面的理论体系，而列斐伏尔异化理论是这个理论体系的重要环节。其次，列斐伏尔通过对异化的总体性批判开启了其他重要的社会学哲学研究领域，其中以消费和空间两大问题域为主要内容，深刻地影响了一些后现代主义哲学家。除此之外，列斐伏尔异化理论的理论贡献也在多个方面得以体现，特别是列斐伏尔重新发现异化的历史作用并且客观地指认了异化的历史地位。因此，从以上两个方面出发，我们可以相对准确地在西方思想史中定位列斐伏尔异化理论的理论地位，概述其理论的影响力。

一　对西方马克思主义的影响

列斐伏尔在西方马克思主义流派中的地位是极为重要的。就异化理论而言，西方再无其他思想流派能与西方马克思主义相媲美，该学派的众多思想家从现代资本主义社会的各个领域出发，就异化问题展开了全方位的考察与批判。列斐伏尔和卢卡奇、马尔库塞、哈贝马斯、阿多诺、霍克海默、弗洛姆等人一起堪称西方异化和物化理论的思想大师，他们既是马克思的继承者也是异化理论的推动者。总体而言，西方马克思主义异化理论主要探讨的异化形式包括交往异化、文化异化、技术异化、日常生活异化、消费异化、政治和意识形态异化等方面，覆盖了资本主义社会现实的宏观领域和微观领域，列斐伏尔的异化理论主要集中在日常生活异化和社会的微观领域。正是这种独特的异化问题视野让列斐伏尔异化理论大放异彩，在西方马克思主义异化理论发展的历史轴线里，列斐伏尔既与其他的思想家之间产生了共鸣，也使得日常生活异化批判与其他的异化批判相互映衬，并昭示了西方马克思主义思想未来的发展走向。

列斐伏尔的异化理论对西方马克思主义的理论贡献需从以下两点来理解：

第一，列斐伏尔和卢卡奇不谋而合地把对异化问题的研究转向了日常生活，将日常生活视为异化和物化的终极场域。卢卡奇在《审美特性》的前言中指出："人在日常生活中的态度是第一性的，日常生活领域对于了解更高且更复杂的反映方式虽然极为重要，但对它尚未充分研究……人们的日常态度既是每个人活动的起点，也是每个人活动的终点。这就是说，如果把日常生活看作是一条长河，那么由这条长河中分流出科学和艺术这样两种对现实更高的感受形式和再现形式。"[①] 等到其晚期作品《关于社会存在的本体论》时，卢卡奇明确提出："异化和反异化的斗争只能主要在日常生活中进行。"[②] 可见日常生活在卢卡奇的思想体系中的重要性。

但是列斐伏尔承认他向日常生活进行理论转向是受到海德格尔"日常性"概念的启发，并非是源自卢卡奇本人。当有人向他提问日常生活批判与卢卡奇之间的内在关联性问题时，他表示他对此并不知情，二人对日常生活的共同关注纯属一个巧合，但是巧合里却包含着必然性。这种必然性就是时代的社会实存的改变和时代精神的变迁，也就是胡塞尔所提出的"欧洲文明危机"和"生活世界"的概念。在此基础上，同为西方马克思主义流派的两位哲学家均号召人们回归日常生活，指出日常生活对艺术、科学、哲学、精神活动和意识形态等更高级的人类活动形式的基础性作用，同时也影响了其他哲学家对日常生活的重视。

东欧新马克思主义的代表人物阿格妮丝·赫勒于 1968 年出版了代表作《日常生活》，一方面，这本著作是赫勒接续其老师卢卡奇的研究方向，对日常生活进一步展开深入讨论；另一方面，赫勒对日常生活的分析与解读与列斐伏尔的日常生活批判有着千丝万缕的联系，它们都建立在思想家们对异化问题的再思考之上。"经典马克思主义理论中所说的异化逻辑渗透到日常生活领域，日常生活正在遭受着异化的统治，这引起了列斐伏尔

---

① ［匈］卢卡奇：《审美特性》，徐恒醇译，中国社会科学出版社 1986 年版，第 9 页。

② ［匈］卢卡奇：《关于社会存在的本体论》（下卷），白锡等译，重庆出版社 1993 年版，第 121 页。

和赫勒等学者的广泛关注。”① 因此，在日常生活中发现异化、在异化中重新审视日常生活是列斐伏尔带给西方马克思主义的重要启示。

第二，列斐伏尔系统阐述和研究了日常生活异化，当数西方马克思主义日常生活异化研究的第一人。日常生活异化构成了西马总体性异化批判理论的重要一环，它与其他类型异化的研究相互补充，彼此印证。列斐伏尔的日常生活异化批判具有非凡的价值，从历史横向的角度而言，它从以下三点揭示了日常生活异化批判对西方马克思主义异化理论的意义。

首先，日常生活异化批判填补了西方马克思主义异化理论的微观领域的异化研究，它着眼于现代人的日常生存空间和生活方式，着眼于人们日日夜夜所经历的那些最琐碎的、最不易被察觉的点点滴滴，在微观领域里寻找资本主义社会得以幸存的真相。

其次，日常生活异化批判从根本上分析了现代性危机和资本主义社会制度对人的生存境遇所造成的压抑和负面影响，相较于其他类型的异化研究，例如消费异化和技术异化，日常生活异化完全面向的是人的生命经验的全部领域。在这个领域里，人类世界里的高级活动都要复归到日常生活里接受检验，而那些由专业化的知识所构建起来的专业化的活动只是现代人所经历的总体生活经验的一小部分。列斐伏尔认为，想要了解异化的复杂性和现代人的真实遭遇就一定要展开对日常生活异化的细致分析，因为最具有威胁性的异化形式就隐藏在日常生活里。

最后，日常生活异化批判体现了马克思主义的人道主义关怀，对日常生活的关注是马克思主义的人道主义的开端。列斐伏尔认识到马克思主义留给人们的真正价值不止停留在对资本主义社会机制的各种批判上，他指出马克思主义的人道主义体现在它利用哲学的方式从抽象的社会批判理论转向了具体的社会现实内容，它观照的是人如何更好地生活。

综上所述，列斐伏尔与其他的西马思想家一道，共同发现了日常生活在新世纪里其理论地位的转向与改变。此外，日常生活异化批判是西方马克思主义总体性异化理论的一个不可或缺的环节，它与其他类型的异化批判相互配合，为 20 世纪的现代人摆脱异化的生活提供了宝贵的理论建议。

---

① 武胜男：《列斐伏尔与赫勒日常生活批判理论比较》，《学术交流》2017 年第 4 期。

二 对后现代主义哲学的影响

尽管列斐伏尔本人坚称自己是坚定不移的马克思主义者，但是在他的思想中已经展露出后现代主义哲学的某些特征和理论话题。有的学者认为，列斐伏尔是一名处于向后现代主义进行过渡阶段的思想家，他继承了马克思主义哲学的遗产，并在其思想谱系中开拓了新的研究领域。这些研究领域和后现代主义具有很高的互文性，它们直接地或间接地成为后现代主义哲学的研究对象。其中，消费和空间这两大主题成为后现代主义哲学备受青睐的焦点，消费异化和空间异化作为现代资本主义社会众多异化表现形式中最为惹人注意的两种异化，它们所造成的理论影响力是不容忽视的。

鲍德里亚在《消费社会》中敏锐地观察到，现代消费已经形成一种严格控制人与物之间的关系的“暗示意义链”，以往人对物的消费已经变成了人对符号的消费。“橱窗、广告、生产的商号和商标在这里起着主要作用，并强加了一种一致的集体观念，好似一条链子、一个几乎无法分离的整体，它们不再是一串简单的商品，而是一串意义，因为它们相互暗示着更复杂的高档商品，并使消费者产生一系列更为复杂的动机。”① 这是一种消费的意识形态，该意识形态已经成为现代资本主义社会的显性特征。对这种意识形态的形成与发展，列斐伏尔在《现代世界的日常生活》中进行了较为详细的论述。列斐伏尔指出，现代社会是控制消费的科层制社会，“消费”从生产的环节中一跃而起，它取代了生产，成为具有核心地位的社会实践。与此同时，消费所主导的不只是人与物之间的购买活动，它更是构建了一个关于流行的符号体系，这些符号是社会化的假象之地，它们颠倒了人们日常生活中的真实内容，将非真实变成了真实。鲍德里亚继承并发展了列斐伏尔对消费社会的批判，他进一步深入指出支配现代资本主义社会消费的是由符号话语所制造出来的结构性意义和符号价值，而非商品的使用价值。而符码操纵和制造消费是资本主义社会统摄现代人的新武器。在此基础上，鲍德里亚基于马克思的商品拜物教理论发展了符号拜物教理论，“着力澄清消费社会中人类的确定性追求如何衍生成符号拜物教

① ［法］鲍德里亚：《消费社会》，刘成富、全志钢译，南京大学出版社 2014 年版，第 3 页。

的形而上学魔影”[①]。因此，列斐伏尔的消费异化和消费社会理论为鲍德里亚后来的社会学批判奠定了必要的理论基础。

列斐伏尔的空间生产理论从另一条路径出发，指明现代资本主义社会空间化转向的历史转型。大卫·哈维受到列斐伏尔的“三元空间辩证法”的启发，提出了自己的三元空间辩证法，并重新对马克思在《资本论》中所提出的“三种价值”进行空间化社会批判理论的解读。哈维认为，马克思提出的三种价值在本质上是和资本主义的三种时空类型相吻合的：“第一，使用价值是在‘绝对时空’（absolute space and time）的意义上被理解的，指称现实客观世界具有使用价值的自然时空或物质时空，如机械工具、房产等；第二，交换价值在‘相对时空’（relative space-time）的意义上来理解，被用来表示资本主义生产流通和商品交换过程中的相对空间与时间的形式，因而就不是绝对的，而是跨越的、互动的时空；其三，价值概念本身在‘关系性时空’（relational space-time）意义上被理解。抽象的价值一般，也就是马克思所说的‘价值形式’，指称人的物质关系载体所承载的、既客观存在又非物质性表达的空间，它隐藏在物的社会关系背后而成其自身，是更加灵活复杂的全息空间。”[②] 哈维通过空间化社会批判理论重新捍卫了马克思在《资本论》中以历史唯物主义和辩证唯物主义为指导所确立起来的对资本主义社会鞭辟入里的社会学哲学批判，与此同时，他更进一步地结合了城市地理学的视角指出资本主义社会发展不平衡的原因，而正是这种流动的空间而非固化的空间让资本主义在危机中得以幸存。不难看出，列斐伏尔的空间理论为哈维提供了宝贵的思想支持，二者的空间理论具有“家族相似性”，哈维对列斐伏尔的空间理论既有继承又有超越。

对于列斐伏尔全部的社会学哲学批判理论而言，无论是消费异化还是空间异化，它们都是极具列斐伏尔本人特色的批判理论。一方面，列斐伏尔把握到资本主义社会发展的现实脉络，在这些发展中寻求新的变化；另一方面，列斐伏尔消费理论和空间理论对鲍德里亚和哈维的影响也显示出

---

① 王荣：《鲍德里亚符号拜物教的存在论阐释》，《天津社会科学》2018 年第 3 期。

② 刘怀玉、张一方：《从政治经济学批判哲学方法到当代空间化社会批判哲学——以列斐伏尔、阿尔都塞、哈维与吉登斯为主线》，《学术交流》2019 年第 3 期。

其优秀的理论创造力和生命力，也从侧面证明了西方马克思主义的批判方法与批判精神的正确性。

三 理论贡献

毋庸置疑，列斐伏尔的异化理论在很大程度上顺应了时代的发展要求，他同其他的西方马克思主义哲学家一样，认识到忽视异化存在将会带来的严重问题，以及异化在马克思之后的资本主义社会里以更为复杂的面貌出现在人们的视野中，这需要思想家们重新思考异化的内涵、作用、意义和价值。在此基础上，列斐伏尔异化理论具有一定的启发意义，其独特性也呼之欲出。

1. 重新定义异化在人类社会历史发展过程中的作用和地位

列斐伏尔异化理论最为突出的特点之一便是列斐伏尔重新确定了异化这一独特的现象在人类社会发展进程中所扮演的角色和发挥出的作用。受到马克思异化理论的影响，西方马克思主义的众多异化理论具有一个普遍的理论前提，那就是人的本质本来有一个完满的整体性，人本应该以全面的手段占有人的全面的本质，但是异化却成为这个过程中难以翻越的大山，异化是横在人实现“总体的人”这一伟大的历史形象和任务之前的障碍。因此马克思以降的哲学家和社会学家对异化普遍采取了以下的态度，那就是将异化视为“公敌”，对其展开激烈的批判，并努力而积极地寻找扬弃异化的具体手段和方式，而异化在这些思想家的理论体系中也通常体现出否定性的和消极性的基本面貌。此类的理论态度本身无可厚非，现代资本主义社会确实遭受着异常活跃的异化的煎熬。特别是两次世界大战对欧洲理性主义文化的摧毁，一时之间使人们失去了反抗异化的有力武器，这导致了异化从经济领域向其他社会领域的蔓延。新的社会秩序等待重建，人们期待新生活的降临，而为了迎接新生活的到来，人们向旧世界的遗毒宣战。经济、政治、国家、文化、消费、生存、交往等社会构成要素在异化批判的视域下都要接受人们一一的检验和审查，思想家们像法官一样把关乎个体生存和群体生存的诸多社会要素带到异化的法庭上加以审判。因此每当人们提到异化，它首先在人们头脑中浮现出的便是异化如洪水猛兽般的异己形象。

但是异化仅此而已吗？马克思在《1844 年经济学哲学手稿》中对异

化的本质规定性的描述和在《资本论》中对经济拜物教的分析仅仅是为了提醒人们异化的存在以及阐述异化对人类的生存构境和社会的普遍秩序的强大破坏力吗？除了分析、总结和警示的作用之外，马克思的异化理论一个容易被人们所忽视的关键作用即是马克思借由异化概念确定了社会运动和革命斗争的具体对象，即以异化劳动为基础的财产私有制，同时也根据被异化的人的形象描绘了“总体的人”的未来图景。以异化为助力，马克思为人们展现了一个动态的社会，指明了压抑人生存的外部动因和人自我异化的内在自反性；更重要的是，异化推动了社会的变革，不论人们是有意识还是无意识，社会革命的最初出发点均是最不惹人注意的异化形式。列斐伏尔同样认为，社会革命的爆发不是一场突发事件，每一场革命的源头都是一种起初尚未被人们所认识到的“不满足”，这种不满足会在一段漫长的时间内孕育着一系列社会性的连锁反应和蝴蝶效应，最终形成一场席卷全社会的革命运动。而这个不满足的起点就是异化。因此，异化成为了社会革命运动的契机和源点，从这样的意义上来说，异化是人类社会历史进步的动力之一。

列斐伏尔探索异化的形成原因、表现方式、扬弃途径、在具体实践中对异化理论的应用以及异化对人的本质的塑造作用。他看重异化的社会性和人通过异化来确定自我的功能性：“没有某种确定的异化就没有社会的关系。每一个人只有通过他的异化并在其异化之内才能社会化地存在，就像只有通过他自己的匮乏和在自身的匮乏之中，他才能成为自己。”① 另一方面，列斐伏尔也清楚地意识到异化不仅仅是一种破坏力量和消极因素，它也同样孕育着诸多可能：“我们特别关切的事物将会从消极的因素中提取出那些鲜活的、崭新的和积极的东西，而这些消极的东西就是‘异化’。”② 异化孕育着新生事物，这是列斐伏尔对异化的独到见解。

关于异化可以催生并引产出新生事物的观点，列斐伏尔在《日常生活批判》第一卷中使用大量的篇幅进行阐述。对列斐伏尔而言，马克思的劳动异化只是人类更大的、整体的、综合的异化中的一个方面，生产力的发

---

① Henri Lefebvre, *Critique of Everyday Life*, *Volume I*, *Introduction*, trans. John Moore, London and New York: Verso, 2008, p. 15.

② Henri Lefebvre, *Critique of Everyday Life*, *Volume I*, *Introduction*, trans. John Moore, London and New York: Verso, 2008, p. 42.

展在与科技具有结构性的关联的社会关系中是产生后果的，马克思的劳动异化理论和工人异化理论比较详尽地论述了这种异化和后果。不过人类面对的不仅是这种单一的异化，可以说，人类的历史就是一部异化的历史："我们在某个发展阶段上重构一个历史的、个人的和人类的真实图像，即异化和反异化的某个舞台。"① 历史展现出一系列光怪陆离的事件和事实，人类创造了制度和观念，而制度和观念是沉闷的、排他的，相互矛盾亦相互破坏，当它们要被扬弃的时候就必须要去毁灭它们；与此同时，制度和观念又是发展不可或缺的体现，也是人类实践活动和人类力量获得实现的不可缺少的体现。这个矛盾是人类历史内在的固有矛盾，只有普遍的异化理论可以做出解释。起初的时候是盲目的，而后又越来越自觉。在普遍异化的范畴内，列斐伏尔认为，异化在哲学上能够定义成为"客观化和外在化的一种简单但却二元的运动，也是实现与非实现的运动"。而异化所产生的历史进步推动作用也体现在异化的独特运动里："障碍、令人心烦的困难、焦虑不安、无法解决的问题、处于爆发顶点的矛盾，这些都是进步的运动"，"积极就是消极，但是最消极的也是最积极的"。②

由此看来，异化与历史的进步发展组成了一种微妙的关系，这样的辩证运动也是辩证唯物主义的精髓所在。新生事物是否都属于进步的范畴还需要时间和经验对其进行反复考察后才能做出价值上的判断，但是新生事物包含了进步，这一点不可否认。异化作为人的本质结构中的一部分，无论是它的创造性力量还是毁灭性倾向都与人的本质息息相关。人并非消极地顺应环境和条件的制约与局限，在漫长的历史过程中，人类克服并战胜了一次又一次的危机，闪烁出伟大的人性光芒。如果异化不是人类发展中所遇到的阻碍，反而是人类进步的动力之一的话，那么将异化扬弃并从中寻觅到前进的要素的原因就一定隐藏在人的本质结构中。

列斐伏尔的异化理论没有将异化直接置于"断头台"之下，没有给异化直接扣上"死刑犯"的帽子，相反他是在人类具体的社会历史中辩证地看待异化本身，在社会辩证的运动中重新思考异化的本真价值。列斐伏尔

---

① Henri Lefebvre, *Critique of Everyday Life*, *Volume I*, *Introduction*, trans. John Moore, London and New York: Verso, 2008, p. 40.

② Henri Lefebvre, *Critique of Everyday Life*, *Volume I*, *Introduction*, trans. John Moore, London and New York: Verso, 2008, p. 71.

认为，与其一味地否定异化、一味地想要终结扬弃异化，我们首先应该认识到的是异化内部所蕴含的肯定性和积极作用：异化是一个永久的辩证运动，异化衍生出进步与发展的对偶物，那就是“异化—去异化—新的异化”。社会的进步并非一蹴而就，社会进步的实现也是从其非实现开始的。异化便是社会进步的非实现，这样的非实现即为解体、毁坏和否定，而社会进步的实现就要通过它们来完成。“障碍、令人心烦的困难、焦虑不安、无法解决的问题、处于爆发顶点的矛盾，这些都是进步的运动。”① 所以列斐伏尔断言，“积极就是消极，但是最消极的也是最积极的”②。

就此，异化在列斐伏尔异化理论中获得了截然不同的理论价值：它纵然体现为社会各个领域内相关要素此消彼长进而陷入不平衡状态的综合性表征，它纵然看上去是某一种不可逆转的单向度社会运动，但是异化的本质却是异常活跃而复杂的。如果我们采取冷静而客观的态度去审查异化，我们将会看到异化诸多面相中最容易被人们忽视的那些面相：作为重构者的异化，作为检察官的异化，作为人类生存构境和社会历史常态的异化，作为社会历史前进与发展的动力因之一的异化。

2. 将异化理论的主要视域从社会宏观领域转向社会微观领域

异化的复杂性和多样性导致了异化的全貌难以被人们全面地掌握，因此思想家们的异化理论哪怕是再详尽、再细致也会有所侧重。列斐伏尔倾向于更加关注人类社会微观层面和领域内的异化，以日常生活为主要研究对象。

西方马克思主义的诸多学者在基于现代资本主义社会这个大背景下探讨了异化生成的可能性土壤、异化的各种表现以及其带来的各样危害，在这个过程中他们往往从宏观的视角对异化的本质规定性展开激烈的讨论。例如生态马克思主义者便将异化、生态危机、资本主义的政治制度和经济制度联合在一起，置于同一个理论问题域之下加以研究与考察，指认以现代城市为主的新型生态和以自然为核心范畴的自然生态之间的矛盾和冲突。他们认为现代资本主义社会的生产方式、异化的消费方式和异化的生

---

① Henri Lefebvre, *Critique of Everyday Life*, *Volume I*, *Introduction*, trans. John Moore, London and New York: Verso, 2008, p. 72.

② Henri Lefebvre, *Critique of Everyday Life*, *Volume I*, *Introduction*, trans. John Moore, London and New York: Verso, 2008, p. 72.

活方式都对脆弱的自然生态环境造成了不可逆的破坏和压力，这是源于一种病态社会的现实后果，该流派的异化理论是将异化置于生态危机、资本主义社会的政治经济危机和人的生存困境三个宏观方面中加以探讨的。

再如马尔库塞根据技术理性的逻辑指认技术的突飞猛进和跳跃式的发展对现代社会及现代人的荼毒。他认为现代技术的发展为人们提供了相对舒适和富足的生活环境，但是在这个过程中也形成了现代工业社会的普遍意识形态，那就是现代工业社会取消了作为个体的人的主体性，趋向于一维的社会，是一个没有“反对派”的社会。在这样的社会里，没有否定性，只有肯定性，而技术理性的合理化取代了社会的其他理性与价值，这便导致了整个社会朝向一个单向度的方向前进，最终产生极权主义。马尔库塞视技术异化、社会的总体性异化、意识形态的异化和人的生存异化具有同源同构的结构，而这些异化存在的基础也是工业社会的宏观场域。

相较之下，列斐伏尔把异化聚焦在日常生活的微观场域内，他指出对异化进行微观研究的传统始于马克思本人。马克思正是以日常生活中最习以为常的事物入手来对异化展开深刻剖析的，那就是商品。商品环抱着每一个人，在现代社会里，谁都离不开商品，曾经家庭作坊式的自给自足的生活已经成为过去，取而代之的是以大工业生产为主要手段的商品社会化生产。小到厨房里的一包糖，大到街道上奔驰的汽车，现代人在日常生活里所需要的一切都是商品。因此，商品也催生了最为普遍的异化形式，尽管在马克思之前这样的异化形式是极为隐蔽的，因为人们生活在其中，反而不容易察觉。列斐伏尔继承了马克思独特的异化微观视域，虽然异化是总体性的异化，它渗透到社会实在整体性的方方面面，比如上层建筑和政治经济生活，但是最具有威胁性的异化还是那些隐藏在日常生活之中的、人们自认为最熟知的生活内容里。

“熟知非真知”，列斐伏尔不止一次用这句黑格尔的名言来警示现代人，我们习以为常的日常生活并非它看上去的那个样子。列斐伏尔认为，马克思对异化所展开的微观视域的分析只是一个开始，除了商品，其他更为抽象的却和人们息息相关的社会生活内容同样包含着难以扬弃的异化，它们就像人们呼吸的空气、饮用的水一样环绕在四周，对列斐伏尔来说，这些异化相较于上层建筑的异化更加危险。现代人的生存空间、都市、街道、意义与信息得以传递和交流的语义场、身体所经历的线性节奏、无休无止的信号体系、来自全社会向人的生存境遇所施加的规训等，这些都是资本主义社会在新的历史时期里所形成的新的异化形式，而这些异化形式都存在于一个共同的基本场域，那就是日常生活。它们都是微观的、隐性的和潜在的，人们不知道该从何处去反抗它们，也不知道该如何反抗。这便是微观领域内的异化让人最为棘手之处。

3. 从历史性和现实性的角度去客观而辩证地指认异化的绵延与广延

列斐伏尔异化理论的另一个理论贡献是其对微观层面的异化现象进行全方位的考察之后的再发展。列斐伏尔敏锐地认识到，异化并非像有的思想家理解的那样，只是人类社会历史发展的特有现象之一，人们最终会将异化扬弃。这种观点在列斐伏尔看来是过分地乐观了。无论是在量上还是在质上，异化所展现出的威力和本质规定性都极为复杂而多维，难以测度；更为重要的是，现代资本主义社会所遭遇的异化是“全面的异化”和“总体性的异化”。

关于如何理解全面的异化和总体性的异化，列斐伏尔从两个方面给予了阐述。

一方面，从历史性的角度来说，列斐伏尔并不认为异化是资本主义社会的特有现象，异化存在的历史远远早于资本主义社会的诞生，不过异化确实是在资本主义社会的历史时期内达到了非常严重的程度，但是这不足以证明异化就是资本主义社会特有的产物。此外，列斐伏尔还指出马克思并没有明确规定一个确定的历史时间点来作为异化终结的标志，如此泾渭分明地将“异化的历史”和“去异化的历史”分割开来的历史事件或历史节点是不存在的。马克思只是指认了在一个相当漫长的时间里人类会和各种各样的异化相遭遇，而这段时间是非特指的，这也就意味着异化绝对不会因为某一种类型的政权建立或改变某一种社会类型而被彻底扬弃。如此说来，列斐伏尔从根本上认为异化是贯穿于人类历史的始终的，从最初的人与自然相互分化而产生的自然异化，到现代资本主义社会高度发达的文明之下所隐藏的更为深度而复杂的异化，人类的历史可以说就是一部人与异化的历史。

另一方面，从现实性的角度来说，异化渗透到社会结构和生活方式的每一个角落里。异化是一张网，其触角伸向了那些幽微的、让人难以察觉的和不自知的领域中。对于列斐伏尔来说，全面的异化和总体性的异化便是从历时的和共时的两个维度得以显现的。一个全面异化的社会不是某一个或某一类社会要素作用在其上的结果，它必然是历史性沉淀之下的产物，是全体社会要素在相互角力的过程中所产生的独特面貌。因此列斐伏尔异化理论推进了人对异化的全面认识，即异化是研究任何一个历史时期的社会构序和生存构境都必须要考虑进去的社会现实，特别是在现代社会，历史性的异化问题在各处潜藏，而新的异化问题又层出不穷，列斐伏尔警醒人们忽略异化的存在将会导致严重的社会性困境和危机。

综上所述，列斐伏尔异化理论的独特性体现在以下三个方面：一是作为人类社会历史进步的动力之一的异化；二是作为以日常生活为主要范畴的、微观层面内的、难以被察觉和捕捉到的异化；三是作为总体性的、全面的异化。这三方面的独特性构成了列斐伏尔异化理论与其他思想家的异化理论之间的显著差异，这既是对马克思异化理论的再发展，也是对20世纪资本主义社会内产生的种种新现象的理论回应。至此，列斐伏尔在马克思的人道主义的基础上同样发展了自己的人道主义思想，该人道主义思想是和异化理论密不可分的，因此列斐伏尔对现代人和现代社会所面对的全部困境的思考都是从异化问题出发的。

第三节　列斐伏尔异化理论的理论限度和现实意义

列斐伏尔异化理论作为西方社会历史批判理论的有机组成，对我国现当代的社会建设具有一定的理论启示的现实意义。中国自20世纪80年代开始进入改革开放的历史时期，虽然在物质文明和精神文明两个方面取得了巨大的飞跃与成就，但是人们也越来越注意到伴随成就而来的是诸多社会症结，越来越多的人开始认真思考如何更有质量地生活等相关问题。围绕着以上的社会时代问题，列斐伏尔的异化理论必定会提供有价值的启示。但是任何理论也都存在着自身的理论限度，列斐伏尔的异化理论也不例外，正确地认识到一个理论的理论限度并且客观地评价一个理论的理论限度是一种良性的学术态度，这也必然会促进良性的学术发展。

一　列斐伏尔异化理论的理论限度

再完善的理论也会有自身的理论盲区和理论限度，列斐伏尔的异化理论也不例外。总体而言，列斐伏尔异化理论的局限性在某个程度上来说也反映了西方马克思主义众家异化理论普遍表现出来的局限性，因此对其局限性的分析显得至关重要。

第一，虽然列斐伏尔的异化理论接续并发展了马克思的异化理论，为西方马克思主义添砖加瓦，但是他的异化理论并没有触碰到资本主义社会制度存在的根基，所以再猛烈的异化批判也显得乏力。

在终结和扬弃资本主义社会的异化这个问题上，列斐伏尔认为，随着马克思式的以推翻资产阶级的统治为纲领、以工人阶级为主力军的无产阶级革命在世界范围内的大面积失败，现实呼吁一种新型的总体性革命，而他判断这种新型的总体性革命不是马克思所提出的发生在政治领域内的暴力革命，而是一种发生在日常生活内的文化革命，是一种非暴力的革命。尽管列斐伏尔的革命主张具有一定的时代性并观察到资本主义社会的新变化，但是这种发生在日常生活领域内的文化革命却从侧面遮蔽了工人阶级和资产阶级之间的真实矛盾与对立，并没有触及资本主义政治经济制度的立本之基，即私有制。

一方面，列斐伏尔的异化认识具有人类学上的意义，他拓展了人们看待异化的视野，异化从根本上来说是人的本质规定性中难以消除的和与生俱来的那一部分。然而，这样看待异化所产生的一个后果就是人们会容易轻视异化在资本主义社会里造成的尖锐张力，会把资本主义的异化视为异化发展的一个特殊阶段，进一步掩盖了资本主义异化的本质。

另一方面，列斐伏尔的资本主义异化认识更倾向于对异化的现象认识，但是马克思却深入到了资本主义异化的本质。无论是现代人的生存异化、日常生活异化、空间的异化、语义场的异化抑或是消费异化，这些不同的异化形式均根植于资本主义社会，资本主义社会为它们提供土壤和养料，造成这些异化现象产生的根源不在于文化，而是资本主义社会私有制。“人是怎样使自己的劳动外化、异化的？这种异化又是怎样由人的发展的本质引起的？我们把私有财产的起源问题变为外化劳动对人类发展进程的关系问题，就已经为解决这一任务得到了许多东西。”① 相比之下，以

① ［德］马克思：《1844 年经济学哲学手稿》，中共中央马克思恩格斯列宁斯大林著作编译局编译，人民出版社 2014 年版，第 59 页。

异化问题为基点，尽管列斐伏尔要求展开面向现代资本主义社会的全面批判，但是他的批判仍然没有触碰到资本主义社会的存在之根本，不如马克思的异化理论深刻。

第二，在对诸多异化现象进行分析时，列斐伏尔的异化理论呈现出过于理想化的理论特征，而在终结异化和克服异化的问题上，该理论也具有乌托邦主义的倾向，难以付诸实践。

列斐伏尔和其他的西方马克思主义思想家一样，对现代资本主义社会的异化问题进行了较为彻底的考察和批判，然而在对诸多异化现象进行解读和阐述时，列斐伏尔往往采用了理想型的方法，这就导致了不能将其纳入理想的分析模式和分析方法中的因素均被排除在理论研究之外，导致理论与现实之间出现了难以弥合的差距。

在对语义场的各个语义要素和语义场原则进行描述的过程中，列斐伏尔根据信号在现代世界里所表现出来的宰制作用和支配地位指认了一种新式的异化，即语义异化。他希望利用四种语义要素在量和质的双重层面内的此消彼长来勾勒出现代社会的意义世界的演进蓝图，并指出这个意义世界在现代社会里单一维度的和异己的特征。不过，凡是不能被整合成为语义要素的社会现实就被自动地忽视在这种异化类型之外了，而这种异化类型便自然地丧失了相当程度的效力。四种语义要素的分类也显得过分理论化，进而忽视了社会现实和内容的复杂多维与瞬息万变。

再如，列斐伏尔指认现代的空间是一种抽象的空间，这种抽象空间直接导致了空间异化，也就是一种能够实现自我生产的固态空间，此类的社会空间消解了绝对空间和自然空间所包含的各种可能性，是一种同质化的空间。从同质化到碎片化再到等级化，抽象的社会空间被列斐伏尔安置在一整套理性化的理论分析模式里，这样看似合理而透彻的分析性结果却隐藏着被遮蔽的现实裂隙，即空间是生产的容器和手段，而并非生产本身。作为容器和手段的空间不是自为的存在，而主导空间呈现出同质化倾向的本质的根本原因也不在于空间自身，而是作用在空间上的异化的人类活动。因此，要想改变抽象空间，人们还是应该遵照马克思的思想路径，应该从异化的人类活动入手。

最后，扬弃异化的日常生活革命是列斐伏尔乌托邦主义的集中体现。列斐伏尔所呼吁的日常生活革命是一种文化革命，是一种温和的软性革命，此种革命的类型在一定程度上顺应了时代的要求，和马克思式的暴力革命构成了相互补充的革命形态。但是列斐伏尔把实现革命的可能性寄托在日常生活里的无数个瞬间之上，寄托在像节日等蕴含着可以反抗日常生活的平庸的社会内容之上，而缺乏统一性的执行纲领和指导意见，这样的革命只存在于人们的自觉和运气之中。此外，尽管列斐伏尔认识到资本主义社会的种种弊端，认识到异化的根源在于这种社会制度，但是不触碰资本主义社会的私有制就无法从根本上克服异化，而这种文化革命的本质便是在承认资本主义社会的合理性的基础上确立起来的。因此，单单依靠日常生活革命是无法完成扬弃异化的任务的，也无法实现对资本主义社会的颠覆，这一切都只是存在于理论维度中的乌托邦主义的理论构想。

第三，列斐伏尔对各种异化形式和现象进行了详尽的考察和分析，然而他的异化理论中缺少一个相对重要的方面，即对主体间性的异化的分析，也就是人与人的异化，交往的异化。

人与人的异化是马克思四个异化本质规定性的最后一个，它也是前三种规定性所代表的事实的直接结果，最能体现马克思的人本主义思想。交往的异化和主体间性的异化指的是人与人之间的关系本应该是主体与主体之间的关系，但是在这种异化形式中，主体被他人贬低为客体，形成了人与物之间的关系。

列斐伏尔并非对交往的异化完全忽视，他把此类异化归结为日常生活异化的一个方面。他认为日常生活在“熟知”的作用下，人呈现出“面具化”和“脸谱化”的特征，人与人的关系都是被日常生活所设定好的：父子、夫妻、同事、邻居、朋友等。人们在被规定的关系中努力扮演着自己的角色，这导致了人与人的关系进一步僵化。但是列斐伏尔并没有再深入挖掘这种僵化的主体间关系背后的成因，他把它归咎于我们千篇一律的日常生活，但是事实远非如此。僵化和固化的人际关系指涉的是主体能动性的丧失，人突破不了既定的人际关系框架，一个个标签被贴在了每个人的身上，人的身份是由标签来决定的，而不是由作为一个充分主体来决定的。

列斐伏尔注意到了主体间的异化现象，但是没有形成分析、总结和解决这种主体间异化的对应理论。总体而言，人的交往异化是商品经济的膨胀发展和现代工具理性野蛮扩张的直接后果，它表明了异化已经从人的外部世界无情地渗透到人的内部之中，对人的生存造成了严重的危机，因此才有如弗洛姆和哈贝马斯等思想家专门致力于研究人的交往异化，因为交往异化是异化理论绕不开的一个课题。列斐伏尔尝试性地把交往异化容纳在日常生活异化里去探讨，增强了交往的日常性，在日常中理解交往的问题更加贴近交往本身。但是他在现象中讨论交往，必然会忽视交往和资本主义社会的本质关联而导致对交往问题的研究不足。

综上所述，列斐伏尔异化理论需要从正反两面的辩证客观角度进行反思，我们要认识到任何一种批判理论都有它的理论限度。列斐伏尔尽管心系现代人深陷其中的异化生活和资本主义社会对现代人所施加的种种异化表现，然而他的异化理论最大的疲软之处就在于当面对强大而顽固的资本主义社会时，列斐伏尔表现出过于悲观的理论态度。这种态度直接影响了他后来对现代资本主义社会发展趋势的判断和采取的应对措施。不难看出，列斐伏尔继承了马克思的人本主义思想，他在总体上是否定资本主义社会制度的，他认识到当代社会异化现象猖獗，其源头便是资本主义社会。但是他的革命手段是软弱无力的，他的异化理论更重视分析性而不是实践性和可操作性，这也直接导致了过强的分析性理论和社会现实的脱节，更不用说通过理论去有效地指导实践。

二 列斐伏尔异化理论对中国现当代社会的启示

自20世纪80年代开始，随着改革开放的重大国策的全面落实，中国进入了快速发展的历史阶段。时至今日，在短短的三十多年里，现当代的中国取得了傲人的突破：生产力的提高和生产方式、生产工具的革新推动了物质文明和精神文明的双重建设，物质产品的极大丰富和精神文化的空前繁荣是现当代中国最引以为傲和惹人注目的成绩，这代表着当代中国全面发展的决心和斗志；伴随着物质文明和精神文明的双丰收，人民的生活水平得到了极大的提高与改善，从解决温饱到实现全民的小康社会再到全面建设和谐社会，有计划、有步骤地推进中国特色社会主义的建设让人民获得了最大的实惠；借由改革开放所创造和积累下来的成就，现当代中国的综合国力取得了显著的提高，掌握了更加有力的国际话语权和国际地位，增强了民族与国家的自信心。

然而，我们依然要保持清醒而警惕的头脑，在取得优异成绩的同时戒骄戒躁，清楚地认识到在现有发展的阶段里，还存在着诸多不足以待人们奋起向前。中国特色社会主义道路的建设是漫长而又艰辛的发展道路，当我们取得成就的时候，我们不会吝啬任何一份喜悦，但是当问题和困难来临的时候，我们也不会选择逃避问题和困难，而是积极应对和主动出击。现当代中国成功发展的秘诀之一便是广泛吸收国内外优秀的思想文化财富所提供的各种启示与意见，从这个意义上来说，列斐伏尔的异化理论具有给予当代中国发展以意见的现实意义。

列斐伏尔的异化理论对当代中国特色社会主义建设所能提供的启示主要体现为以下几个方面：

首先，现时代的中国人在高速运转的社会中普遍经历着焦虑的精神生活，特别是中国的年青一代在较大的社会压力下感受到生活的不易与艰辛。根据中国卫生部等相关组织公布的数据，越来越多的中国人正在经受着如抑郁症和焦虑症等精神疾病的折磨，尽管精神疾病的成因复杂而多样，不过源于生活和工作等日常领域的压力是其主要成因。日常生活的压力和人们焦虑抑郁的精神状态在列斐伏尔异化理论里被普遍存在的总体性异化加以解释说明，这种现代中国人所遭受的焦虑处境获得了理论上的合法地位，也为在实践层面上做出应对和调整做好了理论准备。

其次，列斐伏尔异化理论为中国现当代社会的建设提供了一种理论参考，那就是在注重经济发展的同时，也要注重其他社会领域的发展。列斐伏尔指出，除了经济领域之外，其他的社会领域同样需要加以关注。当一个社会陷入各种社会领域之间出现不平衡发展的窘境时，那么各种社会问题将会层出不穷。列斐伏尔的异化理论分析了发生在除经济领域之外的其他社会领域的异化形式，例如空间的异化、消费的异化、节奏的异化和日常生活的异化等多重异化现象。这些异化形式也成为一种警示，不断地提醒着人们中国发展特色社会主义的发展要实现全面而均衡的发展。

最后，列斐伏尔异化理论也为当代中国的研究者们提供了强有力的批判资本主义社会的理论资源。正如列斐伏尔所分析的那样，资本主义社会在20世纪里进入另一个全面发展的新阶段，在这个新阶段里，资本主义社会的各种新现象层出不穷，为哲学社会学批判提供了大量的新素材与新问题。在众多新现象当中，最惹人注意的现象便是资本主义社会掩盖了激烈的阶级对抗和社会矛盾，转向了一种不易察觉的组织社会结构和殖民日常生活的非暴力性的统治手段，在这样的资本主义社会里，异化得到了前所未有的助长。这样的资本主义社会一边会令人们放松对它的警惕，另一边会加剧人们异化的程度。因此，一个面向新资本主义社会和新异化现象的批判理论便显得至关重要。列斐伏尔异化理论不仅为西方各国提供了重新审视资本主义社会的理论思路，同时也为我国进一步对资本主义社会展开批判提供了有力的理论武器，让当代中国的研究者可以将列斐伏尔异化理论作为新的理论参照去分析当代资本主义社会的发展趋势，丰富了以马克思主义思想为指导的资本主义社会批判理论内容。

至此，把列斐伏尔异化理论放置在中国特色社会主义的建设过程中体现了从理论走向实践的马克思主义式的理论旨归，同时也彰显了列斐伏尔异化理论的时代意义和现实意义。中国特色社会主义的发展是人类集体心智努力的结果，在这个伟大的事业里，列斐伏尔异化理论势必会发挥积极的作用并贡献出有建设性意义的启示和价值。

结　　语

“生活提出问题。哲学作出答复。”① 这里所提到的“生活”，不仅仅指的是以专业化的知识为依托的职业生活，与世俗世界之间保持着一定距离的精神生活，由国家和行政机构所主导的政治生活和以积累为目的、以重复性实践为手段的经济生活，它还是人与人之间共在的交往生活，个人以自己的身体和知觉为尺度的经验生活和通过肯定性的或否定性的方式参与到世界中去的实践生活。一句话，这个生活是“日常生活”。在经历了20世纪初的欧洲文化危机之后，越来越多的思想家意识到了日常生活和生活世界的重要性，他们一方面在更加广义的层面上为日常生活重新划定界限，另一方面将日常生活和人的生存境遇、现代资本主义社会批判等相关问题结合起来，为日常生活的“症结”寻找可能性的出路。列斐伏尔便是在这样的时代背景下转向了对日常生活的深入分析和挖掘，试图在日常生活中找到关于问题的答案和真相。

日常生活的问题到底是什么问题？列斐伏尔直接指出是“异化”。无处不在的异化让日常生活陷入僵局，这片原本应该“流着奶与蜜”的人类家园在钢铁、煤炭和技术的改造与蹂躏之下变得不再那么适合人类生存。异化以其独特的存在方式威胁着现代人的私人生活和公共生活，这不只是来自马克思的理论遗产，更是每一个现代人所正在经历着的社会现实。列斐伏尔的异化理论在此基础上应运而生，它是一位哲学家对一个特殊时代的理论反思，同时它也体现了这位哲学家对现代人的最真诚的善意：有的战争是无形的，有的痛苦是不易被察觉的，现代人与异化之间的无尽斗争

---

① ［法］加罗蒂：《人的远景——存在主义，天主教思想，马克思主义》，徐懋庸、陆达成译，生活·读书·新知三联书店1965年版，第3页。

蔓延到日常生活的每一个细节和角落里，对于任何人来说，这都是不能回避的事实，也是现代人面临的最大挑战。

如此看来，列斐伏尔异化理论的意义和价值体现为以下三点：

第一，列斐伏尔开启了“向资本主义社会的全面异化宣战”的理论批判，他要求人们采用一种理性的、辩证的、客观的和冷静的理论态度去分析异化、克服异化和扬弃异化，要求人们既要认识到异化的消极性，也要看到它的积极性，要认识到异化既破坏了人的本质存在结构和现代世界的构型要素，也参与塑造了我们的当下。全面的批判即为全面的认识，只有通过对异化的全面认识我们才不会为异化所困，不会为异化所用，我们才有机会真正地突破异化的层层围剿。

第二，列斐伏尔开启了全面向日常生活回归的理论时代，哲学必须要对日常生活负责，必须要解释日常生活，概括日常生活，改造日常生活和重建日常生活。日常生活的地位在列斐伏尔的异化理论里是本体论意义的：作为除经济和政治的“第三平台”，日常生活是所有宏观的和微观的、创造性的和重复性的、专业化的和琐碎的人类实践与社会实在的终极场域，是异化的起点也是异化的终点。只有在日常生活里，异化的问题才能被解决，也只有日常生活才具备修复已经残破的个体经验与集体经验的能力，修复各个无人称的、无人在场的、中性的和工具化的专业领域，也只有日常生活才能赋予它们以意义。

第三，列斐伏尔通过异化理论给现代人留下了一个挑战和试炼，他要求现代人能够在反抗异化的斗争中承担起改造自己、改造世界的重任；承担起恢复超越性和可能性的角色，颠覆资本主义社会书写的“现代神话”。这体现了列斐伏尔完全的人道主义精神和关怀，他希冀每一个深受异化折磨的现代人都能实现解放自我的任务，并积极地投身到和异化的斗争中来。

每一个人都可以成为“英雄”，列斐伏尔如此地想象着。正如神话学家坎贝尔指出的那样：“现代的英雄，也就是敢于听从召唤并寻找存在的宅邸的现代人，与我们的整体命运息息相关。他们不能也一定不要等着社会摆脱傲慢、恐惧、被合理化的贪婪和被神圣化的误解。尼采说：‘抓紧生活，就像期限已到。’不是社会引导并拯救了具有创造性的英雄，而是正相反。因此我们每个人都要经受最重要的考验——在救世主陷入绝望的沉默时，而不是在他的宗族获得巨大胜利的荣耀时刻，背负起救世主的十字架。”①

成为自己的英雄，成为社会的英雄，成为时代的英雄，这是列斐伏尔对现代人的期望和教诲。

① ［美］坎贝尔：《千面英雄》，黄珏苹译，浙江人民出版社2016年版，第350页。

参考文献

一　经典文献

《马克思恩格斯全集》第 13 卷，人民出版社 1972 年版。

《马克思恩格斯全集》第 42 卷，人民出版社 1979 年版。

《马克思恩格斯全集》第 45 卷，人民出版社 2003 年版。

《马克思恩格斯全集》第 46 卷，人民出版社 2003 年版。

《1844 年经济学哲学手稿》，中共中央马克思恩格斯列宁斯大林著作编译局编译，人民出版社 2014 年版。

二　中文专著

包亚明：《后大都市与文化研究》，上海教育出版社 2005 年版。

包亚明：《后现代性与地理学的政治》，上海教育出版社 2001 年版。

包亚明：《游荡者的权力：消费社会与都市文化研究》，中国人民大学出版社 2004 年版。

陈学明等：《让日常生活成为艺术品——列菲伏尔、赫勒论日常生活》，云南人民出版社 1998 年版。

冯俊：《从现代走向后现代：以法国哲学为重点的西方哲学研究》，北京师范大学出版社 2008 年版。

付清松：《不平衡发展——从马克思到尼尔·史密斯》，人民出版社 2015 年版。

付文忠、马莲主编：《晚期资本主义的空间理论与城市化》，中国人民大学出版社 2022 年版。

高鉴国：《新马克思主义城市理论》，商务印书馆 2006 年版。

景天魁等：《时空社会学：理论和方法》，北京师范大学出版社 2012 年版。

李春敏：《马克思的社会空间理论研究》，上海人民出版社 2012 年版。
李青宜：《“西方马克思主义”的当代资本主义理论》，重庆出版社 1990 年版。
林密：《意识形态、日常生活与空间——西方马克思主义社会再生产理论研究》，中国社会科学出版社 2016 年版。
刘怀玉：《现代性的平庸与神奇——列斐伏尔日常生活批判哲学的文本解读》，中央编译出版社 2006 年版。
鲁宝：《空间生产的知识：列斐伏尔晚期思想研究》，北京师范大学出版社 2021 年版。
强乃社：《历史唯物主义的空间维度》，南京大学出版社 2019 年版。
强乃社：《论都市社会》，首都师范大学出版社 2016 年版。
孙全胜：《列斐伏尔“空间生产”的理论形态研究》，中国社会科学出版社 2017 年版。
汪民安：《身体、空间与后现代性》，南京大学出版社 2022 年版。
汪民安：《现代性》，南京大学出版社 2020 年版。
吴宁：《日常生活批判——列斐伏尔哲学思想研究》，人民出版社 2007 年版。
杨大春：《福柯的当代性思想研究》，商务印书馆 2020 年版。
杨振宇：《资本空间化：资本积累、城镇化与空间生产》，东南大学出版社 2016 年版。
衣俊卿编：《社会历史理论的微观视域》（上下），黑龙江大学出版社、中央编译出版社 2011 年版。
衣俊卿等：《20 世纪新马克思主义》（修订版），中央编译出版社 2012 年版。
衣俊卿：《东欧新马克思主义精神史研究》，黑龙江大学出版社 2015 年版。
衣俊卿：《文化哲学——理论理性和实践理性交汇处的文化批判》，云南人民出版社 2005 年版。
衣俊卿：《文化哲学十五讲》（第二版），北京大学出版社 2015 年版。
衣俊卿：《西方马克思主义概论》（第二版），北京大学出版社 2019 年版。
衣俊卿：《现代性的维度》，黑龙江大学出版社、中央编译出版社 2011 年版。
俞吾金、陈学明：《国外马克思主义哲学流派新编·西方马克思主义卷》，复旦大学出版社 2002 年版。
张笑夷：《列菲伏尔空间批判理论研究》，社会科学文献出版社 2014 年版。
张一兵编：《当代国外马克思主义哲学思潮》，江苏人民出版社 2010 年版。
张一兵：《回到福柯——暴力性构序与生命治安的话语构境》，上海人民出版社 2016 年版。
赵福生：《福柯微观政治哲学研究》，黑龙江大学出版社、中央编译出版社 2011 年版。

三 中文译著

复旦大学哲学系现代西方哲学研究室编译：《西方学者论〈一八四四年经济学—哲学手稿〉》，复旦大学出版社 1983 年版。
［波兰］亚当·沙夫：《马克思主义与人类个体》，杜红艳译，黑龙江大学出版社 2015 年版。
［波兰］亚当·沙夫：《作为社会现象的异化》，衣俊卿等译，黑龙江大学出版社 2015 年版。
［德］阿克塞尔·霍耐特：《物化：承认理论探析》，罗名珍译，华东师范大学出版社 2018 年版。
［德］恩斯特·卡西尔：《人文科学的逻辑：五项研究》，关子尹译，上海译文出版社 2013 年版。
［德］哈尔特穆特·罗萨：《加速：现代社会中时间结构的改变》，董璐译，北京大学出版社 2015 年版。
［德］哈尔特穆特·罗萨：《新异化的诞生：社会加速批判理论大纲》，郑作彧译，上海人民出版社 2018 年版。
［德］海德格尔：《时间概念史导论》，欧东明译，商务印书馆 2016 年版。
［德］海德格尔：《演讲与论文集》，孙周兴译，商务印书馆 2021 年版。
［德］胡塞尔：《欧洲科学危机和超验现象学》，张庆熊译，上海译文出版社 1988 年版。
［德］马克斯·韦伯：《学术与政治》，冯克利译，商务印书馆 2018 年版。
［德］西美尔：《货币哲学》，陈戎女、耿开君、文聘元译，华夏出版社 2018 年版。
［法］安托瓦纳·贡巴尼翁：《现代性的五个悖论》，许钧译，商务印书馆

2013 年版。
［法］贝尔纳·斯蒂格勒：《技术与时间·1，爱比米修斯的过失》，裴程译，译林出版社 2019 年版。
［法］亨利·列菲弗尔：《论国家——从黑格尔到斯大林和毛泽东》，李青宜译，重庆出版社 1988 年版。
［法］亨利·列斐伏尔：《都市革命》，刘怀玉、张笑夷、郑劲超译，首都师范大学出版社 2018 年版。
［法］亨利·列斐伏尔：《空间的生产》，刘怀玉等译，商务印书馆 2021 年版。
［法］亨利·列斐伏尔：《空间与政治》（第二版），李春译，上海人民出版社 2015 年版。
［法］亨利·列斐伏尔：《马克思的社会学》，谢永康、毛林林译，北京师范大学出版社 2013 年版。
［法］亨利·列斐伏尔：《日常生活批判》（全 3 册），叶齐茂、倪晓晖译，社会科学文献出版社 2018 年版。
［法］加罗蒂：《人的远景——存在主义，天主教思想，马克思主义》，徐懋庸、陆达成译，生活·读书·新知三联书店 1965 年版。
［法］居伊·德波：《景观社会》，张新木译，南京大学出版社 2017 年版。
［法］米歇尔·福柯：《惩罚的社会》，陈雪杰译，上海人民出版社 2018 年版。
［法］米歇尔·福柯：《疯癫与文明》（修订版），刘北成、杨远婴译，生活·读书·新知三联书店 2012 年版。
［法］米歇尔·福柯：《规训与惩罚》，刘北成、杨远婴译，生活·读书·新知三联书店 2012 年版。
［法］米歇尔·福柯：《什么是启蒙?》，载汪辉、陈燕谷主编《文化与公共性》，生活·读书·新知三联书店 2005 年版。
［法］让·鲍德里亚：《消费社会》，刘成富、全志钢译，南京大学出版社 2014 年版。
［古希腊］亚里士多德：《尼各马可伦理学》，廖申白译，商务印书馆 2003 年版。
［美］C. 赖特·米尔斯：《社会学的想象力》，李康译，北京师范大学出版社 2017 年版。
［美］爱德华·W. 苏贾：《后现代地理学——重申批判社会理论中的空

间》，王文斌译，商务印书馆 2004 年版。
［美］爱德华·W. 苏贾：《我的洛杉矶：从都市重组到区域城市化》，强乃社译，上海人民出版社 2021 年版。
［美］爱德华·W. 苏贾：《寻求空间正义》，高春花、强乃社等译，社会科学文献出版社 2016 年版。
［美］爱德华·W. 索亚：《后大都市：城市和区域的批判性研究》，李钧译，上海教育出版社 2006 年版。
［美］彼得·盖伊：《现代主义：从波德莱尔到贝克特之后》，骆守怡、杜冬译，译林出版社 2017 年版。
［美］彼得·马库塞等：《寻找正义之城：城市理论和实践中的辩论》，贾荣香译，社会科学文献出版社 2016 年版。
［美］戴维·哈维：《后现代的状况：对文化变迁之缘起的探究》，阎嘉译，商务印书馆 2003 年版。
［美］迪尔：《后现代都市状况》，李小科等译，上海教育出版社 2004 年版。
［美］坎贝尔：《千面英雄》，黄珏苹译，浙江人民出版社 2016 年版。
［美］劳伦斯·E. 卡洪：《现代性的困境——哲学、文化和反文化》，王志宏译，商务印书馆 2008 年版。
［美］马克·波斯特：《战后法国的存在主义马克思主义：从萨特到阿尔都塞》，张金鹏、陈硕译，南京大学出版社 2015 年版。
［美］马泰·卡林内斯库：《现代性的五副面孔》，顾爱彬、李瑞华译，译林出版社 2015 年版。
［美］尼尔·波兹曼：《娱乐至死》，章艳译，中信出版社 2015 年版。
［美］尼尔·史密斯：《不平衡发展：自然、资本与空间的生产》，刘怀玉、付清松译，商务印书馆 2021 年版。
［美］苏珊·S. 费恩斯坦：《正义城市》，武烜译，社会科学文献出版社 2016 年版。
［美］托尼·朱特：《未竟的往昔：法国知识分子，1944—1956》，李岚译，中信出版社 2016 年版。
［美］詹明信：《晚期资本主义的文化逻辑》，张东旭编，陈清侨等译，生活·读书·新知三联书店 2013 年版。
［南斯拉夫］加约·彼得洛维奇：《二十世纪中叶的马克思——一位南斯拉

夫哲学家重释卡尔·马克思的著作》，姜海波译，黑龙江大学出版社 2015 年版。

［匈］阿格妮丝·赫勒：《日常生活》，衣俊卿译，黑龙江大学出版社 2010 年版。

［匈］卢卡奇：《关于社会存在的本体论》（下卷），白锡等译，重庆出版社 2013 年版。

［匈］卢卡奇：《审美特性》，徐恒醇译，中国社会科学出版社 1986 年版。

［意］基阿尼·瓦蒂莫：《现代性的终结》，杨恒达译，河南大学出版社 2015 年版。

［英］安东尼·吉登斯：《现代性的后果》，田禾译，译林出版社 2011 年版。

［英］安东尼·吉登斯：《资本主义与现代社会理论：对马克思、涂尔干和韦伯著作的分析》，郭忠华、潘华凌译，上海译文出版社 2013 年版。

［英］大卫·哈维：《资本的限度》，张寅译，中信出版社 2017 年版。

［英］戴维·哈维：《社会正义与城市》，叶超、张林、张顺生译，商务印书馆 2022 年版。

［英］莱姆克等：《马克思与福柯》，陈元等译，华东师范大学出版社 2007 年版。

四　中文期刊

董慧、王帅：《都市革命抑或超越——列斐伏尔对都市社会的理论探索及其时代意义》，《学术交流》2019 年第 11 期。

胡大平：《20 世纪城市之“否思”及其启示》，《华东师范大学学报》（哲学社会科学版）2019 年第 5 期。

胡大平：《都市马克思主义导论》，《东南大学学报》（哲学社会科学版）2016 年第 3 期。

胡大平：《哈维的空间概念与历史地理唯物主义》，《社会科学辑刊》2017 年第 6 期。

胡大平：《社会空间元理论与解放政治学前提重建——西方马克思主义的经验》，《社会科学家》2017 年第 9 期。

胡大平：《哲学与“空间转向”——通往地方生产的知识》，《哲学研究》2018 年第 10 期。

姜华：《物化的遮蔽：韦伯的合理化原则——青年卢卡奇对韦伯合理化思想的分析与批判》，《学术交流》2017 年第 7 期。
姜华：《西方现代性的内在文化逻辑解读与批判》，《学术交流》2015 年第 11 期。
李晓乐、王志刚：《列斐伏尔视域中的都市革命：性质、对象与界限》，《华中科技大学学报》（社会科学版）2019 年第 6 期。
刘怀玉：《城市马克思主义批判与中国实践》，《文化研究》2018 年第 2 期。
刘怀玉：《历史唯物主义的"空间化"概念探源》，《河北学刊》2021 年第 1 期。
刘怀玉：《社会主义如何让人栖居于现代都市？——列斐伏尔〈都市革命〉再读》，《马克思主义与现实》2017 年第 1 期。
刘怀玉：《现代性的抽象空间、矛盾空间和差异空间的生产——以黑格尔、马克思、尼采为研究视角》，《国外理论动态》2023 年第 1 期。
刘怀玉、张一方：《从政治经济学批判哲学方法到当代空间化社会批判哲学——以列斐伏尔、阿尔都塞、哈维与吉登斯为主线》，《学术交流》2019 年第 3 期。
刘勇：《都市马克思主义意识形态领域的空间斗争——以列斐伏尔、爱德华·索亚为线索》，《福建论坛》（人文社会科学版）2019 年第 3 期。
鲁宝：《从乡村历史社会学到都市马克思主义——列斐伏尔实践经验与日常生活批判理论的视野转换》，《山东社会科学》2019 年第 10 期。
强乃社：《城市权与城市实践——哈维的城市权理论再探》，《天津社会科学》2018 年第 1 期。
强乃社：《当代城市哲学研究的几个问题》，《晋阳学刊》2017 年第 3 期。
强乃社：《列斐伏尔视野中的都市空间差异性》，《华中科技大学学报》（社会科学版）2018 年第 1 期。
孙全胜：《列斐伏尔"空间生产"异化批判的逻辑》，《西安石油大学学报》（社会科学版）2016 年第 12 期。
王荣：《鲍德里亚符号拜物教的存在论阐释》，《天津社会科学》2018 年第 3 期。
王旭辉：《现代性批判：从劳动异化论到文化异化论》，《内蒙古社会科学》2017 年第 9 期。

武胜男:《列斐伏尔与赫勒日常生活批判理论比较》,《学术交流》2017 年第 4 期。
阎嘉:《空间生产与全球化的资本逻辑》,《文化研究》2018 年第 2 期。
张辉:《现代生活方式的伦理选择——马克斯·韦伯伦理理性化思想的启迪与反思》,《哈尔滨工业大学学报》(社会科学版) 2018 年第 5 期。
张笑夷:《论都市社会的可能性——列斐伏尔都市社会理论初解》,《马克思主义与现实》2017 年第 2 期。
张一兵:《资本主义:全景敞视主义的治安—规训社会——福柯〈规训与惩罚〉解读》,《中国高校社会科学》2013 年第 7 期。
赵海峰:《法兰克福学派"技术理性批判"之困境及启示》,《学术交流》2012 年第 9 期。
郑飞:《韦伯与西方马克思主义中的技术批判理论》,《哲学研究》2017 年第 5 期。

五 外文专著

Andy Merrifield, *Henri Lefebvre: A Critical Introduction*, London and New York: Routledge, 2006.
Andy Merrifield, *Metromarxism: A Marxist Tale of the City*, London and New York: Routledge, 2002.
Benjamin Fraser, *Toward an Urban Cultural Studies: Henri Lefebvre and the Humanities*, New York: Palgrave Macmillan, 2015.
Colin Mackerras, Nick Knight, *Marxism in Asia*, London & Sydney: Croom Helm, 1985.
Henri Lefebvre, *Critique of Everyday Life*, *Volume II*, *Foundations for a Sociology of the Everyday*, trans. John Moore, London and New York: Verso, 2008.
Henri Lefebvre, *Critique of Everyday Life*, *Volume III*, *From Modernity to Modernism*, trans. Gregory Elliott, London and New York: Verso, 2008.
Henri Lefebvre, *Critique of Everyday Life*, *Volume I*, *Introduction*, trans. John Moore, London and New York: Verso, 2008.
Henri Lefebvre, *Dialectical Materialism*, trans. John Sturrock, Minneapolis, MN: University of Minnesota Press, 2009.

Henri Lefebvre, *Everyday Life in the Modern World*, trans. Sacha Rabinovitch, New Brunswick and London: Transaction Publishers, 1984.

Henri Lefebvre, *Introduction to Modernity: Twelve Preludes, September 1959 – May 1961*, trans. John Moore, London and New York: Verso, 1995.

Henri Lefebvre, *Key Writings*, New York and London: Continuum, 2003.

Henri Lefebvre, *Marxist Thought and the City*, trans. Robert Bononno, Minneapolis and London: University of Minnesota Press, 2016.

Henri Lefebvre, *Rhythmanalysis: Space, Time and Everyday life*, trans. Stuart Elden and Gerald Moore, London and New York: Bloomsbury Academic, 2013.

Henri Lefebvre, *State, Space, World: Selected Essays*, trans. Gerald Moore, Neil Brenner and Stuart Elden, Minneapolis and London: University of Minnesota Press, 2009.

Henri Lefebvre, *The Explosion: Marxism and the French Revolution*, trans. Alfred Ehrendfeld, New York and London: Monthly Review Press, 1969.

Henri Lefebvre, *The Production of Space*, trans. Donald Nicholson-Smith, Malden, Oxford and Victoria: Blackwell Publishing, 1991.

Henri Lefebvre, *The Survival of Capitalism: Reproduction of the Relation of Production*, trans. Frank Bryant, London: Allison & Busby, 1976.

Henri Lefebvre, *The Urban Revolution*, trans. Robert Bononno, Minneapolis and London: University of Minnesota Press, 2003.

Michael E. Gardiner, *Critique of Everyday Life*, London and New York: Routledge, 2000.

Nathaniel Coleman, *Lefebvre for Architects*, London and New York: Routledge, 2015.

Rob Shields, *Lefebvre, Love and Struggle: Spatial Dialectics*, London and New York: Routledge, 1999.

Stuart Elden, *Understanding Henri Lefebvre: Theory and Possible*, London and New York: Continuum, 2004.

后　　记

终于坐在电脑前书写本书的后记了，这种心情就和三年前书写博士毕业论文致谢时一样，兴奋中带着不安。沉甸甸的感觉始终压在心里，既期待这本书的出版，又害怕这本书的出版：期待的原因自不必说，害怕是因为这本书还远达不到我心里的标准，囿于本人目前的学术能力和写作时间有限，在我尽可能的完善之下，将本书呈现给各位读者，还请各位读者多多批评和指正！

本书是我在2020年博士学位论文《列斐伏尔的异化理论研究》的基础上修订之后的成果，也是广西艺术学院2021年度高层次人才科研启动经费项目“列斐伏尔的异化理论研究”（项目编号：GCRC202103）的最终研究成果。之所以把“异化理论”选为研究列斐伏尔思想的切入点，是源于读博期间我在阅读列斐伏尔专著时的感受：列斐伏尔在半个多世纪之前所观察和分析的西方社会的诸多症结在当下时代不但没有减轻，反而愈演愈烈。比如列斐伏尔在《日常生活批判》第一卷里就指出现代人面临着工作和休闲之间越来越难以调和的分裂，不正是我们现在生活的真实状态吗？很多人在工作中很难得到被重视、自身价值被实现的感觉，盼着放假就成为这些人逃离工作的主要途径，而假期结束之前的焦虑和刚刚收假上班的恍惚更是工作和休闲发生分裂的佐证。再比如，列斐伏尔对空间生产和节奏分析的讨论所引出的对当代城市建设、城市生活和城市权制等问题的热议，在本质上是对现代时空形式、时空构成和时空制度的反思，生活在现代城市中的人无时无刻不在经历着这种时空类型所带来的时空体验。用大卫·哈维的话来表达就是“时空压缩”，它是一种新型危机，这种危机“本身起源于经济、政治和文化生活中时间与空间意义方面的一种根本性的重新调整”，其后果是这种新型的时空秩序彻底改变了现代人的认知模式、行为模式和文化模式。诸如此类的哲学思考在列斐伏尔的专著中比比皆是，但是有一个核心概念贯穿始终，那就是“异化”。这个概念启发了我，在列斐伏尔异常丰富的哲学社会学批判体系的表面之下，他对异化的关注是从一而终的，这个关键概念或许是接近列斐伏尔思想全貌的一把钥匙，在此基础上重新审视列斐伏尔就更加必要。

本次修改的重点是将原毕业论文的文献综述部分扩展成为“导论　重拾异化：理解列斐伏尔的关键所在”，梳理了列斐伏尔异化理论与马克思主义哲学思想和当代西方哲学之间的内在关系，重申异化理论对现代性思想、资本主义批判和当代文化批判思潮的重要性。与此同时，对全文进行校订和润色。但是作为一名“青椒”，在当今的大学环境下实在难以专心投身科研，我日常的教学工作和行政工作过于繁忙，始终没有大块时间静下心来专注于本书的修改，基本上都是利用个人的休息时间完成的，因此必定还会存在疏漏和不准确之处，再次恳请各位读者提出宝贵意见。

以下我要感谢几位师友。首先我要感谢我的博士生导师姜华教授，在五年的博士学习生涯里，姜教授对我进行了非常必要的学习指导，为我打下坚实的学术基础。其次我要感谢我的良师衣俊卿教授，衣教授对我后期的博士论文提出了极为重要的修改意见，进一步完善了论文结构和内容。我还要感谢我的博士同学宋婷婷、师弟孙忠良，感谢他们在我撰写论文时提出的宝贵思路，怀念大家经常坐在一起畅聊学术的时光。同时感谢我的朋友蒋超、孙楠和付芸萍，在我攻克博士学位最困难的时候，是你们一直陪在我的身边。最后感谢中国社会科学出版社刘艳编辑对本书的出版所提供的帮助和意见。谢谢你们。

是为记。

潘禹非

2023 年 6 月 11 日于广西南宁西乡塘